产业地域典型社区协同治理研究
——基于日本丰田市的个案分析

胡那苏图 著

吉林大学出版社

·长 春·

图书在版编目(CIP)数据

产业地域典型社区协同治理研究：基于日本丰田市
的个案分析 / 胡那苏图著. —长春：吉林大学出版社，
2024.6. —ISBN 978-7-5768-3399-7

Ⅰ.D6693

中国国家版本馆 CIP 数据核字第 2024SZ9772 号

书　　名：产业地域典型社区协同治理研究——基于日本丰田市的个案分析
　　　　　CHANYE DIYU DIANXING SHEQU XIETONG ZHILI YANJIU
　　　　　——JIYU RIBEN FENGTIAN SHI DE GEAN FENXI

作　　者：胡那苏图
策划编辑：黄国彬
责任编辑：李国宏
责任校对：闫竞文
装帧设计：姜　文
出版发行：吉林大学出版社
社　　址：长春市人民大街4059号
邮政编码：130021
发行电话：0431－89580036/58
网　　址：http://www.jlup.com.cn
电子邮箱：jldxcbs@sina.com
印　　刷：天津鑫恒彩印刷有限公司
开　　本：787mm×1092mm　　1/16
印　　张：13.75
字　　数：210千字
版　　次：2025年1月　第1版
印　　次：2025年1月　第1次
书　　号：ISBN 978-7-5768-3399-7
定　　价：68.00元

版权所有　翻印必究

目 录

第一章 绪 论 (1)

第一节 研究背景与研究问题 (2)
一、研究背景 (2)
二、研究问题 (9)
三、研究基础 (9)

第二节 研究目的与研究意义 (11)
一、研究目的 (11)
二、研究意义 (11)

第三节 文献综述 (13)
一、日本社区治理研究 (13)
二、国内外产业地域典型社区研究 (20)
三、国内外"协同治理"研究 (26)
四、文献评述 (29)

第四节 概念界定与理论框架 (31)
一、概念界定 (31)
二、理论基础 (35)
三、理论框架 (39)

第五节 章节安排 (43)

第六节 研究方法 (44)

一、文献法 …………………………………………………… (44)
二、参与观察法 ……………………………………………… (44)
三、无结构访谈法 …………………………………………… (46)
四、比较研究法 ……………………………………………… (47)

第二章 社区协同治理制度背景与多元主体发育 …………… (49)

第一节 政治制度与地方自治制度 ……………………………… (50)
一、政治制度与政党政治 …………………………………… (50)
二、地方自治制度的转型与特点 …………………………… (58)
三、居民运动对地方自治的影响 …………………………… (61)
四、"中央—地方"关系 ……………………………………… (63)

第二节 居民自治组织的类型化分析 …………………………… (65)
一、町委会 …………………………………………………… (65)
二、地缘型团体 ……………………………………………… (67)
三、志愿型组织 ……………………………………………… (68)
四、多元主体的类型化分析 ………………………………… (68)

第三节 社会组织的兴起与"新公共性"建构 ………………… (69)
一、日本社会组织发展的背景 ……………………………… (70)
二、日本社会组织发展现状 ………………………………… (71)
三、"新公共性"的提出 ……………………………………… (74)

第四节 本章小节 ………………………………………………… (76)

第三章 "企业城下町"的形成与其特点 ……………………… (78)

第一节 丰田市历史与现在 ……………………………………… (78)
一、丰田市历史与地理 ……………………………………… (78)
二、丰田市人口 ……………………………………………… (80)
三、丰田市经济 ……………………………………………… (83)

第二节 丰田市的社会特点 ……………………………………… (85)
一、空间特点 ………………………………………………… (85)

二、人口结构 …………………………………………………… (86)
　　　三、组织特征 …………………………………………………… (87)
　第三节 "企业城下町"的形成与转型 ……………………………… (88)
　　　一、丰田汽车公司的发展与现状 ……………………………… (88)
　　　二、地域独占与"企业城下町"的形成 ……………………… (89)
　　　三、企业社会责任的推动 ……………………………………… (91)
　　　四、志愿者中心的成立与服务活动 …………………………… (93)
　第四节 "丰田人"的群体特征及地域生活 ……………………… (95)
　　　一、"丰田人"的地域生活 …………………………………… (95)
　　　二、"丰田人"的社区活动参与特征及缘由 ………………… (96)
　第五节 本章小节 ………………………………………………… (97)

第四章 社区治理中的行政参与及"协同"关系建构 …………… (99)
　第一节 社区治理转型中的行政力量 …………………………… (99)
　第二节 丰田市政府的社区治理参与 …………………………… (101)
　　　一、"制度化"路径 …………………………………………… (101)
　　　二、"项目制"嵌入 …………………………………………… (104)
　　　三、"非正式"参与 …………………………………………… (107)
　　　四、"授渔式"支持 …………………………………………… (108)
　第三节 围绕政府建构的"协同"关系分析 …………………… (110)
　　　一、政府与居民自治组织 …………………………………… (110)
　　　二、政府与社会组织 ………………………………………… (112)
　　　三、政府与企业 ……………………………………………… (114)
　　　四、政府与高校 ……………………………………………… (115)
　第四节 本章小节 ………………………………………………… (116)

第五章 "共同体"建构：社区协同治理两种路径 ……………… (119)
　第一节 建设"故乡"：居民主导的社区营造 ………………… (119)
　　　一、D社区介绍及社区网络 ………………………………… (119)

二、身份建构：成为"居民" ……………………………………（126）
　　三、居民的社区参与特点及原因分析 …………………………（132）
　　四、组织化参与：丰富且持续化的参与路径 …………………（142）
　　五、多元化的协同治理网络 ……………………………………（147）
第二节　融入"社区"：社会组织的治理参与 ………………………（149）
　　一、B 社区介绍及人口特征 ……………………………………（149）
　　二、社区问题的形成与困境 ……………………………………（152）
　　三、"以舞会友"：促进社区融入 ………………………………（152）
　　四、协同网络扩张：社会组织的参与 …………………………（155）
　　五、多元化的协同治理网络 ……………………………………（157）
第三节　社区协同治理成效 …………………………………………（158）
　　一、协商社区课题 ………………………………………………（158）
　　二、建构社区规则 ………………………………………………（159）
　　三、解决社区问题 ………………………………………………（160）
　　四、形塑社区文化 ………………………………………………（162）
　　五、获得社区归属 ………………………………………………（162）
第四节　本章小节 ……………………………………………………（164）

第六章　产业地域社区协同治理内涵及建构特点 ……………（165）

第一节　社区协同治理内涵结构 ……………………………………（165）
　　一、社区协同治理主体 …………………………………………（165）
　　二、社区协同治理场域 …………………………………………（166）
　　三、社区协同治理目标 …………………………………………（167）
　　四、社区协同治理影响因素 ……………………………………（167）
　　五、社区协同治理实践 …………………………………………（169）
　　六、社区协同治理效果 …………………………………………（171）
第二节　社区协同治理建构特点分析 ………………………………（172）
　　一、围绕政府的协同治理网络 …………………………………（172）
　　二、围绕社区的协同治理网络 …………………………………（175）

第三节 地域特点对社区协同治理建构的影响 (177)

一、企业成败对于社区盛衰 (177)

二、企业责任对于社区建设 (178)

三、企业文化对于居民性格 (179)

第四节 本章小节 (180)

第七章 结论与讨论 (182)

第一节 日本产业地域社区协同治理总结 (183)

一、推进地方自治制度、培育多元治理主体 (183)

二、地方政府积极参与、促进立体协同关系 (184)

三、居民自治组织完备、吸纳多元主体参与 (185)

四、地缘业缘多重关系、企业社区双重建设 (185)

第二节 日本社区协同治理经验对中国的启示 (186)

一、日本社区协同治理经验给我们的启示 (186)

二、丰田市个案对中国"单位社区"可能的启示 (189)

第三节 有待研究的议题 (192)

参考文献 (195)

附录 (210)

第一章 绪 论

　　传统日本社会是典型的农业国家，但是历经明治维新和二战之后的经济建设，城乡结构发生变化，作为共同体的基层社区治理也发生了重大转变。20世纪50年代，在快速化和城市化背景下，日本的基层社区中人口流动性增强，消解了居民的共同体意识，但是20世纪60年代末期，随着"住民运动"的爆发以及政府的积极改革，促进了官民之间的互动，尤其自20世纪90年代开始政府职能的转变以及社会组织的发展，进一步促进了国家与社会之间的互动，社区治理体现出较强的协同治理模式。

　　随着中国社会治理的深化，如何促进多元主体的治理参与，如何促进主体之间的协同关系建构成为重要的课题。在此背景下，系统分析日本的社区治理，总结地方政府的社区治理参与经验以及居民的社区参与模式有助于为中国的社区治理提供新的视角。不可否认，随着少子高龄化的持续推进，日本的社区治理也面临着失去活力、居民的参与能力不足等问题，因此，反思日本当前社区治理课题，有助于反思中国社区治理中所要面对的困难以及多样化建构路径。由此，关注社区治理课题，研究多元主体的协商与互动机制是促进中国共建、共治、共享是社区治理的应有之义。

第一节 研究背景与研究问题

一、研究背景

基层社会治理是国家治理的根基,是社会稳定与团结的核心。回顾中国基层社会的发展时序,基层社会并非稳定不变,而是形塑了一个动态的发展过程。传统中国乡村社会不论是和谐而自治的"小共同体",还是专制国家对社会进行编户齐民的"大共同体",两种理论脉络都是认识建国之前基层社会的基础。[1][2][3][4] 步入近代社会,中国传统社会的政治架构、文化认同、社会整合、经济形态等诸多层面都遇到困境,并且这些方面的危机相互关联,形成了"总体性危机"。后来,作为总体性危机的解决方案,"单位中国"应运而生。[5] 李汉林指出:"中国单位现象是指社会各阶层人们的社会行为通过组织方式逐一整合到一个个具体的社会组织即'单位'之中。单位成为代表人们的利益、满足人们的基本需求以及给予人们社会行为的权力、身份和地位。与此同时,单位也会控制人们的行为,实现了单位组织为基本单元的社会现象。"[6] 单位制度将几乎所有的社会成员吸纳到"国家—单位—个人"的纵向一体化结构之中,单位组织承担着资源分配、社会整合、社会控制和福利单元等多种功能。[7] 与此同时在基层社会中还有另外一种社区整合机制,即"街居制"。1954年全国人大一届四次会议通过了《城市街道办事处组织条例》和《城市居委会组织条例》,由此第一次提出街居制。但是街居制主要发挥辅助单位

---

[1] 秦晖. "大共同体本位"与传统中国社会(上)[J]. 社会学研究. 1998(5):12-21.
[2] 秦晖. "大共同体本位"与传统中国社会(中)[J]. 社会学研究. 1999(3):48-56.
[3] 费孝通. 乡土中国与生育制度[M]. 北京:北京大学出版社. 1998.
[4] 任志安,林国荣. 大共同体? 小共同体? ——评秦晖的"从大共同体本位走向市民社会"[J]. 社会学研究. 2000(2):76-85.
[5] 田毅鹏,吕方. 单位共同体的变迁与城市社区重建[M]. 北京:中央编译出版社. 2014.
[6] 李汉林. 中国单位现象与城市社区的整合机制[J]. 社会学研究. 1993(5):23-32.
[7] 田毅鹏,吕方. 单位社会的终结及其社会风险[J]. 吉林大学社会科学学报. 2009,49(6):17-23.

制功能，设想是管理没有工作的人。①② 一方面在单位体制时期居委会的自治性质不强，另一方面街居制只是单位体制的辅助机制，是对非单位人的纵向的管理体制。③ 街居制是单位制的辅助体制和剩余体制，对单位体系之外的人员实行"准单位化"管理。④

在"后单位社会"背景下，一方面，"国家—单位—个人"的纵向社会整合模式转变为"国家—社区—个人"的整合模式。另一方面，由于城市化、企业改革、住房制度改革、流动性增加等多种层面发生变化，使城市社会的复杂性不断增加，社会管理体制遇到了很多新的挑战。对此，之前管理非单位人的"街居制"模式也发生变化而转向"社区制"，"社区"扛起了管理基层社会，实现社会整合的重要功能。"社区制"的建设也历经了从"社区服务"到"社区建设"的转变过程。1987年，民政部首次提出"社区服务"概念，由此在中国政府管理进程中首次出现了社区概念。社区服务强调的是对社区居民的服务，且服务内容表现出多元化。1991年，民政部提出"社区建设"，提出要发挥社区居民的力量，而不能仅仅依靠政府。1996年3月，江泽民总书记指出，"要大力加强城市社区建设，充分发挥街道办事处和居委会的作用"。民政部于1999年制定了《全国社区建设试验区工作实施方案》，提出要改革城市基层管理体制，培育和建立与社会主义市场经济体制相适应的社区建设管理体制和运行机制。2000年11月，中共中央办公厅、国务院办公厅联合下发了《中共中央办公厅、国务院办公厅关于转发〈民政部关于在全国推进社区建设的意见〉的通知》，这一通知的提出标志着此前多年的实验探索阶段宣告结束，即将在全国进行正式和全面的推广。⑤ 社区建设指的是在当地政府的领导下，借助社区

---

① 夏建中. 从街居制到社区制：我国城市社区30年的变迁[J]. 黑龙江社会科学. 2008(5)：14-19.

② 陈雪莲. 从街居制到社区制：城市基层治理模式的转变——以"北京市鲁谷街道社区管理体制改革"为个案[J]. 华东经济管理. 2009(8)：92-98.

③ 吕方. 从街居制到社区制：变革过程及其深层意涵[J]. 福建论坛·人文社会科学报. 2010(11)：185-188.

④ 田毅鹏，漆思. 单位社会总介：东北老工业基地"典型单位制"背景下的社区建设[M]. 北京：社会科学文献出版社. 2005.

⑤ 夏建中. 从街居制到社区制：我国城市社区30年的变迁[J]. 黑龙江社会科学. 2008(5)：14-19.

的力量充分利用社区资源，继而解决社区问题和强化社区功能，促进社区中政治、经济、文化、环境等健康发展，促进居民生活水平和生活质量的过程。[①]

自"社区建设"政策推出后，学者们对其内容、建设主体等多方面展开了研究。就其内容而言，学界一致强调社区建设应包括"硬件"和"软件"建设两个方面，但是学者们更倾向于强调其"软件"建设。[②③④⑤] 由于社区的"双重性格"，在社区建设模式，或在由"谁"主导社区建设问题层面形成了强调行政建设和强调自治建设的两种理论脉络。[⑥⑦⑧] 经过十余年的社区建设，实现了"单位制"向"社区制"的转变，以及"单位人"向"社区人"的转变。但是，由于在社区建设过程中过分强调和依赖行政力量，从而引发了发展困境。具体表现在：1. 由于政府的"大包大揽"，导致政府财政支出增多，办事效率降低等诸多负面问题，长时间来看影响着政府的社会服务供给。2. 社区行政化问题，即原本具有自治性质的居民委员会成为行政组织的末端组织，承担着过多的行政任务而逐渐丧失了"自治性"。3. 社区中缺少居民的参与，社区社会组织不发达，从而使社区成为仅仅居住在一起的"陌生人社会"等。在此背景下，基层社区建设转向社区治理成为必然。

"所谓治理，是与统治相对应的概念，它们的最基本区别在于两点：一是治理的权威包括政府，但不一定是政府，而统治的权威只能是政府；二是治

---

① 中共中央办公厅、国务院办公厅. 关于转发《民政部关于在全国推进城市社区建设的意见》的通知(中办发〔2000〕23号)[EB/OL]. 2000.11.
② 王思斌. 体制改革中的城市社区建设的理论分析[J]. 北京大学学报(哲学社会科学版). 2000, 37(5): 5-14.
③ 孙立平. 社区、社会资本与社区发展[J]. 学海. 2001(4): 93-96.
④ 杨团. 推进社区公共服务的经验研究——导入新制度因素的两种方式[J]. 管理世界. 2001(4): 24-35.
⑤ 费孝通. 对上海社区建设的一点思考——在"组织与体制：上海社区发展理论研讨会"上的讲话[J]. 社会学研究. 2002(4): 1-6.
⑥ 徐勇. 论城市社区建设中的社区居民自治[J]. 华中师范大学学报(人文社会科学版). 2001, 40(3): 5-13.
⑦ 魏娜. 我国城市社区治理模式：发展演变与制度创新[J]. 中国人民大学学报. 2003(1): 135-140.
⑧ 李友梅. 社区治理：公民社会的微观基础[J]. 社会. 2007, 27(2): 159-207.

第一章 绪 论

理的权力运行是多元而双向的，统治的权力运行则是单向而自上而下的。"[1] "治理是使相互冲突或不同的利益得以调和并采取联合行动的持续的过程。"[2] 治理强调的是多元主体的参与、信任以及合作。[3][4][5] 随着党和政府对社区治理的不断重视，专家、学者和一线实践者们对社区治理展开多层次、多领域、多维度的理论研究和实践总结，促进了中国社区治理研究的百花齐放。林磊总结出，现有社区治理研究呈现出"国家—社会"范式、"文化—认同"范式和"政策—过程"范式三种研究脉络。[7] 在此过程中学者间也形成了加强基层政权建设或加强基层自治建设以及融合型建设三种研究脉络。[8][9][10][11][12][13][14] 针对多元主体的社区参与也形成了多种研究路径，社区中有党政组织、居民自治组织、市场组织和社会组织等多元治理主体，不同治理主体有自身的理念、价值观

---

[1] 俞可平. 治理与善治[M]. 北京：社会科学文献出版社. 2000.
[2] 冯玲，王名. 治理理论与中国城市社区建设[J]. 理论与改革. 2003(3)：25-27.
[3] 陈伟东，李雪萍. 社区治理与公民社会的发育[J]. 华中师范大学学报. 2003，42(1)：27-33.
[4] 王思斌. 社会治理结构的进化与社会工作的服务型治理[J]. 北京大学学报(哲学社会科学版). 2014，51(6)：30-37.
[5] 王思斌. 社会工作参与社会治理的特点及其贡献—对服务型治理的再理解[J]. 理论探索. 2015(1)：49-57.
[6] 周庆智. 论中国社区治理—从权威式治理到参与式治理的转型[J]. 学习与探索. 2016(6)：38-159.
[7] 林磊. 我国社区治理研究范式的演进与转换——基于近十年来相关文献的回顾与评述[J]. 学习与实践. 2017(7)：80-87.
[8] 杨敏. 中国社会转型过程中社区意涵之探讨[J]. 武汉大学学报(哲学社会科学版). 2006(6)：878-882.
[9] 卢学辉. 中国城市社区自治：政府主导的基础社会整合模式——基于国家自主性的视角[J]. 社会主义研究. 2015(3)：74-82.
[10] 陈伟东. 城市社区自治研究[D]. 华中师范大学博士学位论文. 2003.
[11] 王颖. 公民社会是现代公民的成长空间[J]. 首都师范大学学报(社会科学版). 2005(6)：102-106.
[12] 桂勇. 邻里政治：城市基层的权力操作策略与国家——社会的粘连模式[J]. 社会. 2007(7)：102-126.
[13] 王汉生，吴莹. 基层社会中"看得见"与"看不见"的国家——发生在一个商品房小区中的几个"故事"[J]. 社会学研究. 2011(1)：63-96.
[14] 陈伟东，吴岚波. 行动科学视域下社区治理的行动逻辑生成路径研究[J]. 吉首大学学报(社会科学版). 2018，39(1)：41-48.

和目标，而每个组织也都有自身的优势和不足。①②③④ 除此之外，针对社区社会资本以及居民的社区参与，现在也积累了诸多研究成果。⑤⑥⑦⑧

　　基于上述发展背景，以及在理论研究的推动下，党和政府对社会治理和社区治理等多方面的认识不断提升。中共十六届四中全会提出"建立健全党委领导、政府负责、社会协同、公众参与的社会管理格局"。中共十八大报告提出"围绕构建中国特色社会主义社会管理体系，加快形成党委领导、政府负责、社会协同、公众参与、法治保障的社会管理体制"。中共十八届三中全会首次引入了"社会治理"概念，提出推进社会治理改革，创新社会治理体制，改进社会治理方式，激发社会组织活力等思想。中共十九大报告提出要把社会治理的重心向基层下移，进而首次提出了"社区治理"概念。并且自十六届三中全会明确提出"社会组织"概念到2017年12月民政部提出《大力培育发展社区社会组织的意见》，政府不断地在鼓励和促进社会组织的社区参与。随着中国社会治理的深化，何以"善治"成为创新社会治理背景下的重点课题。在改革开放40多年的社会建设和城市社会管理过程中，社区成为社会建设基层单位，历经了"社区服务""社区建设"和"社区治理"阶段。2017年，中共中央、国务院发布《关于加强和完善城乡社区治理的意见》，首次提出社区治理的理念，在中共十九大报告中再次强调社区治理理念，进一步提出"共建、共治、共享"的社区治理目标。由此，基层政府、居民自治组织（居委会、社区社会

---

① 曹海军. 党建引领下的社区治理和服务创新[J]. 政治学研究. 2018(1)：95-98.
② 田毅鹏，苗延义. "吸纳"与"生产"：基层多元共治的实践逻辑[J]. 南通大学学报·社会科学版. 2020(1)：82-88.
③ 康晓强. 社区社会组织与社区治理结构转型[J]. 北京工业大学学报（社会科学版）. 2012，12(3)：22-25.
④ 崔月琴，袁泉. 社会管理的组织化路径——社区民间组织的"均衡化"发展[J]. 社会科学战线. 2011(10)：178-185.
⑤ 杨敏. 作为国家治理单元的社区——对城市社区建设运动过程中居民社区参与和社区认知的个案研究[J]. 社会学研究. 2007(4)：137-164.
⑥ 刘威. 从"公民参与"到"群众参与"——转型期城市社区参与的范式转换与实践逻辑[J]. 浙江社会科学. 2008(1)：86-92.
⑦ 刘春荣. 国家介入与邻里社会资本的生成[J]. 社会学研究. 2007(2)：60-79.
⑧ 王文彬. 社会资本视野中的社区建设：关系、参与和动力[J]. 吉林大学社会科学学报. 2013，53(5)：162-167.

组织等)、社会组织[①](NPO等)和市场组织(企业、物业等)等多元主体一并成为社区治理主体,为满足居民的多样化需求提供了基础。

在此背景下,学者们提出"多元共治"[②]"复合式治理"[③]"协商共治"[④]等社区治理理念,为社区治理指明方向,在社区治理实践领域也不断探索出"三社联动""三工联动"等治理模式,促进了社区治理的开展。但是不得不承认,在生活社会化和社会原子化,以及"社区异质化"[⑤]"社区网络脱域化"[⑥]背景下社区治理系统中由于多元主体发展水平的差异和相互之间的协商与合作机制的欠缺,导致了治理主体间的"碎片化"[⑦⑧]。出现了居委会的"行政化"[⑨⑩⑪]与"内卷化"[⑫],业委会的业主参与不足和少数精英寡头统治[⑬],社会组织的资源困境[⑭]和嵌入社区中的外部服务行政化、内部治理官僚化和专业建制化[⑮]等问

---

① 中国所述社会组织,国际上通常称为"志愿者组织""非营利组织"(NPO),主要是指以促进国家经济和社会发展为己任,不以营利为目的、具有正式的组织形式,且属于非政府体系的社会组织。相类似概念还有"第三部门""公民社会""非政府组织"(NGO)等。夏建中,特里·N.克拉克,等.社区社会组织发展模式研究——中国与全球经验分析[M].北京:中国社会出版社.2011:7.
② 孙萍.中国社区治理的发展路径:党政主导下的多元共治[J].政治学研究.2018(1):107-110.
③ 郑杭生,黄家亮.当前我国社会管理和社区治理的新趋势[J].甘肃社会科学.2012(6):1-8.
④ 王思斌.社会工作参与社会治理的特点及其贡献—对服务型治理的再理解[J].理论探索.2015(1):49-57.
⑤ 蔡禾,贺霞旭.城市社区异质性与社区凝聚力——以社区邻里关系为研究对象[J].中山大学学报(社会科学版).2014,54(2):133-151.
⑥ 兰亚春.居民关系网络脱域对城市社区结构的制约[J].吉林大学社会科学学报.2013(3):122-128.
⑦ 李强,葛天任.社区的碎片化——Y市社区建设与城市社会治理的实证研究[J].学术界.2013(12):40-50.
⑧ 胡那苏图.我国社区治理"碎片化"整合机制探析[J].行政与法.2020(3):82-90.
⑨ 陈伟东,李雪萍.社区行政化:不经济的社会重组机制[J].中州学刊.2005(2):78-82.
⑩ 向德平.社区组织行政化:表现、原因及对策分析[J].学海.2006(3):24-30.
⑪ 潘小娟.社区行政化问题探究[J].国家行政学院学报.2007(1):33-36.
⑫ 何艳玲,蔡禾.中国城市基层自治组织的"内卷化"及其成因[J].中山大学学报(社会科学版).2005,45(5):104-109.
⑬ 石发勇.业主委员会、准派系政治与基层治理——以一个上海街区为例[J].社会学研究.2010(3):136-158.
⑭ 崔月琴,王嘉渊,袁泉.社会治理创新背景下社会组织的资源困局[J].学术研究.2015(11):43-50.
⑮ 朱建刚,陈安娜.嵌入中的专业社会工作与街区权力关系——对一个政府购买服务项目的个案分析[J].社会学研究.2013(1):43-64.

题。所以，当前的社区治理研究主要集中点之一在于，如何了解多元化的社区和社区的异质化；如何明确多元主体的职责、功能与边界；如何实现多元主体的协同治理等领域。由此，"协同治理"理论成为促使多元主体协同的重要理论基础，为社区协同治理提供思路，成为社区治理的一种有效出路。

与此同时，随着单位制的解体和改革开放的深化，住房商品化、劳动力市场的建构、土地城市化等多重机制的复杂作用下，国家的直接干预逐渐减弱、资源配置机制多元化、社会异质性增加、人口流动性加大、城市社会群体高度分化、城市空间出现分异，给城市社会管理带来很大的挑战。[①] 在此背景下，社区层面出现了"分化的社区"和"社区的分化"两种特点。"分化的社区"是指，在社会分化背景下，不同的社会阶层在城市居住空间上的分化而形成的复杂多样的社区类型。如村转居社区、城中村社区、传统社区、单位社区、纯商品房社区等。"社区的分化"是指同一个小区中社会群体之间的分化甚至群体内部的分化。[②] 如居民在种族、民族、语言、文化、宗教、职业等领域的特征差异而出现的横向的分化和在收入、财富、教育等资源占有上的差异而出现的纵向分化。[③] 由此，现有社区治理研究集中点之二是区分社区独有的"社区性"[④]和"地域性"[⑤]等特点，继而分析不同的社区类型、社区社会资本以及治理模式。

"单位社区"作为多样化社区类型之一，极具中国特色。学界所述"单位社区"通常是指，在"单位制"时期依附"单位"而形成的，以一个单位或几个单位的员工为主体集中居住形成的社区形态。社区特点主要表现在，居民由某一单位或几个单位的员工为主，具有"半熟人社会"特征；居民价值取向趋近，

[①] 蔡禾. 从统治到治理：中国城市化过程中的大城市社会管理[J]. 公共行政评论. 2012(6)：1-18.

[②] 肖林. "'社区'研究"与"社区研究"——近年来我国城市社区研究评述[J]. 社会学研究. 2011(4)：185-208.

[③] 蔡禾，贺霞旭. 城市社区异质性与社区凝聚力—以社区邻里关系为研究对象[J]. 中山大学学报(社会科学版). 2014, 54(2)：133-151.

[④] 黄晓星. 社区运动的"社区性"——对现行社区运动理论的回应与补充[J]. 社会学研究. 2011(1)：41-62.

[⑤] 田毅鹏. 地域社会学：何以可能？何以可为？——以战后日本城乡"过密—过疏"问题研究为中心[J]. 社会学研究. 2012(5)：184-203.

接受单位文化熏陶，对单位具有较高的认同感；生活水平与生活方式相近，受所在单位的发展好坏影响等。随着改革开放的深化、单位制的解体以及住房商品化等多种因素的共同作用下，"单位社区"逐渐成为"扶贫""改造"的重点地区。所以，何以促进"单位社区"的良治，是基层社会治理研究者所要关注的重要领域，具有重要的理论意义和现实意义。

笔者在日本中部地区名古屋市、丰田市、四日市等工业城市中的参与观察和访谈过程中了解到，这些工业城市中有些社区是在当地大型企业建设过程中形成的，具有企业员工聚集、居民受当地企业文化熏陶以及居民具有相近的生活方式等特点，与中国"单位社区"具有多重相同特征。不仅如此，还有一些社区受企业发展影响以及在城市人口流动性增强背景下，表现出较高的"异质化"特点。但是有趣的是，这类社区在多元主体协同治理过程中，实现了较强的社区自治能力。

二、研究问题

基于上述研究背景，我们不禁要问，在大型企业影响之下形成的社区，在中日两国表现出怎样的特征？有无可比性？什么因素会促使这类典型社区的自治能力，实现协同治理？虽然当前有关中国"单位社区"的形成、特点、转型以及改造等多种问题形成了多样化研究，但是，国外是否有"类单位社区"，其发展路径和治理方式有何特点，以及这类社区研究在中国相关研究中有何启示等问题还有待学者关注和深入挖掘。由此，笔者将研究对象聚焦到产业地域典型社区，结合"协同治理"理论和"地域社会学"理论，回答与中国"单位社区"相近的日本社区是如何治理的，政府的参与方式如何，居民怎样自治，以及多元主体如何建构协同治理机制等问题。最后结合中国当前"单位社区"研究，对社区治理实践、协同治理机制建构以及居民的社区参与等方面给予启示，以此弥补现有研究文献的缺乏，促进"共建、共治、共享"的社区治理实践。

三、研究基础

首先，"单位制"以及"单位社区"研究，一直是吉林大学社会学系研究团队关注的领域，在多年的学术研究中结出了诸多智慧的果实，所以对相关研究的认识和理解也是成为学术共同体一分子的必备条件。在校学习期间，笔者在导师以及哲学社会学院任课老师们的帮助下，通过广泛阅读与研究主题相关的文献，提升了理论素养。并且在跟随老师们参与东北地区"单位社区"以及社会组织等社会调研过程中对此类社区特点，以及治理困境等问题有了深入的体会。

其次，笔者在2018年获得国家留学基金委"联合培养博士研究生项目"资助，在2018年9月至2019年9月一年时间里师从名古屋大学环境学研究科丹边宣彦教授，跟随老师参与了丰田市和四日市政府、社区和社会组织调研，并在多次参与观察和深入访谈中获得了详细的第一手资料。与此同时，在名古屋大学学习期间，也参与室井研二老师的调查实习课程和河村则行老师的读书会，与老师和同学们阅读和讨论专业理论的基础上，参与名古屋市社区和社会组织调研，促进了对社区问题、社会组织参与社区治理等问题的深入理解。具体调研情况见研究方法中的表1.2。不仅如此，在一年时间里，曾获得环境学研究科资助，得到社会学专业博士研究生竹内杨介的指导，对日文书籍、日本的社会问题和文化进行深入交流，促进了对日本社会以及日本社区治理的理解。

最后，在日本学习一年时间里，不仅经常得到导师的线上指导，而且导师还在2019年3月—4月期间亲自去往名古屋大学，进一步指导了笔者的研究。不仅如此，在日本期间，也曾得到哲学社会学院的资助，跟随郑南老师和学生以及关西学院大学陈立行老师和研究生一同参与日本关西地区社会组织和社会企业调研，不仅参与观察了多家社会组织，也通过深入交流和访谈收集了详细资料。

第二节 研究目的与研究意义

一、研究目的

(一)动态理解日本社区治理转型路径,促进国内学者对日本社区治理转型过程的整体理解。当前,国内学者针对日本"町委会"以及有关社会组织发展的背景和意义等问题开展了丰富的研究。但是,还缺乏对其社区治理转型的纵向发展历程和横向主体间关系的梳理。所以,基于日本文献,分析日本的社区治理转型过程以及转型过程中主体之间的关系,有助于促进学者对日本社区治理转型的深入理解。

(二)明确丰田市的社会协同治理网络以及社区协同治理实践。社区治理是复杂的过程,不仅与宏观的国家体制、治理方式有关,也与居民自治组织、社会组织等多元主体有关。所以,本书首先从日本国家体制和地方自治制度的分析中了解社区治理的意涵;其次,通过对政府的社区治理参与问题进行分析,明确政府如何参与社区治理以及怎样建构多元主体协同治理机制问题;最后,通过对两个社区的个案研究,分析居民自治组织的社区自治方式、能力以及成效等问题,总结其社区治理经验。

(三)通过明确产业地域典型社区的独特性特点,对其社区治理中的影响因素以及社区协同治理机制展开分析,总结其经验。最后结合中国"单位社区"研究和现状,提出社区协同治理的有益建议,为这类社区研究提供更多思路。

二、研究意义

(一)理论意义

第一,本书以治理理论为基础分析日本社区治理的转型过程,明确日本在多年时间里如何向社区治理转型的过程。当前,学界对中国社区治理的转型、模式等方面有了诸多研究成果,但是针对日本的社区治理实践以及社区治理转型研究还相对缺乏。所以基于治理理论展开社区治理研究，有助于对日本社区治理现状的理解。

第二，基于"协同治理"理论框架展开研究不仅符合日本社区治理研究，更有助于国内社区"协同治理"机制的建构和治理的展开。当前国内在多领域提出了"协同治理""合作治理"等理论，尤其在公共管理领域有了很多相关研究。但是，现在以社区为场域开展的"协同治理"研究屈指可数。所以，结合国内外"协同治理"的理论范式和机制，分析日本社区治理，不仅扩展对"协同治理"理论的认识，更有助于通过日本的"社区协同治理"研究，比较和反思中国"社区协同治理"理论和实践。

第三，本书引用"地域社会学"理论分析社区问题，不仅有助于现有社区研究和社区治理研究，而且也有助于促进中国学者对地域社会学分支领域的认识和应用。目前，国内有关地域社会学的研究寥寥无几，仅有田毅鹏教授和蔡骥教授的两篇地域社会学研究评述和几篇小论文，学者们对地域社会学研究还比较陌生，较少用其理论分析现实问题。因此，系统梳理地域社会学这一分支学科的理论脉络和发展路径，介绍其认识论和方法论，有助于学者们对地域社会学的认识，更有助于从较新的视角反思社区问题。

第四，本书虽然以治理理论为基础，以地域社会学为主要分析方法，但是在不同的章节或针对不同的问题，会结合"社区社会资本"和"新公共性"等相关理论，完善社区研究。本书的个案是产业地域典型社区，社区社会资本与其他社区会有所差异，因此以社区社会资本分析社区治理，有助于发现典型社区的特点，促进多样化社区治理模式。而针对社会组织参与社区治理层面，新公共性理论又有很好的解释力。因此，在分析社会组织的章节中，结合这一理论能够更好地解释社区治理的发展脉络和不同主体所发挥的公共性，完善社区研究。

(二)实践意义

第一，通过反思丰田市政府的协同治理网络建构，为中国地方政府治理能力提升和创新社会治理转型等方面提供有益参考。虽然日本的社区治理表现出较强的自治性，但是围绕政府建构的协同治理网络为社区自治提供更为多元且丰富的环境，发挥了重要作用。当前，中国社区治理转型不仅需要政府的多样化支持，更需要多元主体的协同治理网络。由此，借鉴丰田市政府的社会治理模式，有助于反思地方政府职能转型。

第二，在多年的社区治理和社区营造过程中，日本社区居民积累了诸多经验。如环境美化、垃圾分类、文化活动开展等。自2018年起，中国各地方也相继实施垃圾分类政策，而社区作为居民生活的单元，垃圾分类管理、监督以及回收等多种问题都聚集在社区中，在社区进行监督、管理和宣传垃圾分类，对创新社区治理等具有重要意义。由此，借鉴日本社区营造实践，有助于为创新社区治理模式提供更多治理思路。

第三，通过分析"类单位社区"的治理转型和治理模式，为中国"单位社区"或具有相近特点的社区治理提供思路。通常这类社区具有自身的独特性，其空间结构、人口结构、组织结构等问题都有自身的特点，而这类特点往往能够成为社区治理的促进因素或阻碍因素。所以，深入分析这类社区的特点，寻找其优点，能够有助于"单位社区"研究或治理实践。

第四，深入分析不同主体的组织制度、行为方式，了解不同组织的优势与不足，进而促进主体间的协商、互动与合作。社区是多元主体共同作用的场域，是多方权力、利益集合的空间，具有复杂多变性。因此，协调多元主体的利益，引导多元主体为了共同的目标采取行动，具有较大困难。在中国，政府一直是社区内的主导组织，对引导多元主体起到了重要影响，但是社区终归是居民自治的场域，只有居民参与和经营，才能实现社区善治。因此，系统分析多元主体的发展过程，了解组织优势和不足，对多元主体的协同具有重要的实践意义。

第三节 文献综述

一、日本社区治理研究

20世纪八九十年代，中国学者开始关注日本的"町委会"，对其发展脉络进行梳理和介绍。① 在 21 世纪初对"町委会"的功能、文化模式等方面展开分析,② 认为日本社区治理转型是民间公共意识的发展和居民自治能力的提升过程,③ 社区营造(まちづくり)活动中市民、市民团体、非营利团体与政府、行政的关系,从诉求和对抗发展到合作与协商,促进了社区课题的解决。④ 近几年又对社区治理经验进行总结,⑤⑥⑦ 促进了人们对日本"町委会"和社区治理的认识。然而,反观现有研究发现,学者们以往更多关注的是日本的"町委会"这一传统的地域组织,但对地域社会治理、多元主体的发展与相互关系以及社区"共同"体系的变迁和居民的社区参与等多方面缺乏认识,有待深入研究。

与此对应,针对日本的社区研究及转型,日本学者主要有社区居民自治组织研究、社区共同关系研究和社区营造等三个层面的研究。关于居民自治组织,学者们对日本的"町委会"展开多维度研究,对其性质、功能和演变进行介绍。"町委会"是指把居住在同一社区内的所有家庭户和企业组织起来,共同处理社区中发生的各种(共同的)问题,能够代表社区并参与社区(共同)管理的居民自治组织。⑧ "町委会"于 1889 年开始萌芽、20 世纪初逐渐形塑、1947 年被取消、1952 年恢复、1991 年获得法人资格,现在是居民自治的重要组织,也是居民与行政组织之间协商与互动的桥梁。关于社区共同关系演变,田中重好基于共同性的变迁,提出隐藏的共同性、脱域化的共同性和重现共

---

① 潘若卫. 日本城市中的地域集团——町委会的沿革[J]. 社会学研究. 1989(1):60-67.
② 韩铁英. 日本町委会的组织和功能浅析[J]. 日本学刊. 2002(1):46-62.
③ 田晓虹. 从日本"町委会"的走向看国家与社会关系演变的东亚路径[J]. 社会科学. 2004(3):64-72.
④ 胡澎. 日本"社区营造"论——从"市民参与"到"市民主体"[J]. 日本学刊. 2013(3):119-134.
⑤ 卢今辉. 日本社区治理的模式、理念与结构——以混合型模式为中心的分析[J]. 日本研究. 2015(2):52-61.
⑥ 葛天任、许亚敏、杨川. 战后日本基层社区治理经验及其对中国的启示[J]. 地方治理研究. 2018(2):53-65.
⑦ 俞祖成. 战后日本社区政策的逻辑起点——基于政策文本的分析[J]. 社会科学. 2019(1):35-43.
⑧ 中田实. 日本的居民自治组织"町委会"的特点与研究的意义[J],张萍,译. 社会学研究. 1997(4):24-31.

同性三个时期。① 高桥英博基于社区共同关系的变迁,提出共同的内部化、共同的外部化、共同的再内部化和共同的多元化四个时期。② 总之,日本在多年的社区建设治理过程中,政府不仅有多样化的社区支持,也基于居民更多的社区参与空间,促成了国家、社会、居民良好互动的"协动治理"③模式。基于日本学者们的研究可以总结出,日本的社区治理以20世纪50年代、70年代和90年代为分水岭,可划分为四个发展阶段。

(一)国家统治下的居民自助阶段(20世纪50年代以前)

传统日本社会是典型的农业国家,村落社会是基于"同族团"或各类"居民组织"而形成的生产、生活相结合的共同体。有学者指出,"传统日本村落是基于'同族团'而形成的共同体,同族团中的各家各户以本家为中心形成共同关系和生活。在同族团中人们共同参与生产活动,形成生活保障体系"④。也有学者认为,"在村落共同体中,由于生产力低下,村民不得不基于土地、用水等事务形成各类村落组织,如农业劳动组织、水利组织、生活协同组织,进而共同参与生产和劳动,共同利用和管理村落资产"⑤。因此,在村落中,村民基于各类事务形成共同的规范和行为方式,共同利用和管理村落资产,形成了自给自足自治的村落共同体。在城市中,"町内"社会是人们生活的基础单元,也是相对封闭的社会空间。江户时代(1603—1867)的町内社会,被武家地、寺社地、町人地所分割,形成了多样化的管理机关。町人地的管理机关为"町奉行所",形成了"町奉行所—町年寄—町君主—五人组"的公的管理模式。田中重好认为,"町内社会是为了解决共同问题而形成的凝聚性的社

---

① 田中重好. 地域から生まれる公共性—公共性と共同性の交点[M]. 京都:ミネルヴァ書房. 2010:82-126.

② 高桥英博. 共同の戦后史とゆくえ—地域生活圈自治への道しるべ[M]. 东京:御茶の水书房刊. 2010.

③ 日本所述"协动治理"的表述与中国当前所普遍运用的"协同治理"具有高度的相似度。由此,为了便于研究和比较分析,本文将其统称为"协同治理"。

④ 有贺喜左衛門. 同族と亲族[M]1947,有贺喜左衛門著作集(第二版). 东京:未来社. 2001:25-29.

⑤ 中村吉治. 村落构造の史的分析—岩手県煙山村[M]. 东京:日本评论社. 1956.

会制度"[①]。

到了明治时代(1868—1912),政府于1868—1870年期间逐渐取消原先的町内活动,于1871年实行了"区"制度,1872年实行了"大区""小区"制度和"学区"制度,于1878年提出"三新法"(郡区町村编制法、府县会规则、地方税规则)修改了大区小区制。由此,明治时代逐渐将原先具有自治性质的"町内"社会改变为自上而下行政区划的地区。不仅如此,明治政府为了富国强兵以及防止火灾和传染病等,于1900年提出了组建"卫生组织"。"卫生组织"是自上而下实行的具有行政性质的组织,但是在实践过程中也促进了居民自下而上的组织化,"有志团体"应运而生。"有志团体"的出现一方面促进了新旧住民的融合,另一方面也促进了政府事务的推动。由此,明治时代末期至大正时代初期,"有志团体"逐渐发展,在各城市中得到普及,成为全户加入的组织,这也成为"町委会"的母体。这一时期政府有限的力量无法承担太多的居民事务,"卫生组织""有志团体"等组织虽然与政府具有重要的关联,但是也成为居民自助和互助的组织基础。

到20世纪20年代,随着资本主义的发展和对外扩张,"九一八事变"为伊始日本国内形成紧张的战争气氛,政府也开始加强了自上而下的社会动员。在战争气氛中,町委会筹备工作有序进展,于1929年设置"町会制度调查委员会"、1930年出台"东京市非常变灾要务规程"、1932年基于"纳税组合奖励规程"促进地域社会的组织化、1940年在内务省训令17号中提出"部落会、町委会整备要纲",町委会正式成为国家动员的基层单位。[②] 此时的町委会一方面是行政管理和动员的有效手段,另一方面也是居民日常生活中满足生活的必不可缺的组织。

综上,自明治时代开始直到20世纪50年代,国家虽然对社区具有高度的统治力,尤其在二战期间,基层社会成为了国家动员的基层单元。但是由于国家人力、财力、能力有限,且主要采取了支持地方精英管理基层社会的

---

① 田中重好. 町委会の历史と分析视角[M]// 仓泽进,秋元律郎. 町委会と地域集団. 京都:ミネルヴァ书房. 1990:28-30.
② 高桥英博. 共同の战后史とゆくえ—地域生活圈自治への道しるべ[M]. 东京:御茶の水书房刊. 2010:49.

策略，给予基层社会较高的自我管理和自我服务能力，居民以自助、互助为主，形成了高桥英博所述"共同的内部化"和中田实所述"共同体型"地域管理时期，即居民的生产和生活重叠在社区内，全体居民共同管理社区事务。

(二)快速城市化背景下的行政管理阶段(20世纪50年代中—60年代末)

据国势调查，在1920年日本的城市人口占18%，而农村人口占82%，农村人口具有压倒优势。到1950年农村人口依然占62.7%，而到了1955年，城市人口超越农村人口达到56.3%，1960年63.3%，1970年72.1%。[①] 据农林业普查，1950年全国总农家户数为617万户，到了1960年减少至606万户，1970年减少至540万户。1950年，全国专职农家占50%，而到了1970年减少至15.6%。[②] 由此，自1955年开始，日本进入快速工业化和城市化时期，随着国家《全国综合开发计划》(1962)和《新住宅市街开发法》(1963)等政策的实施，工厂和住宅用地被大量开发，农村人口大量流入城市，改变了以往城市和农村的生活结构。在此背景下，城市"过密"和村落"过疏"问题开始呈现，居民的生产、生活开始分离，一方面居民的社区参与开始减少，另一方面政府投入大量的资金修建和改善基础设施，人们的生活从"自律"转为"他律"，渐渐失去了自主运营和自主管理能力。高桥英博将此阶段认为是"共同的外部化"时期，即人们的生产和生活开始分离，居民无法在社区内满足所有生活需求，而只能从社区外的商业部门或行政部门得到满足，居民之间的自助和互助逐渐消失。中田实将此阶段认为是"所有者型"地域管理时期，即社区内没有土地等固定财产的居民被排除在社区管理之外。由此，在快速工业化和城市化过程中，城乡流动人口增加，社区异质性和社会原子化开始呈现，居民的社区参与减少，社区自治能力逐渐变弱，政府承担基础设施建设和管理的主要任务，表现出较强的行政管理色彩。

(三)社区建设背景下的官民互动阶段(20世纪70年代—90年代)

在20世纪60年代末期，一方面由于经济发展开始变慢，政府财政压力

---

① 高桥英博.共同の战后史とゆくえ—地域生活圏自治への道しるべ[M].东京：御茶の水书房刊.2010：24.

② 高桥英博.共同の战后史とゆくえ—地域生活圏自治への道しるべ[M].东京：御茶の水书房刊.2010：89.

增大。另一方面在环境污染、公害问题凸显的背景下"住民运动"爆发，居民的社区参与意识空前增长。以此为背景，日本"社区问题小委员会"于1969年基于《社区：生活场所的人性之恢复》一文，提出了社区建设理念。1971年日本自治省（现总务省）提出《关于社区对策要纲》，截至1973年选出了83个"模范社区"，截至1983年选出了147个"社区推进地区"。[①] 社区建设政策是为了缓解社区共同性的流失，重建居民的社区关系而提出的。有学者认为，"这是革新政府为了吸纳'住民运动'的力量而提出的政策手段"[②]。在社区建设时期，政府主导建设了学校、幼儿园、运动设施、福祉设施、公园和广场等硬件设施，并将设施的管理和运营任务还给居民，虽然具有"半官办"性质，却也促进了居民的自主参与。在此背景下，自80年代开始，居民主导的社区建设或社区营造快速发展，出现了"福祉社区营造""历史社区营造""防灾社区营造""安心安全的社区营造"等多样的社区建设和营造活动，促进了居民的多样化社区参与。有人认为，社区建设是行政领域和居民领域相结合的共同的领域[③]，是"意图"和"自律"相结合的活动[④]。

总之，在社区建设时期，政府主导建设社区硬件，又将管理和运营任务交给居民，促进了居民的社区参与。随着居民社区参与的深化，居民主导的多样化社区建设活动开始促成，促进居民的"参与"和"协力"，再次挖掘了居民的"创造性""主体性"和"互助精神"，这也是高桥英博所述"共同的再内部化"时期。

（四）社区治理背景下的"协动治理"阶段（20世纪90年代—至今）

自80年代开始，由于税收减少和财政支出的增多，公共事业和公共服务表现出非效率特点，"政府失灵"问题开始呈现。以此为背景，中曾根政权，一方面通过"大学改革""邮政改革""医疗年金改革""教育改革"以及"三位一体

---

① 高桥英博. 共同の戦后史とゆくえ—地域生活圏自治への道しるべ[M]. 东京：御茶の水书房刊. 2010：130-131.
② 高桥英博. 共同の戦后史とゆくえ—地域生活圏自治への道しるべ[M]. 东京：御茶の水书房刊. 2010：
③ 奥田道大. 都市コミュニティーの理论[M]. 东京：东京大学出版会. 1983：289.
④ 中田实. コミュニティーと地域の共同管理[M]//仓沢进，秋元律郎. 町委会と地域集团. 京都：ミネルヴァ书房. 1990：208.

· 18 ·

改革",大力促进民营化改革,形成新保守主义的"小政府"政权。并于1995年提出《地方分权推进法》、1999年提出《地方分权推进一括法》、1999年提出《改正地方自治法》等政策,将公共事务的50%退还给地方政府。[①]另一方面,通过提倡民间资本对公共事务的参与,促进了NPO等社会组织的发展。尤其以1995年阪神•淡路大地震为契机,于1998年出台《特定非营利活动促进法》(NPO法),进而活化社会资本,促进了社会力量对社区治理的参与。进入21世纪,以"治理"理论的发展为背景,日本社会形成了"协动治理"理念。"协动治理"是指,"复数的社会主体,为了其共同的目标而采取的一致性行动。是以超越既有价值而创造新的价值为目标的协同关系"[②]。有学者指出,"'协动治理'的主体有行政、企业、NPO、生协、志愿者、居民组织等。现有的NPO法(1998)、行政手续法(1994)、情报公开法(1998)等政策是其制度基础,居民投票、居民参与行政评价等行动也是其重要的组成部分"[③]。也有学者认为,"社区'协动治理'是根据社区的差异,构筑新的'人民关系'和'民民关系'的'市民参与型小自治'"[④]。由此,自20世纪90年代开始,以NPO法人为首的社会组织的发展促进了社区居民的多样化需求也一定程度上弥补了政府的工作缺陷。

综上所述,日本的社区治理历经了上述四个发展阶段。其间,居民的社区参与历经"强参与—弱参与—强参与"的发展阶段,政府角色也历经了"统治—管理—治理"的转变阶段。现在,日本的"协同治理"政策不仅促进了多元主体的社区参与,也有效避免了多元主体之间的分化。所以,分析和总结日本社区协同治理政策以及实践具有重要的意义。

---

① 高桥英博. 共同の战后史とゆくえ—地域生活圏自治への道しるべ[M]. 东京:御茶の水书房刊. 2010:211-218.
② 长谷川公一. NPOと新しい公共性[M]//佐々木毅,金泰昌. 公共哲学7中间集团が开く公共性. 东京:东京大学出版会,2002:12-13.
③ 室井力. 住民参加のシステム改革—自治と民主主义のリニューアル[M]. 东京:日本评论社,2003.
④ 新藤宗幸. 都市の行政システム[M]//岩波讲座. 都市の再生を考える6都市のシステムと经营. 东京:岩波书店. 2005.

二、国内外产业地域典型社区研究

(一)中国"单位社区"研究

在单位制时期,单位成为城市中的中枢系统,在经济、生活等层面都具有全面的影响。当时,无所不包的单位组织,将单位职工和家属安排到"单位社区"之中,形成了一个个封闭的"单位社区"或"单位大院"。芦恒等人指出:"单位社区实质是将职工和家属都置于社区中的'复数单位人'生活共同体。此类社区往往人口流动少、居住稳定、封闭的生活空间,继而表现出类似乡村社会的'单位熟人社会'。"[①]王美琴认为,"单位社区"具有"集中性、封闭性、排他性和自足性"[②]特点。"单位社区"结合不同特点可细划分出"单位型社区"和"混合型社区",前者指以超大型国有企业或大型工矿区为中心建立的企业社区;后者指以多个中小单位企业存在的社区。[③]

现在,有关单位社区的讨论主要集中在存在什么问题、形成原因探析以及社区治理有效路径探索等层面。在单位制解体以及住房商品化背景下,大多数"单位社区"的衰落以及贫困化成为不可否认的事实。芦恒指出,大量单位社区在转型大潮中逐渐陷入"衰败化""杂化""贫民区化""异质化",成为社会治理的"真空地带"。[④]"衰败化"主要表现在随着单位的衰落而被"弃管";"异质化"表现在人口流动性层面,主要表现出"本地—外地"人混住、"城市低收入—农民工"人群混住等特点。"单位社区"也正是在"异质化"[⑤]"贫民区划"和"衰败化"过程中,逐渐成为城市社会建设需要改造和翻新的重点区域。

针对"单位社区"的治理难题以及形成原因,张宝峰分析"单位型社区"居

[①] 芦恒,蔡重阳."单位人"再组织化:城市社区重建的治理创新——以长春市 C 社区为例[J].新视野.2015(6):39-45.

[②] 王美琴.城市居住空间分异格局下单位制社区的走向[J].苏州大学学报(哲学社会科学版).2011(6):6-9.

[③] 芦恒.东北老工业基地城市棚户区的类型与社区建设[J].吉林大学社会科学学报.2013(5):168-174.

[④] 芦恒.以内生优势化解外部矛盾——"社区抗逆力"与衰落单位社区重建[J].社会科学.2017(6):71-80.

[⑤] 孙炳耀.社区异质化:一个单位大院的变迁及其启示[J].南京社会科学.2012(9):49-54.

民的社区参与问题，得出"单位消解了居民的参与意识"[1]的结论。单位制的遗留问题和残留现象有碍于社区治理开展。[2] 也有学者认为，与"单位制"对应的"社区制"的缺位与发展缓慢以及除了单位之外的社区公共服务供给途径的匮乏也是导致"单位社区"走向衰落的原因。[3] "单位社区"问题的出现并非单纯受制于单位的影响，而是在制度变迁过程中出现的，具有多重表征。芦恒对东北地区单位社区形成的棚户区进行调研，总结出棚户区贫困化背后存在"公私两无困境"的公共性危机。[4] 在单位制解体和市场化深化过程中，此类社区中的"单位"性质被"剥离"，而被"承接"到社区之中。在此过程中，一方面由于单位的资金、人员、关系资源缺失导致了管理真空；另一方面由于以往"国家—单位—个人"的纵向联结机制式微，居民成为原子化的个人，直接导致居民的社区认同感缺失以及基层组织弱化等问题。[5]

针对单位社区治理，学者认为，建构居委会、业委会以及多样化社会组织等多元的社区公共物品供给机制是摆脱困境的有效途径。[6] 郭风英、陈伟东等也认为"多元共治"是社区治理善治的重要途径，[7] 单位社区转型中催生的多元主体有助于社区治理转型。[8][9] 与上述思路相异，也有学者以期从"单位社区"内部寻求一种"优势资源"，结合"在地性"特点和优势资源寻求社区的善

---

[1] 张宝峰. "单位型社区"居民政治参与的微观机制——对Z社区的个案研究[J]. 晋阳学刊. 2006(4)：42-47.

[2] 张纯, 柴彦威. 中国城市单位社区的残留现象及其影响因素[J]. 国际城市规划. 2009(5)：15-19.

[3] 郝彦辉, 刘威. 制度变迁与社区公共物品生产——从"单位制"到"社区制"[J]. 城市发展研究. 2006(5)：64-70.

[4] 芦恒. 东北城市棚户区形成与公共性危机——以长春市"东安屯棚户区"形成为例[J]. 华东理工大学学报(社会科学版). 2013(3)：12-19+84.

[5] 芦恒, 蔡重阳. "单位人"再组织化：城市社区重建的治理创新—以长春市C社区为例[J]. 新视野. 2015(6)：39-45.

[6] 郝彦辉, 刘威. 制度变迁与社区公共物品生产——从"单位制"到"社区制"[J]. 城市发展研究. 2006(5)：64-70.

[7] 郭风英. 单位社区的终结和社区治理的转型——以湖北省X市L集团三个社区为个案[J]. 湖北社会科学. 2017(11)：59-62.

[8] 郭风英, 陈伟东. 单位社区改制进程中社区治理结构的变迁[J]. 河南师范大学学报. 2011(1)：44-48.

[9] 陈伟东, 郭风英. 多重制度继体整合：单位制社区利益关系重构[J]. 求索. 2011(1)：54-56.

治。田毅鹏等指出，由于单位体制总体转型的复杂性以及单位场域的复杂特性及其作用机制的延续性，形塑了单位的"隐形在场"，如权力资本、文化资本、关系资本等，认识到这些因素有助于这类社区的治理。[①] 芦恒指出"单位社区"自身具有，如"全面组织性优势、典型动员优势、单位人抗逆力"[②][③]等多种优势，这能够促进"单位社区"或具有相同特点的棚户区改造。又如社区治理可以围绕"单位人"形成"动员—参与—动员—参与"的双重动员机制，继而促进居民的社区参与以及社区公共服务的提供。[④] 单位社区精英通过自身的特殊身份，建构和升级社会资本，促进了社区中的"在地性"治理，[⑤] 基于"单位管理逻辑"[⑥]而实现社区稳定等。可以说，这类研究不仅将此类社区放入"历史的延续性"过程中去探析，并从"单位制"的遗留"特点"中寻求一种内生优势的过程，这有助于"单位社区"的治理。这也给予我们，社区治理实践或研究，应结合不同社区特点，寻求不同的内生资源，开展多样化社区治理，避免"一刀切"的智慧。

(二)日本"企业城下町"研究

如上所示，在二战前后日本社会经历了重要的社会转型。二战之前的城乡关系较为稳定，人口流动性较小，是一个典型的农业国家。但是二战后，尤其在20世纪50年代快速城市化、工业化背景下，农村人口大量集中于城市，出现了农村过疏、城市过密现象。在此过程中，作为居民生活的基层社会，社区问题开始出现，传统社区治理方式式微，社区建设研究成为学者们关注的重点。与此同时，在"地域社会学"传入日本伊始，以城乡关系为主题

---

① 田毅鹏,王丽丽.单位的"隐形在场"与基层社会治理——以"后单位社会"为背景[J].中国特色社会主义研究.2017(2)：87-92.
② 芦恒.后单位社会的"历史延续性"与基层社会的"优势治理"——基于东北棚户区改造后的思考[J].山东社会科学.2016(6)：51-56.
③ 芦恒.以内生优势化解外部矛盾——"社区抗逆力"与衰落单位社区重建[J].社会科学.2017(6)：71-80.
④ 芦恒,蔡重阳."单位人"再组织化：城市社区重建的治理创新——以长春市C社区为例[J].新视野.2015(6)：39-45.
⑤ 田毅鹏,康雯嘉.单位社区精英的"资本"构成及其运作研究——以C市H社区为例[J].学习与探索.2017(11)：36-44.
⑥ 芦恒.时间性与适应性：城市棚户区治理中的"单位管理逻辑"与社区抗逆力[J].广东社会科学.2019(5)：180-188.

开展多样化研究,形成了以地域特性为主开展研究的趋势。如农山渔村研究、企业城下町研究、离岛地域研究等。

在快速工业化背景下,交通便利的沿海地区成为各类企业选址和建设的首要选择,开发了石油、化工、电力、汽车等诸多大型企业,如四日市石油公司(三重县)、西三河汽车工业圈(爱知县)等。在此背景下,"企业都市"或"企业城下町"成为一种城市类型,得到了学者们的关注。通常来讲,企业都市指的是城市内有多个核心企业,由此形成的城市类型。而"企业城下町"指的是近代工业发展过程中,受一个企业的影响的建设的城市,其中企业不仅对当地地域社会,更是对政治、经济、社会都具有重要的影响。[1] 有学者指出:"'企业都市'是指社会资本和公共服务由公权力集中在某地域,并在它的管理下特定的大企业利用和垄断土地、水等的地域资源而取得垄断性利润的城市。而'企业城下町'是指在物质经济条件以外,包括政治、社会、文化意识形态等上层建筑在内,大企业实现对于地域社会完全支配的城市。"[2] 由此,我们也了解到,城市中的核心企业与当地政府和居民的生活具有多重关系。

从现有研究中了解到,"企业城下町"内的核心企业对城市具有重要的影响。[3] 西原纯指出,"企业城下町"的经济发展好时,如企业发展较好时期其企业所在城市经济发展水平也较好;企业所在城市的人口会因为企业的进出或发展好坏而发生变化;"企业城下町"受"三大都市圈"(东京、大阪、名古屋),尤其是首都圈的重要影响,发生荣枯衰竭。[4] 20 世纪 90 年代泡沫经济的影响以及经济发展低迷等影响,一些"企业城下町"逐渐衰落和缩小,也对当地城市规划和社区建设产生了影响。而企业名下的土地闲置以及重新开发等,对重塑城市空间产生了重要影响,而在此过程中需要企业、居民以及当地政府

---

[1] 宫入兴一. 企业都市の概念と构造の特征(1)[J]. 经营と经济. 1991(2):27-66.
[2] 转引自:郑南. 丰田公司的发展与地域社会——以先行研究为基础[J]. 现代日本经济. 2013(6):76-85.
[3] 今田裕雄. 企业城下町と地域振兴の课题[J]. 都市问题. 1986(2):53-67.
[4] 西原纯. 都市システムにおける企业城下町の动向[J]. 地理科学. 1993(3):169-174.

等多元主体的协商与协动。①② 还有一些学者针对"企业城下町"的"产—学—官"协动问题③④、经济地理学问题⑤、都市计划问题等展开了研究。⑥⑦

不仅如此,"企业城下町"中企业与行政以及企业与地域社会之间具有复杂的关系,并且具有动态性。以典型的"企业城下町"丰田市为例,都丸泰助等人从多维度展开了丰田汽车公司"地域独占"的研究。在著作第3章和第5章分别对地域合并、土地开发和地方政治等多方面展开分析,了解了丰田汽车公司建厂期间的土地取得、交通利用和独占、工厂优致条例下的优惠政策等。⑧ 针对丰田汽车公司与地方政治的关系,都丸泰助与远藤宏一等人认为可分为4个不同阶段。第一阶段为1945年至1950年的政治不介入阶段。二战后,丰田汽车公司处于生产恢复期,企业主要将精力放在企业经营上,而没有顾及地方政治。第二阶段为1951年至1964年的确立支配举母地区地方政治的阶段。这一阶段,公司逐渐摆脱经济危机,给介入政治提供了条件。在1951年的地方选举中,总公司有8人进入到举母市议会,包括关联企业背景的人,议员会的30人里共有11个丰田汽车公司背景的议员,从而掌握了地方政治的支配权。第三阶段为1964年至20世纪70年代中期是支配强化阶段。1964年丰田汽车公司背景的市长诞生,一直连任12年市长,与此同时不

---

① 村本浩一,藤井さやか,有田智一,大村謙二郎. 企業城下町における企業所有の土地・建物ストックの再編に関する研究―日立市を事例として[J]. (社)日本都市計画学会・都市計画論文集. NO:42-3. 2007(10):727-732.

② 河野泰明,大村謙二郎,有田智一,藤井さやか. 企業城下町の中核企業による市街地形成と公共的役割の変化に関する研究―山口県宇部市を事例として[J]. (社)日本都市計画学会・都市計画論文集. NO:44-3. 2009(10):847-852.

③ 外枦保大介. 延岡市における企業城下町の体質の変容―地方自治体の産業政策の転機を事例として[J]. 経済地理学年報. 2007, 53(3):265-281.

④ 外枦保大介. 企業城下町における産学官連携と主体間関係の変容―山口県余部市を事例として[J]. 地理学評論. 82-1. 2009:26-45.

⑤ 外枦保大介. 企業城下町の進化過程に関する経済地理学的研究[J]. 経済地理学年報. 2009, 55(4):143-144.

⑥ 初田香成. 企業城下町の都市計画:野田・倉敷・日立の企業戦略[J]. 筑波大学出版会. 2009(7):198-205.

⑦ 小野茂夫. 企業城下町の都市計画と住宅開発史―軽工業と重工業との比較から[J]. 都市住宅学68号. 2010:61-66.

⑧ 都丸泰助,窪田曉子,遼藤宏一. トヨタと地域社会――現代企業都市生活論[M]. 東京:大月書店, 1987:122-141.

断向县议会和国会送出自己的代表，也不断强化了本地的市议会活动。第四阶段为1976年2月丰田汽车公司直系市长下台至制定《第三次丰田市综合计划》为止。这一阶段，虽然没有明显地介入地方政治，但是在教育、文化、生活方面等多方面一起参与到地域社会的管理和城市建设之中。① 由此了解到在"企业城下町"大型企业对当地行政系统具有重要的影响，而大型企业即是在控制或影响当地行政系统的过程中实现了自身的发展。针对企业与地域社会生活，从都丸泰助等人的研究以及职业生活研究会的研究来看能够得出，由于企业的规模、资金、能力都相对较大，继而在当地自主开发员工宿舍、企业所属的医院、学校等设施，保障了员工的生活。但是，正是这种具有封闭性的公共物品提供制度，使当地非企业员工的生活无法得到相同的保障，加剧了不平等感。另一方面，企业也正是通过"丰田会"等企业之外的组织体系，干预和管理企业员工的生活，阻碍了居民的社区参与。②③

从历史延续性来看，"企业城下町"会随着企业的发展、全球化的推进以及城市建设等因素发生转变。针对90年代后的丰田市地域社会以及企业与市民活动等层面，丹边宣彦等人展开了多维度的研究。丹边宣彦等人认为，丰田汽车公司的发展与地域社会之间的关系历经了企业的开发期、成长期和成熟期三个不同阶段。④ 上述学者通常研究的焦点处于第一阶段，即企业的开发期，企业与地域社会之间产生了诸多矛盾。此阶段，企业在地域社会中初步形成规模，利用地域社会的资源和条件，并大量招募企业员工，外地人与本地人之间以及企业与地域社会之间形成紧张关系。而随着企业进入成长期和成熟期，其与地域社会之间的关系发生了转变。第二阶段是企业的"成长期"，也是与地域社会之间的协作和交换关系时期。此阶段，随着企业经营的扩大以及寻求地域社会之外的联系，利用地域社会之外的资源等进而缓和与地域

---

① 都丸泰助，远藤宏一. トヨタ企业体の「地域支配」のメカニズムとその特质[M]// 都丸泰助，洼田晓子，远藤宏一. トヨタと地域社会. 东京：大月书店. 1987：278-283.

② 都丸泰助，洼田晓子，远藤宏一. トヨタと地域社会—现代企业都市生活论[M]. 东京：大月书店. 1987.

③ 职业·生活研究会. 企业社会と人间—トヨタの劳动、生活、地域[M]. 京都：法律文化社. 1994.

④ 丹边宣彦，冈村彻也，山口博史. 丰田とトヨタ—产业グローバル化先进地域の现在[M]. 东京：东信堂. 2014：11.

社会之间的紧张关系。并且,企业员工在几年时间里定居于地域社会,促进了企业员工对地域社会的融入。第三阶段是企业的"成熟期",也是与地域社会之间社会交换的安定时期。此阶段,企业在地域社会之外,甚至在国外建厂和发展的同时,第一批进入企业的员工迎来退休时期,其"工二代"逐渐进入企业,企业与地域社会之间形成了稳定的关系。不仅如此,在当地社区中由于存在以丰田汽车公司为焦点的社区社会资本,不但没有阻碍居民的社区参与,反而促进了居民的社区参与。[①]

通过对"企业城下町"的相关研究综述能够了解到,一方面企业与当地政府或与基层社区之间具有多元化关联,并且表现出动态性;另一方面,当地居民生活深受企业的影响,并且会影响居民的社区认同感、归属感以及社区参与意识和方式。所以,在"企业城下町"的社区治理中不仅需要考虑日本社会普遍性的因素,更应该探索和挖掘企业因素对其产生的影响。在此意义上来讲,日本"企业城下町"的研究与中国"单位社区"的研究具有学术层面可供分析的共同点,也具有一定的学术和实践意义。

三、国内外"协同治理"研究

"协同治理"(Collaborative Governance)是治理理论的延续和发展,在国家治理现代化背景下成为重要的研究领域。有关协同治理的概念,克里斯·安塞尔和艾莉森·加什界定为:"一个或多个公共机构连同非政府利益相关者参与正式的、共识导向的、审慎的集体决策过程,以期实现制定或执行公共政策、管理公共项目和财产制度安排。"[②]柯克·爱默生和蒂娜·娜芭齐定义为:"使人们建设性地跨越公共部门、政府层级和/或公共、私人以及公民领域以实现公共目的的公共政策制定和管理过程与结构。"[③]相比于前者,后者提出的定义包含更加广泛的含义:一方面,将协同治理视为制度安排,是解决

---

① 丹辺宣彦,郑南. 丰田地域"职缘社会"背景下职缘活动的展开——以丰田公司男性员工为中心[J]. 学习与探索. 2014(6):23-31.
② Chris Ansell, Alison Gash. Gollaborative Governance in Theory and Practice[M]. Journal of Public Administration Research and Theory,2007(4):543-571.
③ Kirk Emerson, Tina Nabatchi. Collaborative Governance Regimes[M]. Washington, D. C.: Georgetown University Press. 2015:18.

公共问题、处理公共事务的制度、机制和方法;另一方面,更强调多元主体的参与,从仅有的正式部门以及非正式部门扩展到更广泛的市场、社会、社区甚至居民。①针对协同治理的定义,国内学者普遍认为协同治理的主体是多元的,以及主体之间的自愿平等与协作。何水认为:"协同治理是指在公共管理中,在网络技术和信息技术的支持下,政府、企业、非政府组织以及公民个人等多元主体相互协调和合作,共同参与公共事务继而促进管理效能,维护和增进公共利益。"②刘光容认为:"协同治理是多元主体在既定的范围内,基于公威、规则以及治理机制和方式等实现共同合作,共同管理公共事务的总和。"③

针对协同治理理论产生的社会背景,学者们认为"新公共管理"的式微和社会部门的发展具有重要的意义,而"风险社会"的到来又促进了协同治理的发展。如乌尔里希·贝克所述,"未知的、意图之外的后果成了历史和社会的主宰力量"④,激荡的社会问题将人们置于"风险社会"之中。并且,当前的社会问题并非单纯和孤立,而是如"蝴蝶效应"般相互关联并影响。由此,传统的单纯依赖政府或市场部门的治理方式无法实现善治,需要一种多元主体协同的治理方式。在政府失灵和市场失灵问题凸显的社会背景下,20世纪90年代治理理论开始盛行,成为协同治理的理论基础,此后奥斯特罗姆夫妇提出的多中心治理理论极大地促进了治理理论发展,也为协同治理提供了发展的契机。⑤与此同时,现代信息技术的发展也对治理理论产生了诸多影响,为多中心治理或为协同治理主体之间的合作与共同行动提供了无限可能。⑥

针对协同治理的内涵和机制,柯克·爱默生和蒂娜·娜芭齐认为协同治

---

① 田玉麒. 破与立:协同治理机制的整合与重构——评 Collaborative Governance Regimes[J]. 公共管理评论. 2019,31(2):131-143.
② 何水. 协同治理及其在中国的实现——基于社会资本理论的分析[J]. 西南大学学报(社会科学版). 2008(3):102-106.
③ 刘光容. 政府协同治理:机制、实施与效率分析[D]. 武汉:华中师范大学. 2008:17.
④ 乌尔里希·贝克. 风险社会:新的现代性之路[M]. 张文杰,何博闻,译. 江苏:译林出版社. 2018:8.
⑤ 埃莉诺·奥斯特罗姆. 公共事务的治理之道:集体行动制度的演进[M]. 余逊达,陈旭东,译. 上海:上海三联书店. 2000.
⑥ 范逢春. 农村公共服务多元主体协同治理机制研究[M]. 北京:人民出版社. 2014:56.

理机制包含系统环境、驱动机制、动力机制和产出机制等内容。[①] 系统环境是协同治理的发生场域,其中有6个影响因素,分别是:公共资源或服务条件、政策或法律架构、社会经济和文化特性、网络连接水平、政治动态和权力关系、冲突历史等。驱动因素是协同治理机制的触发媒介,包含不确定因素、相互依赖、激励机制和催化领导等四个内容。协同动力是协同治理机制的助推引擎,包含原则性接触、共同动机和联合行动能力组成。产出效果是结果向度,包含行动、结果、适应等内容。[②] 针对协同治理中参与者的自主性、信息、资源和能力交互等问题,汤姆森认为,协同是具有自主性的行为者通过正式与非正式的行动相互影响,继而共同制定规则、确定相关者之间的关系以及相关决策和行动,并确保过程中共同受益。[③] 也有学者认为,协同治理是多个部门通过多样化的方式,如信息共享、资源和能力互补等方式促进共同行动,继而实现单一部门无法解决的事务和无法达成的目标。[④] 由此,能够了解到协同治理中不仅有多元主体,而且主体之间的关系是复杂多样的,具有复杂的影响因素。

国内有关协同治理研究主要呈现四种趋势,分别是对协同治理机制和内涵的解读与介绍[⑤⑥⑦⑧]、对协同治理多元主体的勾勒与发展因素分析[⑨⑩]、协

[①] K. Emerson and T. Nabatchi. Collaborative Governance Regimes[M],Washington:Georgetown University Press,2015:26-30.

[②] 田玉麒. 破与立:协同治理机制的整合与重构——评 Collaborative Governance Regimes[J]. 公共管理评论. 2019,31(2):131-143.

[③] A. M. Thomson. Collaboration:Meaning and measurement[D]. Indiana University,2001.

[④] J. M. Bryson, C. C. Barbara, and M. M. Stone. The Design and Implementation of Cross - Sector Collaborations:Propositions from the Literature[J]. Public administration review,2006(66):44 55.

[⑤] 李辉,任晓春. 善治视野下的协同治理研究[J]. 科学与管理. 2010(6):55-58.

[⑥] 杨清华. 协同治理与公民参与的逻辑同构与实现理路[J]. 北京工业大学学报(社会科学版). 2011(2):46-50.

[⑦] 田培杰. 协同治理概念考辨[J]. 上海大学学报(社会科学版). 2014,31(1):124-140.

[⑧] 张贤明,田玉麒. 论协同治理的内涵、价值及发展趋势[J]. 湖北社会科学. 2016(1):30-37.

[⑨] 郑巧,肖文涛. 协同治理:服务型政府的治理逻辑[J]. 中国行政管理. 2008(7):48-53.

[⑩] 杨华峰. 协同治理的行动者结构及其动力机制[J]. 学海. 2014(5):35-39.

同治理视角下的危机管理研究[1][2][3]以及协同治理的个案研究[4][5]等层面。从研究成果来看，现已表现出多样化趋势，不仅促进学者们对协同治理理论的认识，更进一步促进学者们基于协同治理理论去分析社会问题。但是整体来看，中国协同治理理论大多停留在介绍和引荐国外的理论分析框架，或主要是在国家治理和政府治理等管理学领域展开研究，还缺少其他领域的研究。由此，本书以协同治理为基础分析社区场域中的协同治理具有重要的意义。

四、文献评述

（一）从中国社区治理转型来看，表现出社区建设到社区治理的发展路径。由于社区是"国家—社会"的联合处，不仅具有居民自治的"共同体"特征，也具有行政管理特征，这类"双重性格"是认识中国社区治理的第一步。当前，学者从不同视角出发，形成了"同一个治理目标、不同的治理方式"研究路径，"同一个治理目标"指的是通过社区多元主体的共同参与提升公共服务供给能力，以改善社区生活环境，维护社区安定团结，进而构建共建共治共享的新格局。"不同的治理方式"指的是治理方式上形成了"强调党和政府的参与治理""强调居民的社区自治"和"强调社会组织的服务治理"三种研究路径。

随着单位制的解体、住房商品化的推进以及城乡人口流动性的增强，"社区的分化"和"分化的社区"产生了多样化社区治理需求。"单位社区"作为一种社区类型，形成时间较早，历经复杂的制度变迁和社会治理转型过程，大多成为城市中需要改造和扶贫的对象。对此，当前的研究主要呈现两种研究路径。一方面，学者强调社会转型过程中"社区制"逐渐取代"单位制""单位人"逐渐转为"社区人"，需要普遍社区治理路径开展治理。另一方面，有学者深

---

[1] 何水. 从政府危机管理走向危机协同治理——兼论中国危机治理范式革新[J]. 江南社会学院学报. 2008(2)：23-26.

[2] 张立荣, 冷向明. 协同治理与我国公共危机管理模式创新——基于协同理论的视角[J]. 华中师范大学学报(人文社会科学版). 2008, 47(2)：11-19.

[3] 夏志强. 公共危机治理多元主体的功能耦合机制探析[J]. 中国行政管理. 2009(5)：122-125.

[4] 郁建兴, 任泽涛. 当代中国社会建设中的协同治理——一个分析框架[J]. 学术月刊. 2012, 44(8)：23-31.

[5] 任泽涛, 严国萍. 协同治理的社会基础及其实现机制——一项多案例研究[J]. 上海行政学院学报. 2013, 14(5)：71-80.

入分析"单位社区"特殊性的基础上认为其中存在独特的"优势资源",如关系、权力、文化资本等。所以,此类社区治理可基于"在地性"资源,开展治理。

综上,我们了解到针对当前的社区治理学者们开展了"纵向—横向"结合的多样化研究。但是,针对普遍的社区治理,现在还存在多元治理主体边界不清晰,职能模糊以及协同治理困难等问题。而针对"单位社区"研究,虽然形成了两种研究脉络,但是,通常认为这是中国特有的社区类型,而缺少国际的比较研究。从日本的调研中了解到,虽然有些社区如"企业城下町"等与"单位社区"不同,但是也有很多相似特征。所以,未来国际之间进行比较研究也有助于反思现有"单位社区"研究。

(二)从现有研究了解到有关日本社区治理研究,国内学者对"町委会"这类居民自治组织有了较全面的认识,也得出"统治—管理—治理"的社区治理转型的结论。在此过程中行政力量、市场力量还是居民自治力量和社会力量都发生了重要的转变。现在,形成了多元主体协商共治的"协动治理"时期。

20世纪50—60年代日本社会快速城市化、工业化进程中,形塑了多样化的城市类型和社区类型。学界以"地域社会学"的传入为契机,开展了多样化的社区研究。其中以企业发展为背景建设的"企业城下町"类型成为一种城市/社区类型,得到了学者们的关注。对此,有关企业与地域社会、企业与政府之间的关系以及企业与社区建设等问题形成了多种研究。但是,随着全球化的推进以及"特大城市"类型的形塑与其过程中的资本吸纳、人才吸纳等因素,对"企业城下町"转型发挥了重要影响,这类城市的转型、衰落以及重构与发展等议题成为研究的重点。

对这类城市和社区类型的观察了解到,这类社区与中国"单位社区"具有较高的相似性和相贯通的特点。由此,实证研究日本产业地域典型社区,即"企业城下町"研究会与"单位社区"研究形成互动,有助于这类研究的深化和多元化。

(三)从"单位社区"的研究中了解到,以田毅鹏、芦恒为首的学者,多年以来关注单位的因素,对这类社区治理提出了更多思路。但是我们也需要了解随着创新社会治理转型,以NPO、社会工作机构的发展为契机,形成多元治理主体之间"协同治理"成为未来社区治理的重要方式。由此,如何在社区内部优势资源的基础上,结合"协同治理"理念,发展社区是研究的一个重点。现在,有关"协同治理"理论形成了对其理念、内涵、方式等多方面的研究成果,但是社区协同治理研究还相对缺乏,也缺乏国外的社区协同治理实证研究。所以,这也成为本书所要探索和补充的重点问题。

第四节 概念界定与理论框架

一、概念界定

(一)社区

19世纪80年代德国学者滕尼斯(F. Tonnies)出版《共同体与社会》(Gemeinschaft und Gesellschaft)一书,系统阐述两种社会形态,认为"共同体应该是持久的和真正的共同生活,社会只不过是一种暂时的和表面的共同生活"[1],"在共同体里,尽管有种种分离,仍然保持着结合;在社会里,尽管有种种的结合,仍然保持着分离"[2]。他所阐述的亲密的、单纯的共同体概念成为最早解释社区理论的起源。后来,美国芝加哥学派赋予社区地域性含义,认为社区是按区域组织起来的人口、这些人口不同程度地与他们生活的土地具有重要关系、生活在共同社区的人们都具有相互的依赖和互动关系。[3]

20世纪初,美国学者麦克斐(R. M. MacIver)对"社区"(community)和"团体"(association)展开比较研究,认为"社区是指人们为了保障共同生活的相互行为而产生共同关心,进而被成员认可的社会的统一体","社区是基于地域性的生活圈,其范围可以是一个村和町,也可以是广阔的地方或国家"[4]。

---

[1] 斐迪南·滕尼斯. 共同体与社会——纯粹社会学的基本概念[M]. 林荣远,译. 北京:商务印书馆 1999:54.

[2] 斐迪南·滕尼斯. 共同体与社会——纯粹社会学的基本概念[M]. 林荣远,译. 北京:商务印书馆 1999:95.

[3] 何艳玲. 都市街区中的国家与社会:乐街调查[M]. 北京:社会科学文献出版社. 2007:1-2.

[4] MacIver R M. コミュニティ—社会学の研究:社会生活の性質と基本法則に関する一試論[M]. 中久,訳. 京都:ミネルヴァ書房. 2009:45-46.

社区是人们基于普遍的关心(interest)或"一般的"关心而结合的有机体,[①] 团体是人们为了追求共同关心而形成的实在的组织体,是具有明确目的的社会的统一体。[②] 团体在社区内,基于社区产生多种多样的团体,而作为共同生活形态的社区,基于多种多样的团体而变得更加丰富多彩。[③] 麦克斐所述"社区"是一种有边界的词语,但并不是实际的组织体,具有"地缘性"和"共同性"两种最重要的特点。

20世纪30年代学者吴文藻、费孝通等人将英文"community"翻译成"社区",才有了中文的社区一词。现在中国的官方定义为"社区是指聚居在一定地域方位内的人们所组成的社会生活共同体。目前城市社区的范围,一般是指经过社区体制改革后做了规模调整的居民委员会辖区"。[④] 由此,社区本质含义应当是趋于共同体的,没有明确范围的暧昧的概念,但是为了便于研究,本书将中国居委会辖区和日本"町委会"(自治会、自治区)辖区看作是社区的范围。

(二)社区协同治理

从时序模式来看,社区治理是社区服务和社区建设的延伸和改进。联合国在20世纪50年代倡导社区发展运动,强调了在政府和社会组织的支持下,社区居民能够自发地参与社区建设,依靠自身的力量改善社区经济、社会、文化以及改善居民的生活,继而促进社区建设和进步。社区建设强调的是建构社区组织、强化社区各要素、增强社区活力以及提高居民的生活水平的活动。社区服务的内容包含在社区建设之中,而社区建设不仅强调社区服务设施等硬件建设,而且更强调社区居民对社区的认同感以及相互支持网络的建构等软件建设。中国在单位制转向社区制过程中,为了促进社区服务,民政部于1991年5月首次提出社区建设,欲以此来促进民政工作,促进和保障企业体制改革,化解社会压力的同时保障社会的稳定。社区建设包括社区管理、

---

① Maclver R M. コミュニティ[M]. 中久郎,他訳. 京都:ミネルヴァ書房. 1975:34-135.
② Maclver R M. コミュニティ—社会学的研究:社会生活的性质と基本法则に关する一试论[M]. [日]中久郎,訳. 京都:ミネルヴァ書房. 2009:47.
③ 岩崎信彦,上田唯一,広原盛明,等. 町委会の研究[M]. 东京:御茶の水书房. 1989:9.
④ 中共中央办公厅、国务院办公厅. 关于转发《民政部关于在全国推进城市社区建设的意见》的通知(中办发[2000]23号)[EB/OL]. 2000.

社区服务、社区经济、社区文化、社区教育、社区治安、社区卫生等多样内容。在中国，社区建设概念的提出和社区建设实践与政治有较强关系，因此社区建设有两个重点内容，即通过社区建设实现社区的社会稳定和通过社区建设促进居民的参与，实现社区繁荣。[①] 社区治理作为社区建设的延伸，其内容也具有促进社区管理和促进居民参与的两种含义。但是作为社区建设的改进和发展，治理方式上又有诸多改进。

治理是与统治相对应的概念，俞可平认为"治理的权威包括政府以及其他主体，权力运行也是多元和双向的。这与只有政府单向的自上而下的统治是有本质区别"[②]。社区治理的特征在于，治理主体由单一化转变为多元化；治理过程由行政控制转为民主协商；治理组织体系由垂直科层结构转变为横向网络结构；治理关系由依附与庇护关系转变为信任与互惠关系。[③] 由此，本书所述社区治理是指，多元主体以多样化方式提供社区公共服务，促进居民的社区和社区凝聚力，进而实现社区整合和社会发展的治理过程。

"协同治理"(collaborative governance)是全球化时代，由多元的公共部门以及多元的社会力量、市场力量以及个人相互协调合作，共同解决公共问题的整个过程。[④] "协同治理"是由"协同"与"治理"二者相结合组成的理论，而"协同治理"强调的即是多元主体在治理参与中的"协同"关系。

针对"协同"的研究，当前主要表现出两种倾向。一是以赫尔曼·哈肯的"协同学"为出发点，分析大量子系统组成的系统如何由无序转变为有序。[⑤] 二是从"协同"的词源分析，在与"合作""协调"等近义词中定义其内含。本文倾向于第二种。"协同"一词英文为"collaborative"，表示与他人共同工作，且重点表示为了生产或创造某一事物而产生的共同工作。除此之外，英文中还有"cooperation"和"coordination"一词，前者强调参与者之间的非正式关系，而

[①] 王思斌. 体制改革中的城市社区建设的理论分析[J]. 北京大学学报(哲学社会科学版). 2000, 37(5): 5-14.

[②] 俞可平. 治理与善治[M]. 北京：社会科学文献出版社. 2000: 5-7.

[③] 陈伟东, 李雪萍. 社区治理与公民社会的发育[J]. 华中师范大学学报(人文社会科学版). 2003, 42(1): 27-33.

[④] 张贤明, 田玉麒. 论协同治理的内涵、价值及发展趋向[J]. 湖北社会科学. 2016(1): 30-37.

[⑤] 熊光清, 熊健坤. 多中心协同治理模式：一种具备操作性的治理方案[J]. 中国人民大学学报. 2018(3): 145-152.

后者强调参与者之间正式的组织关系,都具有合作、协调之意。学者们针对三者之间的不同程度,认为协同是较高等级的合作。如安德鲁·格林和安·马赛亚斯按照组织的扁平结构、自治程度和沟通强度划分出竞争、合作、协调、协同和控制等几种连续体的组织关系,其中合作位于连续体的较低一端,而协同则靠近较高一端。① 田培杰总结出国外学者对"协同"的理解主要集中在:1. 多个行为者之间为了共同目标一起共事;2. 主动行动者之间的互动过程;3. 行动者之间的相互信任与分享;4. 责任分担等几方面。② 张贤明等人也总结出"协同"具有如下特征:1. 协同具有目标一致特征;2. 协同具有资源共享的特征;3. 协同具有互利互惠的特征;4. 协同具有责任共担的特征;5. 协同具有深度交互的特征。③ 由此,我们能够总结出"协同"是一种升级版的"合作",参与主体间是有共同目标、相互信任、资源共享、互利互惠、责任共担、深度交流等特征。

(三)地域社会

"地域"是一个具有多重含义的概念,中文有近邻、地区、乡村、地方、国家、大陆等表述地域的词语。田毅鹏比较"地域"和"地方"概念,认为地域一般是指基于地理限定的特定空间。作为人类政治、经济、社会、文化活动的场域,地域不是一种凝固的存在,而是随着人类社会组织形态的变动而呈现出不同的样态。而地方是与中央相对而论的概念,在政治统治体系框架内,中央和地方之间含有"中心—边缘","支配—隶属"之类的纵向垂直关系。即是说,地方概念常包含对中央的周边性和从属性的意涵,而地域概念通常指带有功能性、政策性意味的空间。④

蓬见音彦认为,地域社会概念随着工业化、城市化等社会变动逐渐会多样化和扩大化,并表现出:1. 包含城市和农村以及包含多样、广泛的共同关系的地域生活共同关系;2. 虽然范围较为广泛,但是通常指类似于社区的小

---

① Andrew Green, Ann Matthias. Non-Governmental Organizations and Health in Developing Countries[M]. London: Macmillan Press Ltd. 1997:182.
② 田培杰. 协同治理概念考辨[J]. 上海大学学报(社会科学版). 2014(1):124-140.
③ 张贤明,田玉麒. 论协同治理的内涵、价值及发展趋向[J]. 湖北社会科学. 2016(1):30-37.
④ 田毅鹏. 地域衰退的发生及其治理之道——一种发展社会学视域的考察[J]. 江海学刊. 2017(1):88-95.

范围；3. 虽然地域社会和社区概念较为相似，但是在日本通常将社区建设看作是地域社会的目标。①

松野弘认为，地域社会具有多重含义，如作为行政单位的地域社会，作为经济单位的地域社会、作为文化影响力的地域社会以及作为社会单位的地域社会等。社会学领域强调地域社会的共同性（Common Ties）和社会的相互作用（Social Interaction），进而区别于地理学、经济学和行政学中所述的地域社会。并且，地域社会的范围和共同性会随着城市化、工业化发生变化，从而表现出暧昧性、多样性特点。现代社会中地域社会有如下特点：1. 以行政划分的基础范围；2. 基于市场原理的经济的行动范围与生活的行动范围等复合的地域范围中居住的居民；3. 具有主体性、自主性并持有责任、共通的意识和目标等参与地域社会活动；4. 进而连接地域政治、地域经济、地域文化和地域社会的动态的社会系统。② 由此，本文所指地域社会的范围相近于社区，是包含政治、经济、文化、社会的具有整合性和统合性的地域。

二、理论基础

（一）治理与协同治理理论

1989年世界银行首次使用"治理危机"（crisis in governance），由此"治理"（governance）被广泛地引用到研究中。联合国全球治理委员会认为，治理是指个人或各种公私机构管理其共同事务的诸多方式的总称。詹姆斯·N. 罗西瑙定义为，治理包含政府机制等正式机制和非正式、非政府机制。在治理范围扩大的同时，人们都能从多样性组织和机制满足自身需求。③ 格里·斯托克梳理出五个关于治理的论点：1. 治理从政府提出，但是不限于政府，还包含社会公共机构和多元行为者；2. 治理的提出能够明确社会和经济建设中的模糊问题；3. 治理能够明确各个社会公共机构在集体行为中的权力依赖关系；4. 治理强调行为者的自主和自治；5. 治理的认定以及是否有效的评判不只在于

---

① 蓬见音彦. 地域社会の概念[M]//森冈清美他. 新社会学辞典. 东京：有斐阁. 1994：984.
② 松野弘. 地域社会形成の思想と论理—参加、协动、自治[M]. 京都：ミネルヴァ书房. 2004：31-36.
③ 詹姆斯·N. 罗西瑙. 没有政府的治理[M]，张胜军，等译. 南昌：江西人民出版社. 2001：5.

政府的权力，也并非政府下命令或运用其权威。[①]

俞可平认为，治理的权威和权力运行都是多样化和多元双向的，这与以往单向的政府统治有本质区别。[②] 冯玲、王名认为治理特点包括：1. 治理的主体具有多样性，包含政府、民间组织以及企业和社会组织等；2. 治理主体之间的关系并非市场竞争也不是科层制的上下级关系，而是协作与依赖的；3. 治理是强调多元主体持续互动的连续过程；4. 在治理过程中多元主体是自觉、自愿的而非强迫和强制关系，主体强调社会责任，而非追求自身利益；5. 治理的方式有多样性，正式、非正式制度都能促进治理的进行。[③] 社区治理是治理理论的延伸，也是治理的微观视角，因此基于治理理论才能更好地理解社区内多元主体之间的互动关系，也只有基于治理理论展开社区研究，才有助于理论与实践相结合，促进"共建、共治、共享"的社区治理。协同治理理论脉络以及界定等在文献综述和概念界定中已有介绍，在此不再赘述。

(二)地域社会学理论

学界通常将地域社会学(regional sociology)视为以地域社会为研究对象的社会学分支学科，主要是超越都市和农村的界限，将其纳入总体视野，以研究地域社会的社会结构、集团构成以及人类行动为主要内容的学问。[④] 地域社会的概念上述已有介绍，在此不再赘述。

有关地域社会的社会学研究主要历经了三个发展阶段。第一阶段是对地域社会的古典的理解(如表1.1)。最早有关地域社会的研究主要是针对以农村社会为前提的前近代的"共同体社会"向城市社会为发展特点的近代"地域社会"(古典社区)的分类。现在，滕尼斯所述共同体与社会也成为了解社区的最早的文献。

[①] 转引：柯尊清. 当代中国城市基层社会治理研究——基于政府管理的分析[D]. 云南大学. 2016：22-23.

[②] 俞可平. 治理与善治[M]. 北京：社会科学文献出版社. 2000：5-7.

[③] 冯玲，王名. 治理理论与中国城市社区建设[J]. 理论与改革. 2003(3)：25-27.

[④] 田毅鹏. 地域社会学：何以可能？何以可为？——以战后日本城乡"过密—过疏"问题研究为中心[J]. 社会学研究. 2012(5)：184-203.

第一章　绪　论

表 1.1　社会集团类型

社会学者	基础集团（前近代社会）	有机集团（近代社会）
F. 滕尼斯	共同体	社会
C. H. 库利	第一次集团	第二次集团
F. H. 吉丁斯	生成社会	组成社会
R. M. 麦克斐	社区	团体
P. A. 索罗金	非组织的集团	组织的集团
W. G. 萨姆纳	内集团	外集团

出处：松野弘. 地域社会形成の思想と论理——参加、协动、自治，2004：53.

第二阶段，地域社会学的 4 个视角。1. 农村—城市二分法论（Rural-Urban Dichotomy Theory），这是人们结合农村和城市不同的特点展开地域社会研究的方法；2. 农村—城市连续体论（rural-urban continuum theory），这是人们结合农村和城市的特点，区别研究二者职业、环境、社区规模、人口密度、人口异质性—同质性、社会的分化和阶层等多个层面，进而分析其两者的连续性和过渡形态；3. 近郊社区论（rurban community theory），这是美国学者加平（C. J. Galpin）以产业化和城市化为背景，针对农村社会的边缘化和孤立化问题，提出的将城市和农村社会的地域统一性研究，有再建农村社区的政策意图；4. 地域社会论（regional community theory），这一阶段的研究受到芝加哥学派的重要影响。[①] 美国学者奥德姆（H. W. Odum）的研究开启了地域社会学研究或叫地区主义（rigionalism）研究。指的是一种从地区民族文化视角出发，提出了地域与人力资源，地域和文化，自然环境和社会的、文化的环境等关系为总体的"科学的地域"，进而区别于狭隘的局地主义（sectionalism）。[②] 奥德姆的地区主义有如下几点特质：1. 地区主义并非狭隘的局地主义和地方中心主义，而是一种综合的视野；2. 地区主义是地域整体的统合与均衡、文化的调和与有机的成长；3. 地区主义不仅是为了地域研究

---

① 松野弘. 地域社会形成の思想と论理—参加、协动、自治[M]. 京都：ミネルヴァ书房. 2004：52-61.

② 関清秀. 基础社会学[M]. 大阪：川岛书房. 1976：165-166.

而是为了地域的统合,因此要运用地域的资源和文化进行策划;① 4. 虽然地域计划和研究需要区分地域,但是尽量结合同质性的地域,减少矛盾、冲突和重复; 5. 地域中不仅包含文化、构造、地理、政治组织以及历史因素,还要有效结合统计的方法。②

第三阶段,美国地域社会学的体系化与日本地域社会学兴起。巴特兰(A. L. Bertland)对奥德姆的研究进行批判促进了地域社会学的体系化。他指出地域社会学具有如下特点:1. 地域社会学是研究特殊的集团或地域集团;2. 地域社会学是所在地域内人间的结合或人间组织的多样形态的研究。其中制度、社区、近邻、文化形态、劳动以及阶级组织、投票行动等人间组织和相互关系是地域社会学的研究分野;3. 地域社会学是地域体系之间的比较研究,即地域与地域间的差异性和类似性的研究。③

基于美国的地域社会学研究,日本于20世纪六七十年代引进和发展地域社会学研究,现已成为地域社会学研究的重镇。20世纪60年代起,在快速城市化和工业化背景下,日本的社会空间结构发生巨大变化,出现了城市"过密"和乡村"过疏"问题,这为日本的地域社会学发展提供了社会基础。"过密—过疏"问题是一个经济、文化、人口、年龄、性别结构等多方面都发生巨大变化的过程,而非单纯的人口流动现象。这体现的是农业小商品生产和工业资本生产之间的结构不平衡,以及传统地域社会"共同性"和"地域性"不断扩散、分离和丧失的过程,因此这是一个"现代城乡社会何以可能"的根本性意义的问题。④ 基于上述背景,日本城乡混住化、城乡兼业化和城乡生活模式趋同化问题逐渐呈现,而传统的城乡二元分立的分析模式已无法很好地分析社会现状,由此,日本学者们引用地域社会学。其所指地域社会具有动态性、统合性和关联性特征。田毅鹏认为日本的地域社会学研究以20世纪90年代

---

① H. W. Odum and H. E. Moore. American Regionalism[M]. New York: Henry Holt & Co. , 1938.

② Jensen and Merrill, Regionalism in America [M]. Wisconsin: The University of Wisconsin Press, 1952.

③ A. L. Bertrand. Regional Sociology as a Special Discipline[J]. Social Forces, 1952(2): 32.

④ 田毅鹏. 地域社会学: 何以可能? 何以可为? ——以战后日本城乡"过密—过疏"问题研究为中心[J]. 社会学研究. 2012(5): 184-203.

为界限，分为前后两个阶段：前一阶段是 20 世纪 60 年代中期到 90 年代前。这是地域社会学起源以及发展的早期阶段。这一阶段的研究主要集中在"过密—过疏"现象而引发的日本地域结构的剧烈变动，学者们围绕"地域生活""地域组织团体""地域格差""地域政策"等问题展开了研究。后一阶段是从 20 世纪 90 年代至今，其研究主题是全球化、后工业化、深度城市化背景下的空间变动和社会新公共性构建。[①]

笔者认为，地域社会学理论是将地域社会看作是动态性、统合性和整体性的社会。具体包含地域政策（政府）、地域经济（企业）、地域生活（社区）、地域问题（环境）和地域集团（社区组织、NPO 等）等。由于不同地域社会的社会结构和生活空间的差异，不同地域社会的社会治理也将有所差异。并且随着社区的分化和异质化，不同类型的社区以及社区内不同的社会资本，都要求符合地域社会的多样化的社会治理方式。由此，基于地域社会学理论，能够在纵向的时间流和横向的组织结构分析中，深入了解地域社会的发展脉络以及地域社会自身的资源和文化，继而探索符合地域社会自身的社会治理策略，促进地域社会的治理和发展。

三、理论框架

（一）协同治理分析框架

从上述介绍中能够了解到协同治理是治理的一种行动过程，其中包含多种内涵，建构协同治理机制需要多种因素的影响。如柯克·爱默生和蒂娜·娜芭齐等人提出的协同治理机制包含系统环境、驱动机制、动力机制和产出机制等内容。也有如王有强等学者所总结，现有国内外协同治理研究主要集中在协同治理的主体、驱动和维系因素、协同结果以及协同网络结构等几方面。[②] 基于学者们对协同治理机制的分析，可以总结出协同治理机制包含如下因素：

1. 协同治理环境，或治理场域。本书研究的是在社区场域中的协同治理，即社区协同治理研究。如柯克·爱默生和蒂娜·娜芭齐等学者所述，协同治

[①] 田毅鹏. 地域社会学：何以可能？何以可为？——以战后日本城乡"过密—过疏"问题研究为中心[J]. 社会学研究. 2012(5)：184-203.

[②] 王有强，叶岚，吴国庆. 协同治理：杭州"上城经验"[M]. 北京：清华大学出版社. 2015：27.

理系统环境中包含公共资源或服务条件、政策或法律架构、社会经济和文化特性、网络连接水平、政治动态和权力关系、冲突历史等因素。在社区中，影响社区治理的因素包含宏观层面的国家治理体系、地方自治制度、社区治理政策，中观层面的居民自治组织、社会组织发展情况，以及微观层面的居民的社区社会资本和文化等内容。由此，本书将从政治制度与地方自治制度、主体发育和居民自治等视角分析协同治理环境。

2. 协同治理主体。治理理论强调的即是多元主体的参与，而协同强调的是多元主体之间的目标一致、互利互惠、责任共担且深度交互的特征。在社区协同治理中主要有基层政府、居民自治组织、社会组织以及居民等多元主体。政府是"元治理"主体，是社区协同治理的发动机；居民自治组织是社区协同治理的行动主体；社会组织是社区协同治理主要组成部分，能够补充政府和居民自治组织无法接触的事务；居民是社区协同治理的出发点和受益者，是参与的主体更是治理的终点。由于多元主体代表的是不同的利益主体和一方势力，所以如何实现多元主体之间的深度合作即是协同治理机制的重点内容。如学者所述，多元主体之间存在不确定性、相互依赖关系、激励机制以及催化领导等多样关系。因此在分析中要注意从协同治理过程或行动中总结其主体之间的相互关系。

3. 协同治理过程/实践。这是多元主体之间针对某一公共问题而展开的具体行动过程。协同治理行动的开展包含共同动机、联合行动能力与条件以及具体行为。由此，需要从具体事件出发寻求多元主体之间的相互关系，以及展开的具体行动。社区协同治理行动包含硬件建设以及软件建设等多样内容，具体有环境改善、社区安全、社区教育、社区协商、社区文化活动等多样的内容。

4. 协同治理结果。协同治理行动结束后会出现协同治理结果。从协同治理结果来看，有可能是既定的目标，也有可能是并未预测的新的结果。由于协同治理是动态性的过程，由此治理过程会发现新的问题，也有可能促进多元主体的重复且复杂的关系。所以不仅要关注既定的协同治理结果，也要积极探寻结果的多种可能性。关注协同治理结果，不仅是协同治理的结束，更是未来进一步展开协同治理的促进因素，所以这一部分也是分析协同治理机制的重要组成部分。

在分析协同治理机制或社区协同治理机制具体组成部分的基础上，笔者提出本研究的协同治理理论分析框架，具体如图1.1。研究从协同治理理论出发，以社区为协同治理场域，研究日本产业地域社区协同治理机制。分析社区协同治理不仅要区分全国普遍性的协同治理条件，又要结合地域社会特性分析多样化的独特性的协同治理条件。由此，本书首先将社区协同治理机制划分为"全国普遍性"和"地域社会特性"两部分内容。

在全国普遍性框架中，主要包含宏观的协同治理环境和协同治理主体两方内容。如上所述，社区治理与政治体制以及地方自治制度具有重要联系，分析社区治理之前需要明确日本的政治制度以及地方自治制度。与此同时，由于社区治理主体具有多样性，因此也需要对多元主体进行类型化分析。具体有政府、居民自治组织、社会组织以及企业、高校等等。

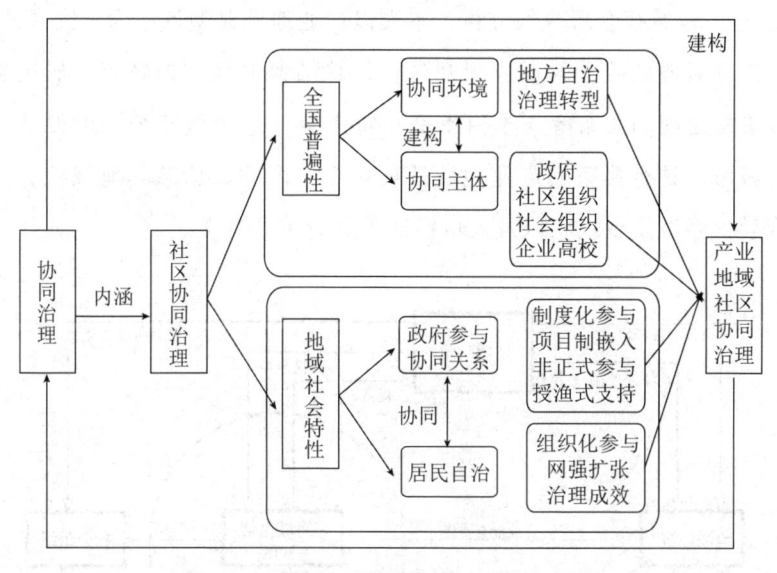

图1.1 产业地域社区协同治理分析框架

在地域社会特性部分，首先对丰田市的地域社会特性进行介绍，并分析丰田市的地域社会形成过程以及地域社会与特大企业之间的互动关系，为后边的章节提供基础。其次，将政府的社区参与和居民的社区自治区分为两章内容分析。东亚以"官"为承载的公共性传统社会中，政府的功能不容忽视，是社会治理以及社区治理的核心主体。由此，分析政府的社区参与方式以及对协同治理的影响非常必要。与此同时，社区治理又是居民自治的场域，所以分析居民的社区治理参与以及协同治理过程，总结社区协同治理成效也非常必要。也只有对相关因素进行深入分析才能总结社区协同治理的建构以及功能。

(二)地域社会学分析框架

从图1.2中了解到，地域社会是地域政策、地域经济、地域问题、地域生活和地域集团互动组成的整体性社会，也是开发、建设、治理、优化的动态过程。由此，结合日本地域社会特点，对地域社会的形成、发展以及治理过程展开分析，又以微观的社区为视角，分析社区在地域社会变迁过程中的动态性，以及随着地域政策而变化的政策性，进而促进对地域社会的了解，优化社区治理的展开。

1. 有关地域社会形成的分析。本文以产业地域典型社区为个案展开研究，因此首先要对地域社会的形成展开分析，总结典型地域的特点、居民类型以及治理机构之间的关系等。丰田市是在特大企业丰田汽车公司的发展背景下发展的城市，具有典型的产业地域社会特点。由此，总结其地域社会形成的社会背景，经济发展现状以及人口特征等具有重要意义。

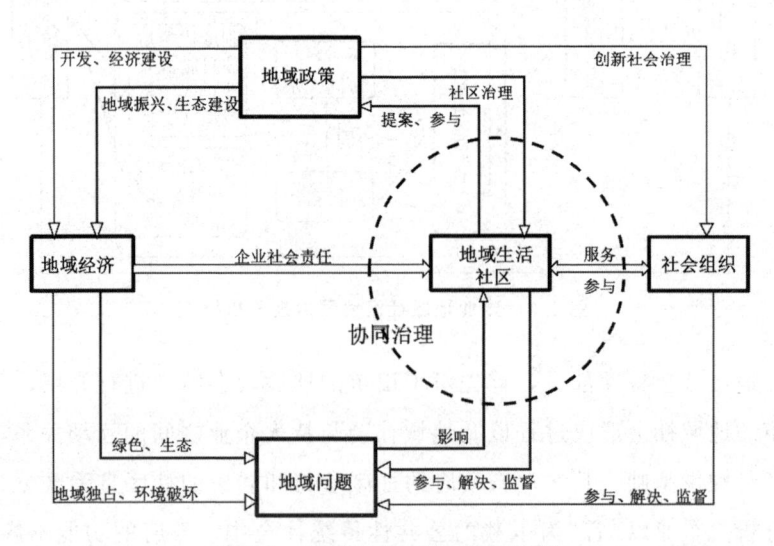

图1.2 地域社会与社区协同治理

2. 从丰田市两个典型的社区为切入点分析社区协同治理具有重要意义。两个社区都与当地企业具有重要关联，可以说这两个社区都是随着企业的建设以及转型过程中形成的社区。现有研究也表明，企业的因素对居民的社区归属感、社区参与等层面具有较强的相关性。因此，分析企业与地域社会之间的关系，分析企业因素对居民社区参与的影响等问题具有重要的意义，这也是区别于其他类型社区治理研究的因素。

第五节　章节安排

本文由七章内容组成。第一章是全文的绪论，主要由研究背景、问题、文献综述、理论框架以及研究方法等内容组成。从现有社会背景以及相关研究总结过程中提出了研究问题，论证了本文的研究意义以及可行性。

第二章是对日本宏观政治制度的阐述和对居民自治组织和社会组织的类型化分析。首先，制度逻辑是一直以来都是分析社会问题的重要思路。了解一国、一地的社会治理，都逃不开对其政治制度的认识。所以本书以历史发展路径分析其政治制度转型的基础上，对其政治选举、地方自治制度以及住民运动等问题展开分析，总结出"中央—地方"关系以及社区治理对于国家治理的意义。其次，通过类型化分析多样化的居民自治组织认识日本社区治理中居民的参与方式。最后，通过对日本 NPO、志愿者组织等社会组织的现状展开分析，了解社会组织发展对于社区治理的意义。

第三章是对丰田市的介绍以及产业地域，即对"企业城下町"的形成以及对其地域空间结构、人口结构和组织结构三个层面进行了特点总结。针对"企业城下町"形成过程的讨论，主要是从丰田汽车公司的发展历史，以及其与丰田市政府、地域社会之间的关系阐述中展开。

第四章是政府的社区参与及多元主体"协同"关系建构。无论在中国还是在日本，一直以来政府都是提供公共服务，促进社会治理的核心主体。由此，在第三章首先以历史延续性，对多年的社区治理转型过程中的政府参与进行总结。再结合丰田市的个案，分析政府的多样化社区参与方式。在此基础上，深入分析围绕丰田市政府而建构的多元主体协同关系。在中国创新社会治理背景下，分析丰田市的个案，总结其治理经验有助于对中国地方政府的积极创新社会治理路径探索。

第五章是对丰田市内两个典型社区的个案分析。在分析社区治理案例之前，将对两个社区的形成以及现状进行了阐述，并结合产业地域社会的特征对其进行了特性分析。在此基础上，结合两个社区的不同特点，对其社区治理现状、特点以及成效展开了分析。这也是本书最核心的内容之一。

第六章是结合上述几章内容对产业地域社区治理中企业因素对社区治理的影响分析，以及协同治理内涵在丰田市社区治理的体现等问题进一步操作化。最后结合其特点，展开了理论分析和讨论。

第七章是对全文的总结以及结合日本"企业城下町"的社区治理经验对中国"单位社区"研究和治理实践，提出了自己的见解以及思考。

第六节　研究方法

一、文献法

文献法是研究的基础，笔者为了开展研究结合下述几点主题展开文献搜集、查阅和处理。1. 搜集、整合并分析了中日有关社区治理的政策文件，从中寻求两国社区治理中的政府主体的参与现状。2. 对丰田市丰田汽车公司的历史、政策、发展过程等资料进行搜集和整合。3. 搜集个案和相关部门的活动手册、报道和相关文献。丰田市市政府官网公开了很多社区治理项目、地区活动开展等文件和统计数据也促进了文献整合。

二、参与观察法

在做调研的同时，自身参与到社区活动中能够亲身感受社区活动开展的相关情况，如举办的活动、参与者、居民的积极性、组织间的互动关系等，进而正确认识问题。自 2018 年 10 月起笔者在日本名古屋大学求学一年，期间跟随社会学系老师们参加了多次社会调研,自 2019 年 3 月起在丰田市展开了主题调研。具体调研和参与观察详情见表 1.2。

表 1.2　在日本的调研与观察

	日期	同行老师	调研单位	主题
主题调研	2018-10-7	丹边宣彦教授（名古屋大学）	丰田市 D 社区	秋祭
	2019-3-22	导师 丹边教授	丰田市政府 地域支援课	地域政策 政府购买项目
	2019-3-31	丹边教授	丰田市 D 社区	樱花祭
	2019-5-18	笔者自己	丰田市 D 社区	5 月社区议员会
	2019-6-1	笔者自己	丰田市 D 社区	社区活动
	2019-6-15	笔者自己	丰田市 D 社区	6 月社区议员会
	2019-6-16	丹边教授	丰田市 B 社区	社区活动
	2019-7-13	丹边教授	丰田市 B 社区	社区活动总结，聚会
	2019-8-3	笔者自己	丰田市 D 社区	夏祭、大聚会
日本地区调研	2018-10-16	丹边教授 三田教授 （四日市大学）	四日市政府	协动治理政策
	2018-10-23	丹边教授 三田教授	四日市政府 市民协动安全课	社区营造
	2018-10-27	河村则行副教授 （名古屋大学）	名古屋市南生协	2018 年总结大会
	2018-11	陈立行教授 （关西学院大学） 郑南副教授	关西地区	社会组织 社会企业
	2018-12-18	丹边教授 三田教授	四日市政府 市民活动课	地缘型组织

续表

	日期	同行老师	调研单位	主题
日本地区调研	2019-2	室井研二副教授（名古屋大学）	名古屋南区	防灾相关
	2019-3-9	丹边教授 三田教授	四日市盐兵社区	环境美化活动
	2019-3-14	导师 丹边教授 三田教授 李全鹏副教授	四日市调研	环境 NPO 等
	2019-3-17	导师 丹边教授 李全鹏副教授	四日市公害和环境未来馆	社区治理政策 环境改善运动
	2019-5-25	笔者自己	名古屋南区男塾	社区社会组织

三、无结构访谈法

访谈法的优势在于，跟研究个案和访谈对象展开深入交流的过程中，不仅能够获得行动的经过和描述性知识，更能还原当时的情景，挖掘隐藏在活动、材料背后的故事和知识，有助于深入了解问题和活动过程。社区建设和治理是一种过程，是多元主体互动的结果。因此，为了深入了解问题背后的故事、事情经过和当事人的真实想法，本书采取了无结构访谈法，对政府工作人员、社区领导、居民、社会组织工作者等不同主体进行无结构访谈。表1.3是笔者在丰田市政府、D 社区和 B 社区进行深入访谈的调研对象详情。附件中有具体的访谈问题和提纲，在此不再赘述。

第一章 绪 论

表 1.3 深入访谈对象

对象	性别	居民属性	调研时间	调研地点
1先生	男	D社区居民 历任过区长经历	2019-3-31	D自治区公园（樱花祭）
2先生	男	D社区监事 前自治区主席	2019-6-15 2019-3-31 2019-6-1	D自治区会议室 D自治区公园（樱花祭） 涩谷公园（涩谷聚会）
3先生	男	D社区自治区主席	2019-6-1	涩谷公园（涩谷聚会）
4先生	男	D社区评议员	2019-7-20 2019-3-31 2019-6-1	D自治区会议室 D自治区公园（樱花祭） 涩谷公园（涩谷聚会）
5先生	男	D社区议员	2019-6-1	涩谷公园（涩谷聚会）
6女士	女	D社区议员	2019-6-1	涩谷公园（涩谷聚会）
7女士	女	D社区议员	2019-6-1	涩谷公园（涩谷聚会）
8先生	男	B社区自治区主席	2019-6-16 2019-7-13	舞蹈祭（B社区广场） 大集会（集会所）
9女士	女	B社区议员	2019-7-13	大集会（集会所）
10先生	男	B社区志愿者	2019-7-13	大集会（集会所）
11女士	女	B社区居民	2019-6-16	舞蹈祭（B社区广场）
12女士	女	B社区居民、巴西人	2019-6-16	舞蹈祭（B社区广场）
13先生	男	B社区居民、巴西人	2019-7-13	大集会（集会所）
14先生	男	市役所地域振兴课	2019-3-22	市役所地域振兴课
15先生	男	市役所地域振兴课	2019-3-22	市役所地域振兴课

四、比较研究法

本书并非笼统地谈论以及比较中日两国社区治理，而是在重点分析日本"企业城下町"社区协同治理的基础上，结合其经验反思中国具有相同特征的"单位社区"的治理和研究。首先要比较分析中日两国产业地域形成的历史脉络和地域特点。其次比较分析这类城市中典型社区所具有的特征，以及相关研究现状和存在的问题。最后结合日本的经验，反思和讨论中国"单位社区"的未来。

开展比较研究需要考虑的是二者之间是否有可比性。首先，中国和日本都属东亚国家，具有相近的文化因素，区别于西方国家的市民社会与国家分离、对立和抗衡等文化。陈伯海指出东亚传统文明的三大核心是，趋向于精工细作的农业自然经济，以家庭和家族为基础的社会结构，中央集权的官僚体制对经济和社会生活的组织与调控。① 在工业化发展伊始，大多都依靠国家的权威，将传统群体主义文化与行政主导型体制相结合，走上了政府主导的发展之路。随后在全球化和社会结构分化背景下，出现国家的行政权力逐步收缩，社会自主性领域逐渐扩大的趋势。日本就是在这样的背景下实现了社区治理的国家主导向混合式治理和社区自治，而中国的社区治理也从统治和管理走向治理，国家与社会实现了良好互动。其次，中日两国持有相同的"公共性"基础，并趋向建构"新公共性"。田毅鹏指出，20世纪90年代前东亚公共性构造具有极大的相同性。表现为东亚权威社会以"官"为主体、以公共事业的实用性为主体的公共体系。而自20世纪90年代伊始，两国先后出现的在"官"以外的公共性诉求则是一种"新公共性"。② 由此，针对社区治理问题中多元主体的参与，中日具有相通性，具有广泛意义的可比性。最后，本书将问题紧紧聚焦在产业地域社会中典型的社区治理中。虽然两国工业发展以及社区治理模式具有较大区别，但是从差别中寻求共同，开展国际之间的比较研究能够弥补相关文献的不足，以期寻求更多研究可能性。

---

① 陈伯海. 东亚文化与文化东亚[J]. 上海社会科学院学术季刊. 1997(1)：131-137.
② 田毅鹏. 东亚"新公共性"的构建及其限制—以中日两国为中心[J]. 吉林大学社会科学学报. 2005，45(11)：65-72.

第二章　社区协同治理制度背景与多元主体发育

社区协同治理环境包含政治、经济和文化等多种内容。由于精力有限，笔者选取的是政治制度和地方自治制度这一宏观的政治环境。通常来讲，社区治理虽然强调居民自治，但是从国家治理视角来看，是国家治理的重要组成部分。无论在日本还是中国，社区曾一度成为政府直接统治和管理的场域。虽然随着国家治理体制的转型、政府失灵问题的出现以及居民自治能力的提升，社区治理的重担转移给居民和居民自治组织，但是不可否认国家政治体制、政党、选举等政治制度对社区治理的影响是全方位的。由此，本章第一节要对日本的政治制度、政党政治、选举制度以及地方自治制度进行介绍，从中分析出"中央—地方"关系。其次，本章分析的是日本社区协同治理主体，即居民自治组织和社会组织的类型化分析。在日本社区内有多种类型的居民自治组织，而国内现有的研究均没有展开类型化分析。所以，第二节通过文献梳理对居民自治组织进行类型化分析。不仅如此，自20世纪90年代起NPO法人为主的社会组织在日本获得了快速发展，现在已然成为社区协同治理的重要组成部分。由此，第三节将对日本社会组织的发展现状、类型以及有关社会组织发展与"新公共性"建构问题进行分析。

第一节 政治制度与地方自治制度

一、政治制度与政党政治

了解政治制度和政党政治是明确国家体制类型以及明确"国家—社会"关系的基础。由此,笔者将结合现有文献,梳理和分析日本的国家体制和政治制度,继而明确政治制度的变迁、政党的发展、选举制度的演变与政治家后援会等问题。

(一)君主立宪政体的形成与转变

1. 日本传统社会与幕藩体制

日本学界普遍认为,公元4—5世纪左右的古坟时代是日本的古代国家形成期,是古代国家形成的重要标志。[①] 在5世纪后半期到6世纪前半期,在地方居民划分上出现了"国造制",即各个地方分为国,国的长官称国造,由朝廷派遣或任命。到大化改新以后,国造制开始解体,向令制国制度转化,同时受到我国唐朝的影响,在地方上设国、郡、里,把原有的氏姓贵族统辖的大小诸国,置于中央的直接控制之下。[②] 公元743年,政府颁布了"垦田永世私财法",正式承认了土地的私有,促使贵族、寺院等凭借自己的势力圈占土地,形成了日本最初的庄园,到了12世纪这种庄园已经在全国普及。此后,随着武士集团的兴起,建立了全国性的武士政权。在镰仓时代地方的统治是通过任命守护和地头的方式,即在各国设置守护,在庄园设置地头。但是到了室町幕府时期,幕府对守护的控制力量非常弱小,进而造成了地方势力的膨胀,室町末期的战国时代,各地区的大名和属下的臣团完全掌握了该地区的统治权,形成了大名领国制,日本处在一个完全分裂的状态。1603年关原

---

① 郭冬梅. 日本近代地方自治制度的形成[M]. 北京: 商务印书馆. 2008: 31.
② 吴廷璆. 日本史[M]. 天津: 南开大学出版社. 2004: 55.

二战后，德川家康统一了日本，建立了江户幕府。江户幕府的统治体制被称为幕藩体制，即幕府掌握1/4的直辖领地，把其他土地分封给270个大名，由其进行独立地管理，此为藩。幕藩体制的最大特征是分割统治。幕府和各藩的关系是幕府可以动员各藩的军事力量，幕府除了对各藩具有改易和转封等方式进行控制之外，对各大名不行使上级征税权。幕府对各藩的控制力并不强，各藩大名在自己的领国内具有至高无上的地位，并拥有财政、军事、司法和行政等多种权力。①

由此，在日本传统社会中，虽然实行的是中央集权制度，但是地方豪族的势力较强，地方势力不容小觑，一度出现了地方分权的局面，继而形成了"在绝对的中央集权下，相对的地方上存在一定的分权"②。

2."唯天皇是尊"的君主立宪制

1853年6月美国军舰闯进江户湾，打开了日本的大门。在1854年3月签订了日本近代历史上第一个不平等条约《日美和亲条约》（神奈川条约）。随即在国际局势不断紧张进程中，日本国内矛盾不断激化，德川幕府终于倒台。1868年1月在倒幕派的支持下，日本天皇睦仁发布"王政复古大号令"，号召废除幕府，一切权力重归天皇。同年7月，天皇发布诏书将"江户"改为"东京"，9月将年号改为"明治"。至此，以天皇为中心的明治政权基本建立。

与此同时，"明治维新"的推进给日本国家性质的转变提供了基础。学者林尚立总结出，明治维新是在日本社会面临内外危机背景下，国内封建统治集团内部开明有识之士和下级武士对世界资本主义和现代化发展所作出的积极的反应和变革。这是完全以西方社会和国家制度为取向，以"富国强兵"所作出的努力促使日本迅速走上资本主义发展和现代化的道路。但是，维新运动的领导者是封建集团内部开明的有识之士，且当时日本社会的资本主义发展基础较为薄弱，所以表现出保守性和不彻底性。总之，明治维新在"内废封建、外学西方"的变革中国家迅速发生转型，从半殖民地国家转向近代民族独立国家；从幕藩封建制国家转向近代天皇制国家。③ 由此，明治维新对日本社

---

① 郭冬梅. 日本近代地方自治制度的形成[M]. 北京：商务印书馆. 2008：36-37.
② 郭冬梅. 日本近代地方自治制度的形成[M]. 北京：商务印书馆. 2008：37.
③ 林尚立. 日本政党政治[M]. 上海：上海人民出版社. 2018：6-7.

会产生了如下几点影响。首先，在国家的历史地位上，日本从传统的封建国家向近代统一的民族国家转化。历经"夺权"和"改革"两个阶段，前一阶段提出了"尊王攘夷"和"王政复古"的口号，将一切权力归还天皇，后一阶段提出"版籍奉还"和"废藩置县"，废除领主制，使各藩交出土地和人民，归顺党中央集中统一领导。其次，国体上从封建统治国家向近代资本主义国家转化。虽然明治维新并非由成熟的资产阶级所发动和推行，但是也对促进和发展资本主义发挥了重要作用，具体表现在改革封建身份制、废止封建俸禄、开设议会等多方面。再次，国家政体上从封建专制统治向君主立宪制转化，在1889年颁布《大日本帝国宪法》，1890年第一届帝国议会设立。最后，在国家制度转变的社会基础上，通过改革土地制度、殖产兴业、改革教育、文明开化等措施，从传统的封建社会向近代社会转化。[①]

1889年2月日本政府颁布的《大日本帝国宪法》共分7章76条内容，涉及天皇、臣民权利义务、帝国议会、国务大臣及枢密顾问、司法、会计等多样化内容。宪法的提出促进了日本向民主国家发展。但是，这部宪法是以天皇总揽统治权为原则，为组建天皇总揽统治权的政治制度提供了法律依据，标志着日本近代天皇制的确立。[②] 即是说，这一宪法最鲜明的特点是"天皇中心主义"[③]。日本建立的君主立宪制具有如下特点：1. 国家主权属于天皇，内阁、议会、法院只是天皇的辅助机构，国民是天皇统治下的臣民。2. 内阁由天皇任命的各大臣组成，并依法对天皇负责，政府实质上是以天皇为名义的专制政府。3. 议会只是政府提出的预算案和政府或议员提出的法律草案的审议决定机关，在军队统帅、文武官员的任免、条约缔结、宣战、讲和等方面无丝毫的权力。4. 议会由参众两院构成，众议院除了有预算优先权外，其权限与参议院基本相同。5. "臣民"有选举权和出任官员的权力，此外的基本人权虽然也得到承认，但只限于法律和敕令的范围，而其限制是很大的。[④] 由此，在美国武力打开日本封锁的大门的同时，日本国内仁人志士放眼全球在

---

① 林尚立. 日本政党政治[M]. 上海：上海人民出版社. 2018：7-11.
② 宋成有. 新编日本近代史[M]. 北京：北京大学出版社. 2006：157-159.
③ 王振锁，徐万胜. 日本近现代政治史[M]. 北京：世界知识出版社. 2010：68.
④ 林尚立. 日本政党政治[M]. 上海：上海人民出版社. 2018：21.

积极学习西方国家的同时,通过反对和消解幕藩政体,在明治维新的基础上颁布近代亚洲国家第一部宪法,大力促进了资本主义的发展,也建立了君主立宪政体。但是,不得不承认,日本建立的君主立宪制是以天皇为尊的普鲁士君主立宪制,即使设立了内阁、国会等部门,但是天皇具有无上的权力,也将军队牢牢掌握在自己手中,成为二战时期发动战争的火苗。

3. 二战后的君主立宪制

在日本战败后,美国以"盟军"的名义对日本实行单独占领,于8月22日美国正式公布《日本投降后美国初期对日方针》,确立了对日本的"非军事化"和"民主化"改革的基本精神。"非军事化"改革中,美国占领当局发布了第1号指令,宣布解散日本陆军、海军、空军,并解除所有日本军队武装,强行规定停止军工生产,废弃有战斗力的军备。与此同时,推进"民主化"政策,对日本政治、经济、社会、教育等领域都产生了诸多影响。如在政治领域主要实施了惩办战犯、废除军国主义治安法令、释放政治犯、解除公职等政策;在经济领域解散财阀和农地改革;在社会领域解散町委会等;在教育领域颁布《基本教育法》等,继而粉碎了战前建立的军国主义的思想教育体系。

与此同时,日本在"盟军总部"的直接干预下起草和颁布了日本新宪法。"盟军总部"于1945年10月提出"五大指令改革",并在1946年为日本新宪法的制定确立基本原则,提出天皇的保留取决于日本民众,而保留天皇时也取消其所有实权。除此之外,针对天皇的处理原则,一方面使日本放弃战争的国家主权,不允许日本拥有陆军、海军、空军,否认交战权,放弃以战争作为纠纷保护自我安全的手段。另一方面,废除日本封建制度,皇族、华族的权利仅限于现在活着的一代人。基于此,"盟军总部"民政局起草《日本国宪法草案》,于1946年11月3日公布了《日本国宪法》(和平宪法或1946年宪法),并于1947年5月3日正式实施。新宪法主要内容有:建立象征性天皇制而废除封建专制的天皇制,规定"主权属于国民";仿效欧美资产阶级议会民主制,建立以立法、司法和行政"三权分立"为基本原则的议会内阁制,改革司法制度；确立人权与自由观念；确立地方自治制度；明确规定放弃战争的条款等。① 由此，在美国"盟军"的压力之下，日本实行"非军事化"和"民主化"改革，颁布新宪法，将天皇和封建势力逐渐消解，政党政治和选举制度逐渐发展，为其民主化建设提供了基础。

(二) 政党政治的形成与功能

政党政治是指一个国家通过政党行使国家政权的形式。虽然在现代政治中，政党虽然不是制度的直接组成部分，很多国家也没有明确政党在国家政治制度中的地位，但是现代政治制度无法离开政党，政党作为政治制度的"操作者"，往往成为实际的政治权力中心。② 日本在明治维新时期通过自由民权运动产生了近代政党，但是由于在君主立宪制背景下，政党具有脆弱性和保守性，没能发挥重要的作用。二战后在民主化改造过程中，日本政党政治得到良好的发展，直接成为日本政治舞台的核心，对后来的现代化建设发挥了重要作用。二战后在民主化改革中日本社会中出现了诸多政党组织，其中最具影响力的是日本社会党(1945年11月2日成立)、日本自由党(1945年11月9日)、日本进步党(1945年11月16日)、日本共产党(1946年12月1日)、日本协同党(1945年12月18日)等五个政党。1946年4月10日基于新选举法而举行的民主选择中自由党内阁产生，标志着日本政治重新进入政党政治时代。从发展过程来看，可将二战后政党政治的发展划分为政党再编时期(1945—1955)、"一个半政党主导"时期(1955—1970)、一党独大多党共存时期(1970—1990)和多党统治时期(1900—至今)。③

政党政治的主要功能体现在社会的统合。日本社会历经了两次社会统合，即明治维新和战后新体制建立和发展过程，其中前者是基于天皇的绝对权力而建构，后者是基于政党的力量而建构的。一方面，政党是代议民主制运行的实际主体，促进国家与社会的联结，另一方面，政党作为一定社会阶层或集团的代表机关而存在，也是作为表达机制而存在，由此，对社会统合具有

---

① 朱晓琦. 日本政治文化与选举制度——以政治家后援会为中心的研究[M]. 北京：社会科学文献出版社. 2018：46-47.
② 林尚立. 日本政党政治[M]. 上海：上海人民出版社. 2018：1-2.
③ 林尚立. 日本政党政治[M]. 上海：上海人民出版社. 2018：78-87.

重要积极功能。从日本政党的发展来看，主要发挥了"大众动员"和联结国家与社会或联结中央与地方的功能。而这一功能的发挥主要通过选举过程和为选举准备过程来表现，由此需要对选举制度进一步展开分析。

(三)选举制度与政治家后援会

1. 选举制度

选举制度指的是与选出代表相关的手续的体系，主要包括两点内容：一是将选民的意愿和选择通过选举的方式明确表达出来所采取的方法；二是选举即是促成议会席位、政府(内阁)的成立或更迭所采取的手段。与此同时，选举制度还具有选民资格的确定方法、选举区、各个选区的代表数、选举活动的方法、投票方法、开票和统计以及当选者的确定、选举资金的收支等多种内容。选举制度按照选举规则可划分为多数代表制、比例代表制、混合制等三种类型，可根据选区的大小和选区名额划分为小选区、中选区和大选区等。

2. 选举制度的变迁

如上所言，在明治维新背景下日本颁布第一部宪法，通过剥夺武士阶级的特权、消解封建势力的同时，开设议会，促进了上至公卿下至陪臣庶民的社会各主要阶层的政府参与。日本自1889年制定《选举法》开始到二战之前，历经了五次选举制度改革，分别是1889年《众议院议员选举法》、1900年《选举法修正案》、1919年《选举法修正案》、1925年《普通选举法》、1934年《普通选举法修正案》。历经五次修正以及普通选举法的推进，选举的自由度逐渐扩大，产生了积极影响。但是以天皇为核心、以行政权为主导的政治体制下，无论是天皇还是政府都想限制众议院的权力，由此对选举活动的管制也不断增强，民众参与政治的能力和机会较为有限。[①] 二战后提出的《日本国宪法》对"国会"做出了清晰的界定，认为国会是国家权力的最高机关，是国家唯一的立法机关。国会由众议院和参议院两院构成。为了明确国会两院议员的选举方式，1945年12月，日本国会两院通过了《众议院议员选举法案修正案》，不

---

① 朱晓琦. 日本政治文化与选举制度——以政治家后援会为中心的研究[M]. 北京：社会科学文献出版社. 2018：25-33.

仅降低了对选民和候选人的年龄限制，还赋予女性选举权，实现了真正意义上的"普选"。不仅如此，将原先的中选区制改为大选区制，也放宽了对选举期间的活动限制，促进了选民对候选人的了解。但是由于大选区制引发了小党乱立、革新政党迅速发展的趋势，由此保守系的党派推动国会于1947年3月提出新的《众议院议员选举法案修正案》，又将大选区改为中选区，提高了选举保证金额度，继而有利于拥有资源优势的大党在议会中获得更多席位。与此同时，在提出新的修正案的同时，也提出《参议院议员选举法》，制定了相关规定，由此，直到1994年日本一直保持了中选区制。不仅如此，为了监管选举活动，《公职选举法》将两院的选举纳入其中，加强了对选举程序、选举活动等方面的明确规定。在此选举制度背景下，直到20世纪90年代，日本出现了长时期的稳定态势。但是在20世纪90年代，在国际格局变动与国内政治形势共同作用的背景下，日本政府启动了以修改众议院议员选举制度和政治资金管理制度为主要内容的政治改革，于1993年9月提出了"政治改革相关四法案"，即《公职选举法（修正案）》《政治资金规正法（修正案）》《政党组成法》《众议院议员选举区规划审议会设置法》，并于1994年1月正式通过。在此改革中，一方面将中选区制修改为小选区制，并附加比例代表制，开始了小选区比例代表并立制的选举制度。小选区有利于大党，比例代表制有利于小党，继而确保了少数派的意见能够在国家的政治中得到反映。另一方面通过对资金层面的调整，确保了政治资金的透明度，有效防止了政治腐败现象。

3. 政治家后援会的产生与发展

在日本的选举制度发展的背景下，出现了一种以候选人为中心的政治家后援会政治团体。政治家后援会是指议员和议员候选人为了参与竞选而寻找和召集支持者，建立以政治家个人为中心，并以家族关系为基础，以血缘、地缘关系为媒介，继而培养、维持和扩大选票来源的组织。[①] 政治家后援会的成员支持政治家并不是因为他的政党成分也不是他的政治见解，而看中的是政治家的人品以及对他的信任。不仅如此，成员不仅自己支持该政治家，还

---

① 福冈政行. 日本の選挙[M]. 东京：早稻田大学出版部. 2001：132.

会动员身边的私人关系参与后援会。成员对政治家的支持很难被改变,即使该政治家触犯法律,也依然不会轻易动摇。政治家后援会可分为"选举后援会"和"资金后援会"。①

在明治维新和颁布宪法基础上,开设议会、实施选举制度,历经多次修整,民众的选举权逐渐扩大,选举权和被选举权的限制不断降低,众议院议员名额也逐渐增多,拓宽了民众诉求的表达渠道。但是,随着选举制度的推进,选举法对选举活动的管制也逐渐加强,加强了对候选人在竞选期间活动的监管。在这一背景下,出现政治家后援后的直接原因有二:一是在中选区制度背景下,每个选区中的名额竞争激烈,不仅不同政党之间有竞争,同一政党之内也有激烈的竞争关系,单单依靠政党组织优势不够明显。二是由于中央的税收以及财政拨款对各地区有重要影响,而所得财政款项与地方议员在中央的活动能力具有重要关联。② 由此,上述原因促进了地方议员积极参与政治家后援会,地方议员会选出与该地方有较强关系的国会议员,成为该国会议员的后援会的骨干力量。但是在二战之前没有实现真正的民主选举制度,民众的选举参与意识不强,只有雄厚财力和遗留封建势力相关的政党才有能力和精力组建自己的后援会,成为自娱自乐的方式,选举制度成为政治家金权交易的手段,后援会的出现促进了政治腐败。

战后随着选举制度的修整,如大选区制度的实施,出现了小党乱立、革新政党迅速发展的局势,对此实力较强的保守系政党通过努力又将大选区修改为中选区制度。整体来讲,中选区有利于实力雄厚的政党,由此战后很长一段时间都保持了中选区制。战后,政治家后援会不仅没有消失,各政党组织都加强了后援会组织建设。战后政治家后援会的再生与发展的原因有如下几点:首先,以往通过地方名望家族召集选票的能力逐渐减弱,需要寻求新的获得选票方式。其次,随着大选区制度的改革和中选区制度的实施,以及党派之间和党内派系之间的竞争,为了获得更多选票积极组建后援会。再次,

---

① 朱晓琦. 日本政治文化与选举制度——以政治家后援会为中心的研究[M]. 北京:社会科学文献出版社. 2018:1-10.
② 石原信雄. 日本新地方财政调整制度概论[M]. 米彦军译. 社会科学文献出版社. 2016:15-18,转引朱晓琦. 日本政治文化与选举制度——以政治家后援会为中心的研究[M]. 北京:社会科学文献出版社. 2018:36-37.

虽然实施地方自治制度，但是地方依然依赖中央的财政支持，地方为了获得中央的财政支持需要积极组建后援会，支持国会议员与其建立良好的关系。除此之外，日本独有的集团主义文化也促进了政治家后援会的发展，民众选择某一政治家后援会之后具有高度的忠诚，不仅自己参与也会动员私人关系，将邻近好友拉拢到该后援会，即使该政治家触犯法律，也不会放弃支持，保障了后援会的稳定。由此，战后政治家后援会不仅没有得到消解，且出现了组织化、扩大化、稳定化趋势，不仅地方议员积极参与国会议员的后援会，地方议员也组建后援会与町村或社区建立了较强的关系。

政治家后援会的出现不仅弥补了政党基层组织的薄弱，也对政治家个人以及其后援会成员具有诸多利益。但是从国家治理视角来看，表现出地方利益高于国家利益，出现金权政治、派阀政治、世袭政治等多种负面影响。[①] 除此之外，如果将政治家后援会置入"中央—地方"关系或"地方—社区"二元视角当中，能够了解到地方议员通过参与国会议员后援会组织表达诉求，得到反馈和利益，同理，社区议员通过参与地方议员的后援会组织表达诉求，得到其反馈和关照。由此，政治家后援会是中央与地方之间的桥梁，也是地方与社区之间的桥梁，也由此能够了解到社区治理与政治有着较强关系。

二、地方自治制度的转型与特点

了解"地方自治制度"的形成与特点是了解"中央—地方"的关键。地方自治制度是以法律的形式保障地方民、众自主管理、自我服务。日本自明治时期开始萌芽地方自治制度，在多年的发展中又发生了诸多转变。地方自治制度与税收、政府职责以及福利供给等问题具有重要关联。所以有必要对其进行系统的梳理和分析。

(一)地方自治制度的形成与变迁

地方自治是相对于中央集权而言，由地方上的民众进行自我管理、自我治理的地方统治形式，是基于分权原理而设计的一种地方政治制度。[②] 日本在

---

① 朱晓琦. 日本政治文化与选举制度——以政治家后援会为中心的研究[M]. 北京：社会科学文献出版社. 2018：149-161.

② 郭冬梅. 日本近代地方自治制度的形成[M]. 北京：商务印书馆. 2008：1.

明治11年，即1878年出台了《郡区町村编制法》《府县会规则》《地方税规则》等所谓"三新法"，1880年制定了《区町村会法》，三新法又被学者认定为是近代日本第一个统一的地方制度，成为后来地方自治的"实验室"[①]，也有人称其为"日本地方自治的开端"[②]。但是三新法颁布后地方自治制度没有能够成为稳定的制度，在明治政府加强对地方的官僚统治背景下，有限的地方自治权渐渐萎缩，没有实现真正的地方自治。在明治14年，即1881年政变后，颁布宪法和开设议会成为重要议题。在此背景下山县有朋内务卿决定在颁布宪法和开设国会之前制定地方自治制度。这是由于，对国内一方面想防备中央政党政治的变动波及地方，另一方面为了弥补通货膨胀以及军费增长的现状，欲把一部分事务和财政负担委任给地方。对国外是为了修改不平等条约，实行近代地方自治能够表明日本已经在法制上细化，进而成为西方国家的一员，得到西方国家的认可，以实现修改不平等条约的目的。基于此，日本于1888年提出"市制町村制"、1890年制定了"府县制"和"郡制"。但是在宪法的颁布和天皇权威的稳定，地方自治制度的成立被作为天皇制的基础，地方自治作为政治的安全阀。由此，其自治制度不是为了保证民众的自治权利，而是为了压抑它所进行的地方自治，确立中央官僚的地方统治体制。随着战时特殊时期的到来，自治权受到了很大制约。

战后，随着民主化改革，于1947年5月同时施行了《日本国宪法》和《地方自治法》，在宪法中置入了地方自治相关章节，从宪法层面保障了地方自治。具体有如下几点：1.居民自治、政党参与的扩充；2.施行《日本国宪法》和《地方自治法》，从宪法层面保障地方自治；3.1947年12月，内务省解散；4.改革地方税收财政制度；5.在精神层面支撑战时体制的教育行政、警察行政实施分权化。[③] 但是在20世纪50年代随着美苏冷战加剧，日本尝试警察行政和教育行政的再集权化出现了短暂的"开倒车""逆流化"现象。在20世纪50年代中期到90年代，是日本快速城市化、工业化时期，这一段时期随着自民

---

① 郭冬梅.日本近代地方自治制度的形成[M].北京：商务印书馆.2008：94.
② 鲁义.日本地方自治制度[M].长春：吉林大学出版社.1993：14.
③ 礒崎初仁，金井利之，伊藤正次.日本地方自治[M].张青松.译.北京：社会科学文献出版社.2010：18-19.

党的成熟，以及各地方实现经济增长，地方自治制度出现稳定的态势，尤其在爆发"住民运动"后，短暂的革新自治体的上台，进一步促进了地方自治，住民参与和情报公开等措施得到普及，一度成为"地方的时代"。进入20世纪90年代，为了应对经济发展的低迷，日本进行了一系列行政改革。在此背景下，于1995年制定《地方分权推进法》，推进地方分权改革，明确中央和地方公共团体的职能，提高了地方公共团体的自主性和自立性。与此同时，于1999年对地方自治法进一步作出修正，地方自治实现了空前的提高。不仅如此，此后的每年也都对地方自治制度进行细小的调整，如修正第一次分权改革后的税费问题等而提出"三位一体改革"等，进一步完善了地方自治制度。

（二）"自治体"的分类与区域

地方自治法将地方公共团体看做是具有独立法人资格的自治体，并将其划分为"普通地方公共团体"和"特别地方公共团体"两种类型，前者分为"都道府县"和"市町村"两类，后者有"特别区""地方公共团体的组合""财产区"和"地方开发事业团"等多种类型。本书主要介绍前者，即具有普遍性的普通地方公共团体。地方自治法将与居民生活最贴近的"市町村"规定为第一层自治体，即"基础自治体"，而都道府县是包括基础自治体的第二层自治体，是"广域自治体"。前者具有清扫、美化环境、防止公害、住民票和户籍的整备、文化设施的设置和管理等多种事务，而后者则具有解决广域事务、联络调整事务、补充事务等三种职能。这两个自治体并非上下级关系，而是平等的，但是基础自治体的工作权限和内容不可以违反广域自治体的相关规定。除此之外，与市町村合并的进展相关联，为了实现提供与居民生活密切相关的服务以及形成共识，于2004年创设了新的"地域自治区"制度。地域自治区分为市町村内部被分割为众多地域的类型以及合并后的旧市町村为单位的类型，这也是本书所述"社区"的区域。

自治体的区域问题层面，一直是尊重历史演变，但是随着多年的改革，其区域也发生了诸多变化。尤其市町村在多次合并促进法改革为背景，出现过三次大合并。分别是"明治大合并""昭和大合并"和"平成大合并"。在明治时代，为了实施市制町村制以及为了在教育、税、户籍管理等方面的管理考虑，展开明治大合并，将1888年7万1 000多町村合并为39市和15 820町村。在昭和时代，为了实施地方自治制度，更好地设置管理新的中学校、消防和警察事务、社会福祉和保健卫生制度等而展开大合并，将1953年9 800左右的市町村合并为1961年的3 400余，数量减少了1/3。在平成时代，随着少子高龄化的推进，以及为了应对经济发展的低迷和财政危机，20世纪末开始大规模的合并，将3 200余市町村合并为2009年的1 700余，一直到现在。①

三、居民运动对地方自治的影响

二战后在快速城市化和工业化背景下，日本的社会中发生了声势浩大的，具有全国性的"住民运动"。"住民运动"一般是指围绕着地域生活和地域问题，在一定的社会紧张关系的背景下发生的住民与权力对抗的关系及行动②，有时也被认为是旨在维护住民消费生活过程以及居住地生活权利的运动③。截至1970年在日本全国发生了4 000余件住民运动，1974年东京地区共有1 950件住民运动，其中853件是有关环境问题，301件是有关城市设施，135件是有关文化教育。④ 有学者基于全国1 566件住民运动展开分析，得出554件是与政策相关，1 012件是有关生活环境问题，其中830件是"要求型运动"，166件是"必要型运动"。⑤ 有学者将住民运动划分为表2.1所述四个发展时期。

地方自治体是提供住民共同消费手段的重要组织，由此，住民运动开始初期的矛头直接指向地方自治体。二战后在民主改革背景下促进了地方自治体的自治能力，但是本质上依旧保持明治时代的自治特征，即依附于强力的中央集权化和官僚机构之中，中央政府通过牢牢掌握地方自治体的财政，来干预地方自治体的行政事务。当时，国家掌握7成的财政而只承担3成的行政事务，而地方自治体掌握3成财政却承担着7成的行政事务。由此，在住

---

① 人见刚，须藤陽子. 地方自治法[M]. 东京：北樹出版，2010：34-52.
② 山本英治. 地域生活と住民运动[M]//蓮見音彦，奥田道大. 地域社会论：住民生活と地域组织. 东京：有斐阁. 1980：236.
③ 远藤晃. 住民运动と劳动运动[J]. 都市问题. 1972：63(3).
④ 松原治郎，似田贝香门. 住民运动の论理—运动の展开过程、课题と展望[M]. 东京：学陽书房. 1976：349.
⑤ 似田贝香门. 地域问题と住民运动[J]. 现代と思想. 1975(19).

民运动爆发伊始，地方自治体依然与中央政府保持一致的行为方式，为了获得利润与大资本家联结，试图无视、压迫、笼络、分裂住民组织和运动，继而激化了与住民之间的矛盾。在此背景下，由于行政能力的减弱，政府不得不认识到问题的严重性，开始关注和提升住民服务，出现了"革新自治体"。1947年诞生了4县11市的革新首长，而在1963年的第5次统一地方选举后开始在横滨、京都、大阪、北九州等多地诞生了革新市长。此后，1967年在东京、1972年在大阪府、川崎市、冲绳、埼玉、冈山等地、1973年在名古屋市都相继诞生了革新自治体，1974年全国有136人，形成了"革新自治体包围中央保守政权"的势头。[①] 革新首长的推选过程中住民的推动必不可少，而革新首长出台后也积极改善福利设施，提升住民服务对缓和住民运动起到了重要作用。但是，革新派由于人员少以及在保守派系的排斥下，最终成了一种改革的幻想。

表2.1 日本二战后"住民运动"的时期划分

时期、类型	地域问题的原因背景	主要主体	运动的目的	运动的方法
第1期 1955—1963 发生期	工业发展破坏农渔业，农渔民的生活、生命危机	农渔民 部分城市居民	被害补偿 改善污染源和设备	寻求地方自治体的帮助、请求、向企业抗议
第2期 1964—1969 质的转换期	开发联合企业；公害激化；共同消费手段的破坏、欠缺；地域居民生活条件的破坏和危机	城市居民为中心 农渔民 地缘组织和新住民运动组织	生活防卫 预防破坏 完全解决问题	请求、抗议 法律诉求和告发 国家也成为运动的对象
第3期 1970—1975 发展高峰期	扩大地域开发和能源开发 地域生活问题的激化、深刻化	城市居民为中心 农渔民 运动组织间的交流、合作和劳动组织的协力	提升生活质量的多样化诉求，政策提高的要求；对"公共性"的批判，对公共事业等公共性的质疑	与国家权力（中央省厅）、大资本（东京总公司）的对峙 法律化的运动 形成"市民"的权利主体

---

① 山本英治. 地域生活と住民运动[M]//莲见音彦、奥田道大. 地域社会论：住民生活と地域组织. 东京：有斐阁. 1980：250-253.

续表

时期、类型	地域问题的原因背景	主要主体	运动的目的	运动的方法
第4期 1976以降 停滞衰退期	推进公害防治策略；吸收住民力量，浸透住民参与方式；增强服务供给，提升国民福祉等			革新地方政府的减少

出处：高桥英博基于山本英治的研究所制。①

在1975年后，一方面资本和政治权力再次加强了地域支配，而另一方面住民运动组织自身也发生了结构变动。如上所述，革新自治体在保守派系的封锁之下，愈发后继无力，而保守派系通过改变方式提升住民服务，通过社区建设、社区营造等方式吸收住民力量，缓和了与住民之间的矛盾。由此，革新自治体逐渐失去了话语权和参与权。与此同时，住民运动组织内部分为不同的阶层，促进了住民运动组织的解体。并且，住民运动自始至终都是为了改善生活环境，提升生活水平为目标，但是当这一目标得以实现时住民运动便走向消解。

由此，在快速工业化和城市化背景下出现的住民运动，一方面促进了市民的权利意识，通过与政府和企业的周旋，改善了生活环境。另一方面，住民运动也尝试转变当时的行政体制，出现的革新派系，通过系列改革促进了地方自治体与住民之间的关系。虽然最后革新自治体走向消解，但是保守派系也做出反思和改革，通过社区建设、社区营造等政策方式，加强了与住民之间的交流和合作，对地域社会治理转型做出有益尝试。

四、"中央—地方"关系

了解"中央—地方"关系是理解"国家—社会"关系的基础。中央与地方政府间的关系可表现在权力、财政和行政关系等多方面。如学者所言，无论国家的结构形式是怎样的，管理幅度相对有限的地方政府在与中央政府形成的

---

① 高桥英博. 共同の战后史とゆくえ—地域生活圏自治への道しるべ[M]. 东京：御茶の水书房刊. 2010：116.

权力、财政和行政关系中，都不可能达到绝对的独立和自主，相反对中央政府总存在着程度不同的依赖性。[①] 在实施地方自治制度的日本，地方也对中央具有较强的依赖性。

明治维新以前，虽然实行的是中央集权制，但是当时地方豪族的势力较强，出现了地方分权的态势。随着明治维新的推进，日本建立了君主立宪制度，但是如上所言，这是一种中央集权的普鲁士君主立宪制度。在这一体制下，虽然各级地方政府名义上被称为自治团体，但实质上却是国家的地方行政机关，内务省对地方政府的组织和运营具有较高的绝对权力，地方政府缺乏自主权力。

二战后，随着民主化建设将内务省解散，通过提升地方自治体的自主性，力图使其成为与中央政府相互制衡的自我管理的地方政府。但是，现实却不尽如人意，地方自治体在诸多行政事务，如政策决定以及其他管理活动中仍然接受中央的监督甚至控制。由此，也有学者将其称为"三成自治"[②]，即地方自治只实现了三成。这是由于，首先，日本一直保持中央集权的传统，保守政党的"一党独大"的长期政权也倾向于中央集权。其次，战后现代化发展形成了有效地组织和分配社会资源的内在要求，形成了中央对地方的全方面指导，这也成为中央集权的推动力。最后，在战后快速工业化和城市化过程中，地方城市出现了诸多社会问题，而只靠地方自治体自身的能力，则无法解决诸多社会问题，由此需要中央政府的政策、财政和行政资源，继而促进了地方自治体对中央的依赖。在此背景下，中央对地方自治体的干预和控制主要表现在如下几点：1. 行政监督。中央政府给地方自治体委任诸多行政事务，地方在承担行政事务过程中接受中央的指导和监督。2. 政策制约。虽然法律上给予地方自治体更多的自治权，但是地方自治体在制定地方政策时不能超越国家政策的规定，需要考虑国家的利益，发挥自治能力较为困难。3. 财政控制。日本实行的是分税制，地方自治体财政收入主要由地方税收入、中央

---

① 林尚立. 日本政党政治[M]. 上海：上海人民出版社. 2018：308.
② 转引自：中野实. 地方利益的表达·媒介和公共决策[M]//中野实. 日本型政策决定的变化. 东洋经济新报社. 1986：237-264；林尚立. 日本政党政治[M]. 上海：上海人民出版社. 2018：308-309.

政府转移给地方的财政收入和地方发行的公债收入组成。其中,中央转移给地方的财政收入在地方财政收入中占有重要比例,由此地方自治体对中央财政具有较强的依赖性。

第二节 居民自治组织的类型化分析

目前,日本的地域社会中以町委会为居民自治组织代表,同时还存在多样化组织。如,有基于生产关系而形成的劳动组织、水利组织、生活协同组织,有基于生活关系而形成的老人组织、儿童组织、妇女组织,也有基于兴趣爱好而形成的娱乐组织、志愿者组织。其中,生产、生活方面的组织发展历史悠久,与町委会和政府具有紧密关系,常被称为"地缘团体"或"地缘型组织"。而娱乐型、志愿型组织自20世纪八九十年代才开始形成和发展,与NPO等社会组织具有较强关系,常被称为"地域社团""志愿型团体"或"自发的组织"。有人基于组织的目的性将地域社会中的组织分为"自发的组织"和"地缘型组织",认为前者具有特定的理念和目的,而后者则是居民自我管理和自我服务的基础性组织。[①] 为了进一步明确组织的特征和发展过程,下面对日本的居民自治组织"町委会""地缘型组织"和"志愿型组织"进行类型化分析。[②]

一、町委会

"町委会"是指把居住在同一社区内的所有家庭户和企业组织起来,共同处理社区中发生的各种(共同的)问题,能够代表社区并参与社区(共同)管理的居民自治组织。[③] 每个地区町委会的规模、职能会有所差异,但是整体来看具有5个共同的特征。1. 具有一定的范围,且相互之间不重复;2. 以户为单

[①] 飯田哲也,浜岡政好. 公共性と市民[M]. 东京:学文社. 2017:81-107.
[②] 这一部分内容节选自导师与笔者共同发表的《日本地域社会治理及社区志愿者组织发展的启示——以名古屋市"南生协"的社区参与为例》一文。
[③] 中田实. 日本的居民自治组织"町委会"的特点与研究的意义[J]. 张萍,译,社会学研究. 1997(4):24-31.

位；3. 原则上全部家庭都要参与；4. 整体涵盖所有地域课题（包括：公领域的课题、共领域的课题和私领域的课题）；5. 代表地域的组织。[①] 针对町委会的历史和发展过程，在文献综述中已有介绍，在此不再重述。总之，从町委会的发展历程来看，可分为町委会的形成时期（1889－1925）、町委会的官办化时期（1926－1947）、町委会被禁时期（1947－1952）、町委会自立时期（1952－1970）和社区组织重组时期（1971以后）。[②]

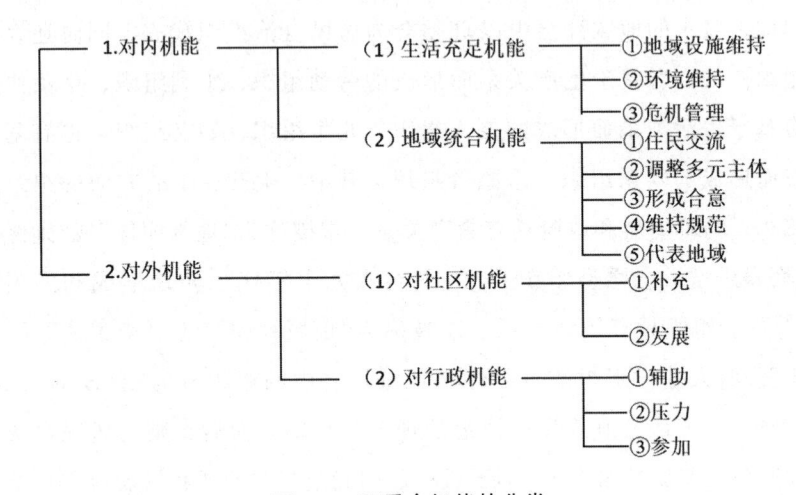

```
                                    ┌─①地域设施维持
                    ┌─(1)生活充足机能─┼─②环境维持
                    │                └─③危机管理
       ┌─1.对内机能─┤                ┌─①住民交流
       │           │                ├─②调整多元主体
       │           └─(2)地域统合机能─┼─③形成合意
       │                            ├─④维持规范
       │                            └─⑤代表地域
       │                            ┌─①补充
       └─2.对外机能─┬─(1)对社区机能──┴─②发展
                    │               ┌─①辅助
                    └─(2)对行政机能──┼─②压力
                                    └─③参加
```

图 2.1　町委会机能的分类

出处：菊池美代志. 町委会の机能. 1990：223.

针对町委会的功能菊池美代志等人认为有如图 2.1 所示的一般功能。町委会作为居民自主参与和成立的组织，对内具有地域设施管理和维持，环境美化和保护，防灾、预防犯罪等危机管理的生活保障功能，也具有促进居民的交流、调整和整合社区内多样化社区组织、整合居民的意见、维护社区规范以及代表社区与其他主体交流等功能。对外层面是补充社区功能和发展社

[①] 中田实. 新版地域分权时代の町委会·自治会[M]. 东京：自治体研究社. 2018：16-17.
[②] 中田实. 日本的居民自治组织"町委会"的特点与研究的意义[J]. 张萍译，社会学研究. 1997(4)：24-31.

第二章　社区协同治理制度背景与多元主体发育

区的代表，也有辅助行政以及参与行政活动的功能。①

二、地缘型团体

日本学者一般将町委会和老人会、儿童会、妇人会等传统社会就已存在的组织统称为地缘型组织，是指统合全体居民并服务于全体居民的自治性组织。在日本传统村落社会中，由于生产力低下，村民基于土地、用水等事务而形成各类地缘型组织，共同参与生产和劳动，共同利用和管理村落资产，进而形成了自助和互助的村落共同体。② 在明治时期，政府开始实施"学区"制度，整顿原先的居民组织，具有行政色彩的"卫生组织"和"有志团体"成为居民社区参与的重要平台，也成为町委会的母体。在1926年至1947年的战争时期，以町委会为首的地缘型组织具有较强的行政化色彩，成为国家军事动员的基础组织。二战后，在1947年至1952年町委会被认为是传统的、落后的组织而被禁止。但是，由于各类地缘型组织对政府管理和居民的生活都具有重要作用，因此，即使名义上被取消，但实质上却从未消失，活动也并未停止。后来自1952年10月签订旧金山和约开始，町委会又重新被恢复。但是在快速城市化和工业化背景下，城乡流动人口迅速增长、社区混住化问题逐渐突出、居民的社区参与相继减少，进而导致地缘型组织的功能渐渐弱化。在60年代中后期，一方面由于经济发展缓慢，政府财政支出增多，另一方面居民的社区参与意识和诉求逐渐增强，政府不得不将诸多社区管理任务还给地缘型组织，于1969年提出《社区：生活场所的人性之恢复》一文，促进地缘型组织的功能，加强了地缘型组织与政府之间的合作关系。

由此，地缘型组织历经了"自主发展""行政管理"和"协同治理"三个时期。自主发展时期，由于生产力低下、市场组织不发达、政府公共服务不足，居民参与地缘型组织并得到组织的保护，地缘型组织是居民生产、生活相结合的赖以生存的组织。在行政管理时期，地缘型组织承担大量的行政工作，成为政府动员的基层组织，大量的社区事务都由政府直接管理，居民的社区参

---

① 菊池美代志. 町委会の机能[M]//仓沢进、秋元律郎. 町委会と地域集团. 京都：ミネルヴァ书房. 1990：222-228.

② 中村吉治. 村落构造の史的分析—岩手县煙山村[M]. 东京：日本评论社. 1956.

与逐渐减少，地缘型组织的功能较弱。在"协同治理"时期，一方面政府将大量的社区管理任务还给居民和各类地缘型组织，另一方面居民通过组织化参与实现了自助和互助。现在，地缘型组织通过与行政组织和社会组织等多元主体间的合作与互动，促进了"协同治理"。

三、志愿型组织

志愿型组织（voluntary association）顾名思义是展开志愿活动（voluntary action）的组织。学者指出志愿活动具有自律的、非职业的、非交换的、非权力的、超越自己的、对话的和即兴的等特点，而志愿组织具有民主性、自主管理、志愿性、非官僚性、即兴的、非统治性等特点。① 日本自1969年提出社区建设政策开始，社区内硬件设施逐渐完善，居民的社区参与逐渐成熟，自80年代开始居民主导的社区建设或社区营造快速发展，出现了"福祉社区营造""历史社区营造""防灾社区营造""安心安全的社区营造"等多样化的社区建设活动。不仅如此，随着物质生活的丰富和人们对休闲娱乐的重视，娱乐组织、志愿组织逐渐萌芽，扩大了居民的社区参与路径。由此，志愿型组织的发展是社区建设的必然结果，而志愿型组织的发展又进一步促进了社区治理。学者认为："志愿型组织的发展在'私的领域'和'行政领域'之间形成新的'公共的领域'，促进居民的社会贡献活动，扩大社区参与途径，也增加了社区社会资本。"② 但是也有学者指出志愿型组织与町委会和地缘型组织具有复杂的"交叉"和"浸透"关系，需区别对待。③ 因此，为了对社区内多元主体的关系研究，我们有必要对地域社会中的多元主体进一步展开分析。

四、多元主体的类型化分析

由此，日本社区中多元主体之间具有表3.1所述特征。其中，町委会和

---

① 高桥英博. 共同の战后史とゆくえ—地域生活圈自治への道しるべ[M]. 东京：御茶の水书房刊. 2010：193.

② 中西典子.「地域」の复权とその主体—生活・公共性と地域形成をめぐって. 地域社会学会年报12集[C]. 东京：ハーベスト社. 2000.

③ 高桥英博. 共同の战后史とゆくえ—地域生活圈自治への道しるべ[M]. 东京：御茶の水书房刊. 2010：187-209.

地缘型组织具有紧密的关系,基于《地方自治法》获得法人资格,以全部居民为成员,服务于全部居民,持有私益性和地域性价值观,是居民和政府之间沟通合作的桥梁。而志愿型组织与社会组织具有更多相似之处,基于《NPO法》等法律法规获得法人资格,秉持公益性和志愿性价值观,是提供志愿服务的主力军。

表 2.2 社区中多元主体类型化分析

组织类型	町委会	地缘型组织	志愿型组织	社会组织
法人资格	地方自治法	地方自治法、相关条例	NPO法、相关条例	NPO法
活动范围	社区内	社区内	无特定范围	无特定范围
组织成员	全部居民	全部居民	部分居民	专业人员
活动对象	全部居民	全部居民	部分居民	不特定多数
专业化	非专业化	非专业化	非专业化	专业化
价值观	私益性 地域性	私益性 地域性	公益性 志愿性	公益性、志愿性、广域性
功能	自治、行政辅助	自治、行政辅助	志愿服务	专业服务

出处:基于日本学者中田实的《地域社会とNPO》(2001)一文,[①] 作者自制。

第三节 社会组织的兴起与"新公共性"建构

20世纪80年代西方社会改革的推动下,西方福利国家危机开始出现,公共财政赤字日益严重,出现了"政府失灵"问题。另一方面随着人们的教育水平的提高以及信息化的推进,以非营利、非政府组织为首的"第三部门"开始发展,形成了学者所述"全球性结社革命"[②]。在此背景下,全球各地都相继出

---

① 中田实. 地域社会とNPO[J]. コミュニティ政策研究. 2001(3):5-13.
② 史伯年."全球性结社革命"及其启示[J]. 中国青年政治学院学报. 2006(3):55-60.

现和发展了社会组织，形成了百花齐放的态势。社会组织是区别于"公的领域"和"私的领域"的"共的领域"，是具有专业理念、价值观和专业方法的公益性、志愿性组织。本书将日本的 NPO 法人和志愿者团体总称为社会组织。

一、日本社会组织发展的背景

(一)政府主导型社会管理方式不再适应时代发展

二战后随着快速工业化和城市化，日本以政治手段促进经济的发展，政府对经济发展以及社会事务都有较高的权力。在此背景下日本经济获得了快速发展，但是也引发了环境问题等多种社会问题引起了负面效应，爆发了全国范围内的"住民运动"。到了 20 世纪 90 年代，随着日本经济萧条和财政困境，自上而下的行政管理无法满足社会多样化需求，表现出非效率特点。由此日本从"大政府"向"小政府、大社会"转型成为必然。[①] 以此为背景，行政改革、信息公开、地方分权等声音日益高涨，政府也想通过重新划分中央与地方之间的职责，实现由中央集权向地方分权的转变。"官""民"互动成为社会发展的必然趋势。

(二)少子高龄化问题的凸显

从日本全国来看，老年人比例在 2005 年超越欧洲国家成为全球之最，2016 年老龄化率达到 27.3%。据国立社会保障人口问题研究所预测，日本老龄化率在 2024 年将超过 30%、2035 年达到 33.4%、2061 年超过 40%[②]。随着老年人增多以及寿命的延长，需要护理的老年人数量持续增加，社会上的医疗、护理需求也不断增加。从居民自治组织的发展历程得知，人们在社区中得到居民之间的互助和合作，家庭养老和社区养老是传统的养老方式。但是随着城乡"过密—过疏"问题的呈现以及社区共同性的式微，近邻关系日渐疏远，单纯依靠家庭和社区无法满足养老需求，对社会机构和专业社会组织的发展提供了发展的契机。

另一方面与高龄化对应，随着晚婚、晚生和单身等问题的不断凸显，又

---

① 胡澎. 日本非营利组织参与社会治理的路径与实践[J]. 日本学刊. 2015(3)：140-158.
② 东京大学高龄社会总合研究机构. 长寿时代的人生设计与社会创造[M]. 东京：东京大学出版会. 2018：14.

加剧了少子化问题。据总务省统计局调查，2010年日本男性平均初婚年龄为31.2岁，女性为29.7岁，同年未婚男性比例为20.1%，女性比例为10.6%，而这一比例在2035年将达到男性29%，女性19.2%[①]。如笔者在日本中部地区的调研中了解到，随着少子化的推进以及青年劳动力的缺乏，给经济发展造成较大影响，各地不断从外地或国外引进人才和劳动力才能满足自身的需求。与此同时，除了少子高龄化问题之外，还存在经济停滞、就业不稳定、收入差距大、社区和社会活力不足等问题逐渐增多，对社会组织的需求逐渐增多，成为社会组织发展的契机。

(三)年轻人的社区参与不足

年轻人社区参与不足也成为日本普遍的社区治理难题。笔者在日本多个地区的调研中了解到，培育社区领导、寻找社区后继者以及促进年轻人的社区参与不仅是丰田市独有的课题，而是日本普遍的社区治理课题。自70年代起，学者们普遍将年轻人表述为"私化的青年"或将年轻人的社会参与表述为"从社会领域转为私的领域"[②]，即是指年轻人逐渐从社区参与向学校外、学校内、教室内、家里方向转移，表现出对社区的冷漠和不关心。近两年学者们对年轻人的社区参与又表现出乐观的态度，将年轻人的"娱乐型参与"等现象表述为"新公共性"[③]，进而对年轻人的"个人型"参与转为"普遍型"参与有了更多期待，甚至将年轻人的社区参与当成"社区再生"的关键。但是，未来年轻人是否会增加社区参与以及是否从"娱乐型"参与转为"事务型"参与还是一个未知数。

二、日本社会组织发展现状

日本通常将1995年作为"志愿者元年"，在1995年发生"阪神·淡路大地震"后志愿者组织等社会力量对灾后重建发挥重要作用，人们也开始认识到社

[①] 东京大学高龄社会总合研究机构.长寿时代の人生设计と社会创造[M].东京：东京大学出版会.2018：19-20.

[②] 村泽和里多，山尾贵则，村泽真保吕.ポストモラトリアム时代の弱者たち社会的排除を超えて[M].京都：世界思想社.2012：15-16.

[③] 松山礼華.若者の地域参加に向けた组织构造に关する一考察：千叶县柏市のまちづくり团体を事例に[J].地域社会学会年报.2016(28).

会组织的意义。在此背景下，日本政府于1998年出台《特定非营利活动促进法》，此后又做了多次修正，现有81条正式内容和多个附则。图2.2是日本1998—2019年的NPO"认证法人"数和"认定法人"[①]数变化图。截至2017年，近20年时间里NPO认证法人数量持续增长，而近两年有所减缓，截至2019年9月，共有51 415个NPO认证法人。相比认证法人数，截至2010年认定法人数(198个)未能超过200个，而此后的近5年时间里实现了快速增长，2016年(1019个)突破1 000个，2019年9月共有1116个。表2.3是NPO法人的类型，官方统计为20种。其中比例最多的有"增进保健、医疗及福利的活动""增进社会教育的活动""致力于儿童健康培养的活动""提供联络和援助活动"和"推进社区营造的活动"等几种类型。这与日本少子高龄化、共同体缺失(社区营造)等社会现状具有较大关联。

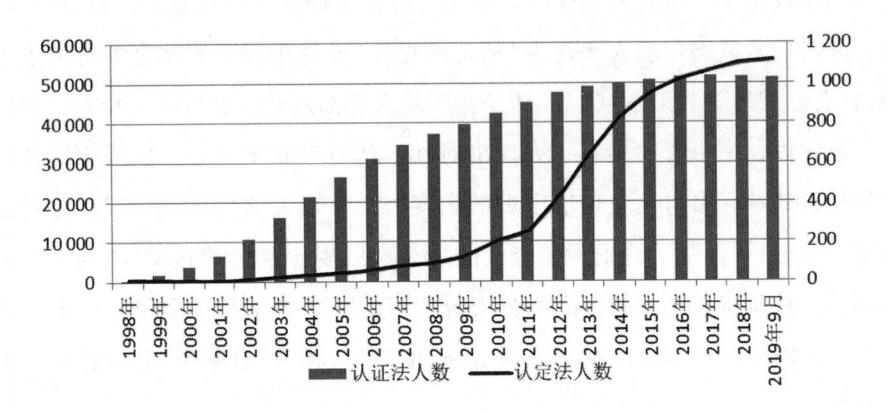

图2.2　日本1998年—2019年NPO认证法人数和认定法人数

数据：日本内阁府NPO中心数据。[②]

[①] NPO法人"认证"相近于我国"注册"，指的是按照法律法规提交书面申请书并得到法律认可。"认定"主要是指对具有公益性的组织提供免税等政策优惠的条款。

[②] 日本内阁府[EB/OL]. https://www.npo-homepage.go.jp/about/toukei-info/ninshou-seni.

第二章 社区协同治理制度背景与多元主体发育

表 2.3 日本 NPO 法人类型

号数	活动的种类	法人数
第 1 号	增进保健、医疗及福利的活动	29 841
第 2 号	增进社会教育的活动	24 265
第 3 号	推进社区营造的活动	22 279
第 4 号	振兴旅游的活动	2 966
第 5 号	振兴农山渔村或山区的活动	2 525
第 6 号	致力于振兴学术、文化、艺术及体育的活动	18 087
第 7 号	致力于环境保护的活动	13 366
第 8 号	灾害救援活动	4 117
第 9 号	地域安全活动	6 072
第 10 号	致力于保护人权、推进和平的活动	8 564
第 11 号	国际合作活动	9 182
第 12 号	促进形成男女共同参与社会的活动	4 696
第 13 号	致力于儿童健康培养的活动	23 661
第 14 号	致力于信息化社会发展的活动	5 619
第 15 号	致力于振兴科学技术的活动	2 765
第 16 号	致力于增强经济活力的活动	8 946
第 17 号	支援职业能力提升或扩大就业机会的活动	12 631
第 18 号	致力于保护消费者的活动	2 986
第 19 号	联络、建言或支援从事以上活动团体的运营和相关活动	23 529
第 20 号	依据都道府县和指定都市①条例开展的上述所列各项活动	269

出处：日本内阁府 NPO 中心。②（法人统计数为复数）

---

① "政令指定都市"也叫"政令市"或"指定都市"，是日本大都市制度之一，现有 20 个"政令指定都市"。根据日本《地方自治法》和《关于大都市的特例》等法律，一个城市人口在满足 50 万的基础上又在经济和工业上具有高度重要性时被评为"政令指定都市"。"政令指定都市"具有一定的自治权，但是原则上仍隶属于上级道、府和县。

② 日本内阁府[EB/OL]. https://www.npo-homepage.go.jp/about/toukei-info/ninshou-bunyabetsu.

三、"新公共性"的提出

随着社会组织的发展，日本学界掀起了"新公共性"研究。"公共性"是政治学和社会学常用的理论之一，常被用于社区建设、社会组织发展等多个领域。李友梅等人认为，公共性是促进当代社会团结的重要因素，对抵御个体工具主义的扩张具有重要意义；是个体超越自我而关注公共生活的立基所在；是促进国家与民间关系，形塑新格局的重要条件。[①] 李明伍将公共性概括为"某一文化圈里成员所能共同（其极限为平等）享受某种利益，因而共同承担相应义务的制度的性质"。[②] 田毅鹏认为公共性具有共有性、公开性、社会有用性和为达至公共善而努力行动的价值体系。东亚公共性与西方公共性具有不同的特征，具体表现在几点，如西方更加强调公共言论等"言说系公共性"，东亚公共性则强调其实用性；西方更强调公共性的多元主体，东亚公共性则主要以"官""公"来承担；西方公共性主张市民与公权力之间的对抗，东亚公共性中市民与公权力具有明显的"一致性"；东亚公共性历经了清晰的"古典公共性"和"民主国家的公共性"两个阶段。[③] 他又进一步指出，日本在20世纪六七十年代，随着快速城市化和工业化，城市过密和乡村过疏问题逐渐呈现，社会原子化和陌生人社会等问题成为阻碍社会整合的重要因素，出现了"社会何以可能"的问题，1995年的阪神·淡路大地震的发生，严重暴露了这一问题，这也成为日本新公共性建构的契机。

对于此，日本学界针对公共性和新公共性问题展开丰富的研究，积累了诸多代表性著作和论文。自1999年开始日本地域社会学研究会就将研究主体聚焦于公共性问题，围绕公共性主体、公共性与地域形成问题展开了研究，如1999年的研究主题为"生活·公共性和地域社会"，并在2000年年刊（第12集）上发表，2001年主题为"市民和地域——自己决定·协动及其主体"（第13集），2002年主题为"地域公共性的重构"（第14集），2003年主题为"公共性

[①] 李友梅，肖瑛，黄晓春. 当代中国社会建设的公共性困境及其超越[J]. 中国社会科学. 2012(4): 125-139.
[②] 李明伍. 公共性的一般类型及其若干传统模型[J]. 社会学研究. 1997(4): 108-116.
[③] 田毅鹏. 东亚"新公共性"的构建及其限制——以中日两国为中心[J]. 吉林大学社会科学学报. 2005(6): 65-72.

的转换和地域社会"(第15集)。不仅如此,公共性话题也成为2000年日本社会学会的重要研究主题。东京大学出版会出版的20卷"公共哲学"丛书(2001—2006)也是其重要成果之一。基于日本的研究和中国社会发展现状,田毅鹏总结出了东亚新公共性的几点特征。首先,东亚新公共性具有多元性和扩散性,转变传统以"官"为主的公共性,形塑多元的公共性;其次,NPO、NGO等非营利、非政府组织作为新公共性的重要载体;再次,与局限于民族国家体系内的公共性相异,在全球化背景下出现了跨境的公共性;最后,与西方"言说系公共性"相异,东亚公共性强调公共性实践建立在个体自愿的基础上。①

与此同时,一些西方学者却发现了日本社会组织发展的困境。荷兰学者Hanna Jongepier在分析日本非营利组织不发达的原因时认为"日本民众缺少与政府间革命的历史,民众与政府常持有调和的立场;民众也会将政府看作是正义的代表和传统信仰;强调民间和政府的合作而缺乏对NGO的认识;儒教传统下对政府的依赖强等。不仅如此,非政府的称谓,往往被视为左翼组织、无政府主义、共产主义、泛政府运动而被排斥。②美国学者R. Pekkanen认为日本的社会组织具有"四少"特点,即会员少、专业职员少、预算少、活动范围小,继而是"没有话语权"的主体。③由此,日本社会组织的发展虽然有助于"旧公共性"向"新公共性"的转变,但是也受制于社会治理传统和文化,不仅遭受过政府法律、收税等方式的限制,也历经了居民从冷漠到积极参与的过程。现在,从上述NPO法人数量、类型以及现有政策中得知,政府与社会组织之间逐渐建构成为协同关系。胡澎总结出,日本社会组织的发展产生了如下影响:1. 建言献策,参与法律和制度建设;2. 疏通利益表达渠道,构建稳定的社会秩序;3. 满足民众多元需求,体现社会公平正义;4. 提倡民众

---

① 田毅鹏. 东亚"新公共性"的构建及其限制——以中日两国为中心[J]. 吉林大学社会科学学报. 2005(6):65-72.
② Hanna Jongepier. NPO先进国から见た日本[J]. 松下政经塾. 2000(8). 转引自:田毅鹏. 东亚"新公共性"的构建及其限制——以中日两国为中心[J]. 吉林大学社会科学学报. 2005(11):65-72.
③ Robert Pekkanen. 日本における市民社会の二重构造—政策提言なきメンバー达[M]. [日]佐々田博, 译. 东京:木铎社刊. 2008.

参与，倡导社会文明。[①]

第四节 本章小结

本章由三个部分组成，分别是日本政治制度与地方自治制度、居民自治组织的类型化分析和社会组织发展与"新公共性"建构。

首先，宏观的政治制度和地方自治政策是社区协同治理的重要社会背景和影响因素。日本国家和政府作为社会"元治理"主体，从传统社会至现在都积极参与社区治理，发挥了重要作用。无论是在二战前的君主立宪制时期的天皇和内阁，还是二战后民主改革后的议会和政府都牢牢把握权力、金钱和法律，地方的发展离不开中央的支持，对其具有较高的依附性。一方面，政治家为了获得选票会与地方议员甚至与社区领导建立良好的信任关系，通过正式与非正式（政治家后援会）方式关心地方和社区事务。另一方面，地方议员和社区领导为了获得资源和名望也会积极参与到支持某一议员的队伍，支持和辅助支持者或政府的行政工作。所以，日本的社区治理并非单纯的自治。但是，自明治时代开始，颁布宪法的同时制定法律，对中央与地方关系作出调整，提出地方自治制度，地方自治体（政府）以及地域自治区（社区）获得诸多自治权利，提高了自治能力。自明治时期实施地方自治制度开始，地方政府和社区拥有一定的自治能力对自我建设发挥了重要作用。二战之前，城市和农村社区相对封闭，具有较高的稳定性，且由于生产力低下，居民会依附社区，参与社区活动，得到社区的保护。二战后在城市化、工业化背景下社区的统合能力逐渐下降，社区一度成了陌生人社会。但是面对生活环境的破坏和居民运动的出现，居民的社区参与意识高涨，居民的社区参与能力逐渐提高，促进了社区营造和治理。所以，日本的社区治理也并非高度行政化，而是居民具有较高自治意识和能力的治理模式，与政府具有平等地位和姿态的协同治理。

[①] 胡澎. 日本非营利组织参与社会治理的路径与实践[J]. 日本学刊. 2015(3): 140-158.

其次，对居民自治组织进行类型化分析发现，日本社区内有以町委会为首的多样化组织。从发展历程来看，地缘型组织历经了"自主发展""行政管理"和"协同治理"三个时期。自主发展时期，由于生产力低下、市场组织不发达、政府公共服务不足，居民参与地缘型组织并得到组织的保护，地缘型组织是居民生产、生活相结合的赖以生存的组织。在行政管理时期，地缘型组织承担大量的行政工作，成为政府动员的基层组织，大量的社区事务都由政府直接管理，居民的社区参与逐渐减少，地缘型组织的功能较弱。在"协同治理"时期，一方面政府将大量的社区管理任务还给居民和各类地缘型组织，另一方面居民通过组织化参与实现了自助和互助。现在，地缘型组织即居民自治组织通过与行政组织和社会组织等多元主体间的合作与互动，促进了"协同治理"。

最后，20世纪90年代随着日本经济发展的萧条以及财政困境，政府为主的公共服务方式无法满足居民的需求，"大政府"向"大政府、大社会"的转型是必然要求。在此背景下以1995年发生阪神·淡路大地震为契机于1998年提出《NPO法》，为社会组织的发展提供了时代契机。自此随着NPO的发展以及社区中志愿型组织的兴起，社会组织逐渐发展为提供专业服务的新兴力量，为社会治理提供了新的思路和路径。也为日本的传统公共性的转型提供思路，为东亚"新公共性"的建构和相关研究提供了社会基础。

总之，宏观的政治制度是社区协同治理的重要影响因素。这就要求我们研究社区协同治理需要从不同国家或不同地区的政治制度出发审视社区治理问题。另一方面，社区中有很多相关的参与主体，也需要我们类型化分析，了解其主体的定位、功能以及不足之处，继而为社区协同治理研究提供基础。

第三章 "企业城下町"的形成与其特点

产业地域指的是一个大型企业或少数几个企业对城市的形成与发展具有重要影响的地区,在日本将其定义为"企业城下町",指的是"一种由大企业对地域社会实现全方位支配的状态,甚至包括对地方行政和居民的控制"[①]。丰田市的发展深受丰田汽车公司的影响,尤其在企业成立之初是在对丰田市地域社会的充分利用的基础上发展起来的,由此在日本全国属于最典型的"企业城下町"。本章是对丰田市的介绍,主要通过对丰田市的发展过程和企业与地域社会之间的关系进行阐述,继而明确"企业城下町"形塑的过程以及现状。最后在明确其地域社会特性的基础上为后边的章节提供支持。

第一节 丰田市历史与现在

一、丰田市历史与地理

丰田市位于日本中部的爱知县[②],面积为918.47平方千米,人口为42.5万余人。从丰田市现有的遗迹和出土的旧石器等可以发现,丰田市的历史可

[①] 郑南. 丰田公司的发展与地域社会——以先行研究为基础[J]. 现代日本经济. 2013(6):76-85.

[②] 日本的县与中国的省相近。

第三章 "企业城下町"的形成与其特点

以追溯到 2 万年到 2.2 万年前的后期旧石器时代。明治时代[①]随着资本主义的发展,当地发展了蚕、棉纺织等产业,促进了商业的发展。但是进入昭和时期后,由于国内外对蚕丝的需求量减少,对"养蚕町"(举母町)产生了重大影响。此后,当时的町长中村寿一,得知丰田汽车制造部在寻找工厂用地,较早与其取得联系,于 1938 年在举母町建设了举母工厂(现丰田汽车工厂),这也是成为"汽车城"的第一步。在二战之前,虽然有人提出将举母町改为举母市,但是由于人口不足等因素没能实现,而在二战后在近邻地区导入市制度后,当时议会于 1950 年 12 月向县里提出《举母市制度施行申请书》,县议会在 1951 年全票通过背景下,于 3 月 1 日诞生了"举母市"。在 1958 年,商工会议所向市里提出将举母市改名为丰田市的提案,虽然也出现了"改"与"不改"的分歧,但最终于 1959 年 1 月 1 日将举母市改名为丰田市。1994 年,丰田市被指定为"地方基地都市地域",并于 1998 年 4 月成为"中核市"。[②]

图 3.1 丰田市市域变化

出处:http://www.city.toyota.aichi.jp/shisei/profile/rekishi/1004599.html

在全国《町村合并促进法》政策背景下,丰田市在 1951 年将图 3.1 中(1)

[①] 江户时代(1603—1867 年);明治时代(1868—1912 年);大正时代(1912—1926 年);昭和时代(1926—1989 年);平成时代(1989—2019 年);令和时代(2019—)。
[②] 丰田市[EB/OL]. https://www.city.toyota.aichi.jp/shisei/profile/rekishi/index.html.

举母町改为举母市后，于1956年合并(2)高桥村、1964年合并(3)上乡町、1965年合并(4)高冈町、1967年合并(5)猿投町、1970年合并(6)松平町、2005年合并了(7)藤冈町(8)小原村(9)足助町(10)下山村(11)旭町(12)稻武町等6个地区，成为面积为918.47平方千米的新丰田市。

二、丰田市人口

截至2019年6月，丰田市人口有426 457人，其中男223 058人，女203 399人，共有182 802户。图3.2是2019年丰田市不同年龄段人口分布图。其中15岁以下人口占13.8%，15～64岁人口占63.6%，65岁以上人口占22.6%，90岁以上人口占1.1%。由此可以看出，丰田市已进入老龄化社会。

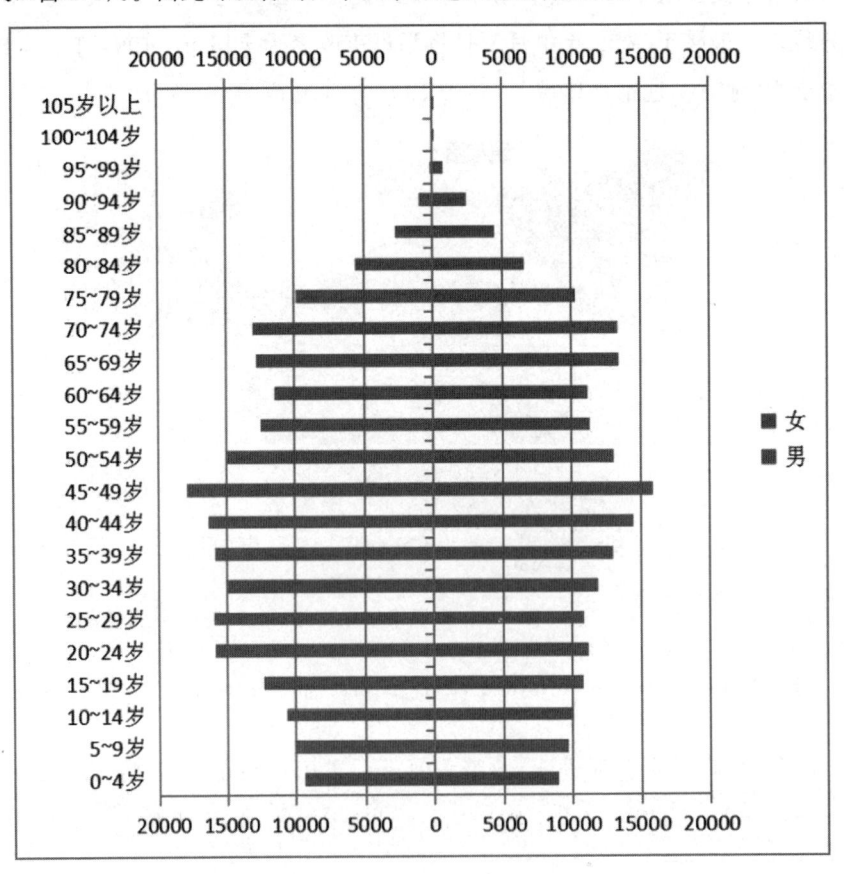

图3.2 2019丰田市不同年龄段人口分布图（作者自制）

数据：https://www.city.toyota.aichi.jp/shisei/tokei/1008302.html

（单位：人）

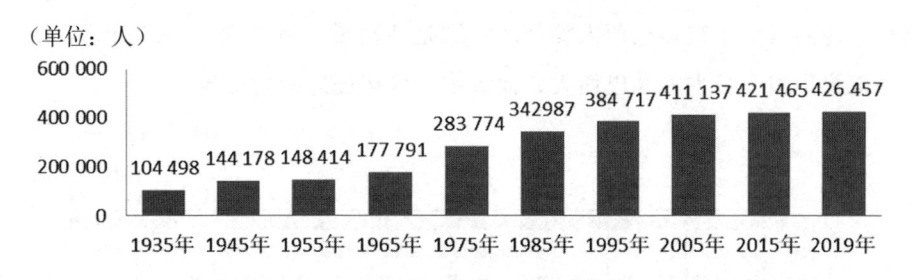

图3.3 丰田市人口变化图（作者自制）

数据：http://www.city.toyota.aichi.jp/shisei/tokei/1004630/index.html

图3.3是丰田市人口变化图，从中了解到丰田市人口在多年时间里实现了持续增长。丰田市人口增长受到三个方面的因素。首先是合并周边町和村，从上述介绍中了解到，自1956年至2005年时间里，合并了11个地区，不仅扩大了土地面积，也促进了人口增长。据丰田市政府统计数据中了解到，在6次合并地区过程中共增加了122 403人，其中1956年7 371人、1964年12 123人、1965年27 587人、1967年23 162人、1970年6 635人、2005年45 525人。其次，受到丰田汽车公司发展的影响，吸引了大量外地人口。再次，随着外地人口的流入以及定居，出生的新生儿也增加了丰田市人口。由此，在上述三方面的影响之下，本来只有10万人口的丰田市发展为42万人口的城市，成为爱知县人口第二的城市（如图3.4）。不仅如此，到了1990年，随着《难民认定法》的修改和丰田汽车公司的稳定发展，以巴西人为首的大量外国人流入丰田市，成为新的劳动力。这些外国人集中居住在"猿投地区"西部的"保见地区"，现在居住滞留时间逐渐长期化。图3.5是近十年丰田市外国人的数量变化。从中发现受2008金融危机的影响，市内外国人数量出现了下滑趋势，但是近几年又出现了增长的趋势。其中，丰田市保见地区是巴西人聚居的典型地区，其中1/2都是巴西人。从笔者调研中了解到，当地巴西人出现定住化趋势，当地社区也开展针对外国人的日语课堂、亲近交流的文化活动等，以此来促进地区居民的融合。笔者在2019年6月16日参与保见地区的"舞蹈祭"了解到，虽然举办社区活动的人以日本人为主，但是在参与舞蹈比赛的成员中也能看见巴西人面孔。并且，活动场地中也有巴西口味的

小吃，进而吸引了很多巴西人参与。特别是活动最后有巴西人"桑巴舞"表演，更是聚集了很多日本人和巴西人，促进了地区居民之间的交流。[①]

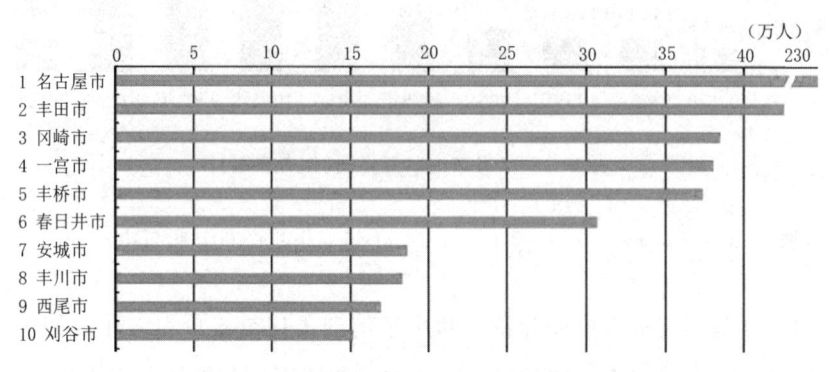

图 3.4　2017 年爱知县人口数量前十地区

出处：丰田市．丰田市の人口[R]．平成 29 年版：25．

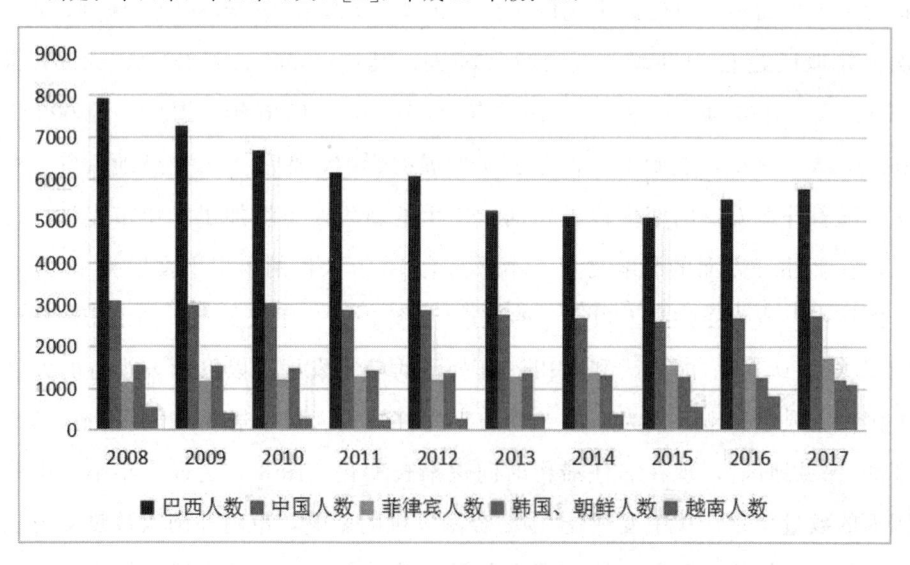

图 3.5　2008－2017 丰田市内外国人国别与数量(笔者自制，数据同图 3.4)

---

① 2019 年 6 月 16 日，笔者参与丰田市保见地区"舞蹈祭"，担任了志愿者，也参与了对巴西人的问卷调查。

三、丰田市经济

丰田市是典型的工业城市，从图 3.6 能够了解到丰田市三类产业的经营场所与从业人口的百分比。其中经营场所中服务行业的比例较高，但是从业人数比例在第二产业中也较多，从图 3.7 中进一步了解到在制造业工作的人数最多。

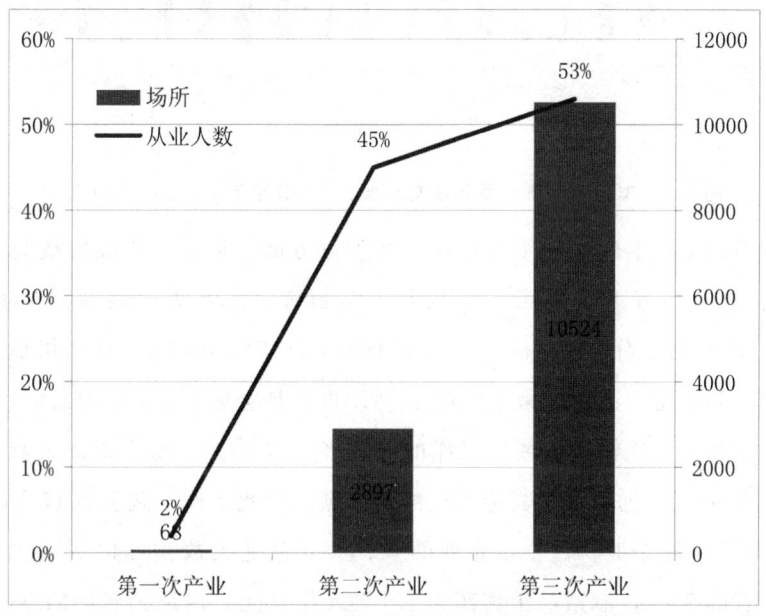

图 3.6 2018 年丰田市三类产业经营场所与从业人数百分比
数据：西三河统计研究协议会. 西三河的统计[R]. 2018：7-8.

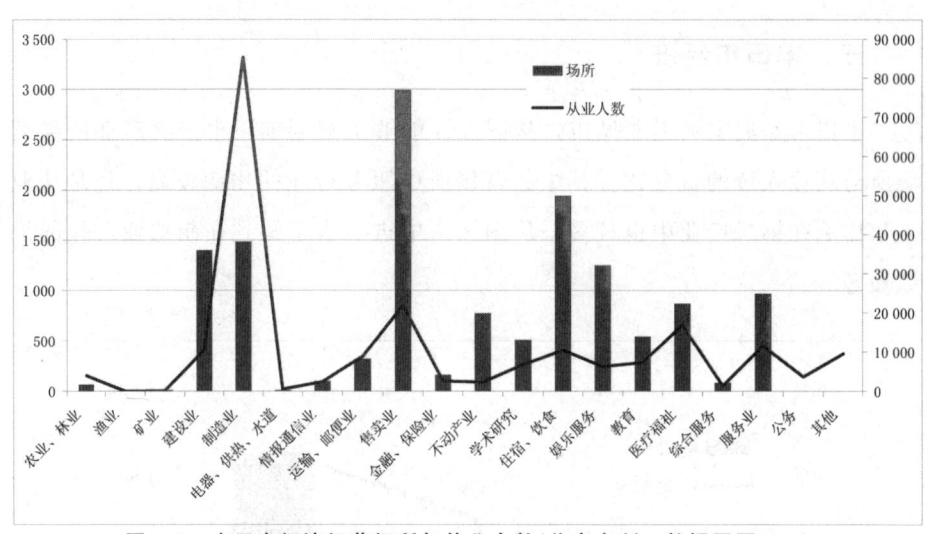

产业地域典型社区协同治理研究——基于日本丰田市的个案分析

图3.7 丰田市经济经营场所与从业人数(作者自制，数据同图3.6)

丰田市是日本典型的工业城市，在工业方面，据丰田市政府统计，截至2017年全市共有835个工厂，从业人员有114 528人，制造品上市额为142 463亿日元，附加价值额36 484亿日元。从工厂类别看，输送机械工厂占23.5%，其次是生产用机械工厂占15%，再次是金属制品厂占12.9%。从从业者比例来看，在输送机械厂工作的人最多，占77%。从上市额来看，输送机械厂占94%，远远大于其他工厂的上市额。除此之外，截至2017年市内有354所汽车关联企业，占全市企业的42.4%，从业人数98 546人，占全市企业劳动者的86%，制造品销售额为137 805亿日元，占总销售额的96.7%。①自1977年以来，丰田市所在爱知县制造品上市额和附加价值额一直保持全国第一位，而丰田市则在爱知县内遥遥领先于其他地区(见表3.1)。

---

① 丰田市の工业.平成29年工业统计调查结果报告书[R].2017.

第三章 "企业城下町"的形成与其特点

表 3.1 2018 年爱知县工业发展前五地区

顺位	事业所数				从业者数			
	市町村	(事业所)	前年比(%)	成比(%)	市町村	(人)	前年比(%)	成比(%)
1	名古屋市	3 623	△1.9	23.3	丰田市	114 974	0.4	13.6
2	丰田市	816	△2.3	4.2	名古屋市	95 601	△1.1	11.3
3	一宫市	773	△3.7	5.0	安城市	48 551	4.8	5.8
4	丰桥市	719	△2.4	4.6	刈谷市	48 345	△0.5	5.7
5	冈崎市	677	△1.5	4.3	冈崎市	47 070	△7.2	5.6

顺位	制造品出荷额等				附加额			
	市町村	(亿日元)	前年比(%)	成比(%)	市町村	(亿日元)	前年比(%)	成比(%)
1	丰田市	145 903	2.4	31.1	丰田市	38 077	4.4	27.9
2	名古屋市	34 904	3.8	7.4	名古屋市	11 913	9.8	8.7
3	冈崎市	23 453	13.0	5.0	安城市	7 461	7.6	5.5
4	安城市	22 840	8.3	4.9	田原市	6 118	△1.9	4.5
5	田原市	19 992	12.0	4.3	冈崎市	5 867	22.3	4.3

出处：平成 30 年(2018 年)爱知县工业统计调查结果[R]. 2019 年 6 月公开：42.

第二节 丰田市的社会特点

一、空间特点

如上所述，丰田市于 2005 年合并周边 6 个地区，成为面积为 918.47 平方千米的"低密分散型"地域社会特征。由于合并的周边地区人口稀少，土地面积广，一方面加剧了地区之间人口数量的差异，出现了人口密度小或无人口的町，另一方面也加剧了城市基础设施建设成本。从 2017 年丰田市人口的统计数据可得知，人口最多的净水町有 11 015 人，而大藏连町等 19 个地区人口少于 15 人，甚至川端町等 9 个町则没有人，由此能看出不同地区人口差异。从人口密度来看，神明町人口密度最高，达到 14 452 人/平方千米，美和町和保见之丘也分别达到 12 843 人/平方千米和 11 241 人/平方千米。但是人口密度最小的牛地町只有 1 人/平方千米,另外还有 19 个人口密度少于 12 人/平方千米的地区。由此能够看出,丰田市人口分布不平均,城市内还存在"过疏"地域进而对城市建设提出了更多课题。首先,从"静"的角度来看,人口"过疏"地域的水、电等基础设施建设提高了政府的财政投入。并且,由于"过疏"地域多位于深山等地区,增加了建设成本。其次,从"动"的角度来看,政府无法满足人口"过疏"地域对公交、道路等移动工具和基础设施的需求,进而也出现了"行动难民"等社会问题。综上,丰田市随着合并周边地区形成了"低密分散型"地域社会特征,这虽然增加了城市自然资源,但是出现了很多新的社会治理课题,增加了政府的财政支出。

二、人口结构

(一)超高龄社会的形成。世界上一般将老龄化率超过 7% 称为"老龄化社会",超过 14% 称为"老龄社会",超过 20% 称为"超高龄社会"。截至 2019 年 6 月,丰田市人口有 426 457 人,其中 15 岁以下人口占 13.8%,15～64 岁人口占 63.6%,65 岁以上人口占 22.6%,90 岁以上人口占 1.1%。由此,丰田市也已步入老龄化社会。从不同地区的 65 岁以上老年人的比例来看,举母地区 19.17%、高桥地区 24.86%、上乡地区 22.63%、高冈地区 20.87%、猿投地区 21.73%、松平地区 22.84%、藤冈地区 18.22%、小原地区 37.58%、足助地区 38.77%、下山地区 29.78%、旭地区 44.34%、稻武地区 45.65%。由此能够了解到,除举母地区和藤冈地区少于 20% 之外,其他地区都已步入超高龄社会。尤其,丰田市东北部偏远地区,如小原、足助、下山、旭、稻武地区等五个地区超过 35%,最高达到了 45.65%。所以,高龄化问题是丰田市遇到的社会课题之一,这一问题也是日本全国现今的重要课题之一,具有普遍意义。

(二)外国人聚集与社区融入。据 2019 年统计,丰田市外国人有 17 987 人,其中男 9 219 人,女 8 759 人。其中巴西人最多有 6 609 人,其次是中国人 2 760 人,越南 1918 人,菲律宾 1914 人,韩国和朝鲜 1201 人。从地区分布来看,保见地区外国人口最多,有 4 448 人,其中巴西人 3 678 人,秘鲁人

211人、越南129人。其中B社区人口共有7 296人,其中日本人3 221人占总人口的44.1%,外国人4 075人占55.9%(巴西人3 599人占49.3%)。[①] 由此,保健地区的外国人聚集与社区融入问题成为社区治理的重要课题。

(三)居民的定住化与社区意识的形塑。从丰田市人口统计数据和D社区的调研中了解到,居民逐渐出现定住化趋势,居民之间形成了稳定的邻里关系。这对社区意识的形塑以及社区活动的展开具有重要的意义。社区居民的社会属性和社区参与,将在书中第五章展开分析,在此不再赘述。

三、组织特征

(一)丰富的财政收入,有助于针对社区治理的资金投入。从上述丰田市经济中能够了解到,丰田市的制造品上市额和附加额价值多年来一直位于全国之最,进而具有充足的财政资金。在书中第四章中对政府的社区参与与提出的社区项目进行介绍和分析,从中能了解到政府丰富的资金支持促进了行政组织、社区组织以及社会组织等多元主体的社区参与。

(二)针对地域社会治理,政府有专门的部门"地域振兴部",主要负责地域社会治理工作,分为地域振兴课、11个支所、交通安全防范课、防灾对策课等部门。其中"地域振兴课"主要负责社区、自治区组织、环境美化、都市内分权、地域会议、"Wakuwaku项目"[②]以及其他针对过疏对策相关的工作。由此,丰田市政府中有专门负责跟社区对接的部门,能够专事专办促进社区治理的有效展开。在调研中也了解到,地域振兴课的工作人员也会积极参与到社区展开的活动中,拉近了政府与社区之间的联结。

(三)成熟的居民自治组织,不仅形成了理论意义上的"共同体",也能够作为一个主体与政府和其他组织进行互动。从社区的组织结构以及开展的活动内容可以得知,地域社会中有成熟的组织机构,对社区起到统合性作用,也能代表社区与政府和其他组织进行互动,保障了社区居民的利益。笔者认为,成熟的社区组织对于社区治理具有重要的意义,自治区(町委会)不仅成

---

① 丰田市经济战略部国际社区营造推进课.丰田市外国人统计数据[R].2019.
② わくわく表示一种欢快、开心的状态。

为政府与居民之间上下联动的桥梁,也是居民与居民以及居民自治组织与社会组织之间横向联动的枢纽,进而保障了居民的利益,代表了社区,承接了项目,建立了平等的协同治理模式。

第三节 "企业城下町"的形成与转型

地域社会指的是地域内政治、经济、文化、生活融为一体的,具有自身特点的社会。了解特大企业的发展脉络以及其与地域社会的关系,能够有助于了解地域社会的空间形成以及企业对社区治理的影响。丰田汽车公司是二战后发展起来的企业,对丰田市的影响是全方位的,进而具有"企业城下町"特点。为了了解地域社会的特点以及地域社会中微观的社区治理特点,有必要对当地特大企业的发展和特大企业与地域社会之间的关系进行分析和阐述。

一、丰田汽车公司的发展与现状

丰田汽车公司(トヨタ自動車株式会社,本文简称为丰田汽车公司)创立于1937年,于1938年在爱知县举母市(现丰田市)建设举母工厂(现该社工厂)。二战后,在全国快速工业化背景下,丰田汽车公司也得到快速发展。丰田汽车公司从1959年开始相继建设元町工厂、上乡工厂(1965)、高冈工厂(1966)、堤工厂(1970)、下山工厂(1975)、贞宝工厂(1986)、广濑工厂(1989)。1937年,丰田喜一郎在丰田市(当时举母町)成立了丰田汽车工业公司,本金为1 200万日元。1950年成立丰田汽车销售公司,并于1982年将丰田汽车工业公司与丰田汽车销售公司合并为丰田汽车公司。丰田汽车公司在多年的发展过程中,实现了稳步增长,其间虽然也经受了金融危机的影响,但其后又实现稳步增长。2018年丰田汽车公司在全球生产总量为888.6万辆,海外的汽车生产量实现了飞跃式发展。截至2019年,丰田汽车公司从业人员有74 515人,丰田汽车关联企业中从业人员370 870人。

针对丰田汽车公司的经营理念和发展经验,学者们展开了诸多研究。浅井卯一从以下四点分析了丰田汽车公司迅速实现资本积累并取得惊人发展的原因。第一，丰田汽车公司的"准时生产"和"自动化"的生产方式有效地实现了多品种、少量、订单生产型的生产。第二，在日本中部西三河地区，与下属相关企业建立阶层化结构，促进了企业运行的低成本和高利润。在爱知县围绕着丰田汽车公司已经形成了巨大的企业群。这些企业可以分为三类：第一类是给丰田汽车公司提供产品的新日铁、住友橡胶等大公司，这类企业与丰田汽车公司具有水平关系；第二类是日本电装、丰田车体、丰田自动织布机等公司，这类企业与丰田汽车公司在资本和人力资源方面具有重要协作关系；第三类是直接属于丰田汽车公司或间接提供零部件的关联企业，这类企业以中小企业以及家庭作坊为主，员工的收入较低且不稳定，其中女性员工也较多。由此，上述金字塔阶层式的企业群为丰田汽车公司压低成本保持高利润的重要原因之一。第三，以1962年的"劳使宣言"发布为起点的劳使协调关系的确立以及以此为基础的劳务管理取得了成功。1962年2月24日，劳使之间在以下三个方面达成共识：1. 通过发展汽车产业促进国民经济的发展；2. 劳务关系以劳务间的相互信赖为基础；3. 通过提高劳动生产率来实现企业发展及改善劳动条件。也就是说劳务双方都接受了员工生活的安定与提高应以企业发展为前提的方针，而正是这种思想支撑了丰田汽车公司持续稳定的发展。从1962年开始丰田汽车公司没有再发生过群体性的劳使纠纷，劳使双方在利益诉求上基本保持一致。第四，丰田汽车公司对丰田地域社会的支配、垄断以及独占也是重要的原因。[①] 因此，丰田汽车公司的成功不仅在于独创的生产和管理方式，也在于丰田汽车公司在发展过程中巧妙利用了地域资源而形成了某种对于地域社会的支配甚至垄断。[②]

二、地域独占与"企业城下町"的形成

针对丰田汽车公司和地域社会之间的关系，研究者们以20世纪八九十年代为分水岭，出现了两种研究路径。自丰田汽车公司的成立到20世纪80年

[①] 浅井卯一. トヨタ企業集団の高蓄積と地域の配置[M]//トヨタと地域社会. 東京：大月書店. 1987：43-48. 转引自：郑南. 丰田公司的发展与地域社会——以先行研究为基础[J]. 现代日本经济. 2013(6)：76-85.

[②] 郑南. 丰田公司的发展与地域社会——以先行研究为基础[J]. 现代日本经济. 2013(6)：76-85.

代是丰田汽车公司的快速发展时期，也是利用地域资源浸透地方政治的过程，从而被认为是"地域独占"时期，也由此出现了"企业城下町"的表述。自八九十年代起，丰田汽车公司逐渐成熟，再通过海外市场的开发，与地域社会之间形成了良好的"社会交换"关系，形成了良好的发展时期。丰田汽车公司通过支援和支持地方社会建设，促进了企业社会责任，改善了企业与地域社会之间的关系。

都丸泰助等人从多维度展开了丰田汽车公司"地域独占"的研究。在著作第3章和第5章分别对地域合并、土地开发和地方政治等多方面展开分析，对丰田公司建厂期间的土地取得、交通利用和独占、工厂诱致条例下的优惠政策等多方面展开了分析。[①] 针对丰田汽车公司与地方政治的关系，都丸泰助与远藤宏一等人认为可分为四个不同阶段。第一阶段为1945年至1950年的政治不介入阶段。二战后，丰田汽车公司处于生产恢复期，企业主要将精力放在企业经营上，而没有顾及地方政治。第二阶段为1951年至1964年的确立支配举母地区地方政治的阶段。这一阶段，公司逐渐摆脱经济危机，给介入政治提供了条件。在1951年的地方选举中，总公司有8人进入到举母市议会，包括关联企业背景的人，议员会的30人里共有11个丰田汽车公司背景的议员，从而掌握了地方政治的支配权。第三阶段为1964年至20世纪70年代中期是支配强化阶段。1964年丰田汽车公司背景的市长诞生，一直连任12年市长，与此同时不断向县议会和国会送出自己的代表，也不断强化了本地的市议会活动。第四阶段以1976年2月丰田汽车公司直系市长下台和制定《第三次丰田市综合计划》为止。这一阶段，虽然没有明显地介入地方政治，但是丰田汽车公司在教育、文化、生活方面等多方面一起参与到地域社会的管理和城市建设之中。[②] 从职业生活研究会的研究来看，地域支配分为三个阶段。首先是1960年代，丰田汽车公司浸透市行政阶段。其次是20世纪70年代，地域生活管理的阶段。最后是20世纪80年代，企业都市的确立阶段。

---

① 远藤宏一. トヨタ企业集団の「地域独占」の诸相[M]//トヨタと地域社会. 东京：大月书店，1987：122-141.

② 都丸泰助、远藤宏一. トヨタ企业体の「地域支配」のメカニズムとその特质[M]//トヨタと地域社会. 东京：大月书店，1987：278-283.

由此，20世纪80年代之前的丰田汽车公司的研究，主要表现在公司对地域社会的独占以及企业对政治的介入等多方面。而在企业进入成熟期或稳步发展时期后，学者们对丰田市的市民活动展开观察和调研，对企业与社区治理以及企业与地域社会的关系展开了不同的研究。

针对20世纪90年代后的丰田市地域社会以及企业与市民活动等层面，丹边宣彦等人展开了多维度的研究。丹边宣彦等人认为，丰田汽车公司的发展与地域社会之间的关系历经了三个不同阶段。[①] 第一阶段是企业的"开发期"，也是与地域社会之间的紧张时期。此阶段，企业在地域社会中初步形成规模，利用地域社会的资源和条件，并大量招募企业员工，外地人与本地人之间以及企业与地域社会之间形成了紧张关系。第二阶段是企业的"成长期"，也是与地域社会之间的协作和交换关系时期。此阶段，随着企业经营的扩大以及寻求地域社会之外的联系，利用地域社会之外的资源等进而缓和与地域社会之间的紧张关系。并且，企业员工在几年时间里定居于地域社会，促进了企业员工对地域社会的融入。第三阶段是企业的"成熟期"，也是与地域社会之间社会交换的安定时期。此阶段，企业在地域社会之外，甚至在国外建厂和发展的同时，第一批进入企业的员工迎来退休时期，其"工二代"逐渐进入企业，企业与地域社会之间形成了稳定的关系。

三、企业社会责任的推动

随着20世纪五六十年代快速工业化和城市化，环境问题和公害问题成为影响居民生活质量的重要因素。在此背景下，日本各地出现了"住民运动"，反对企业的乱开发和环境破坏，使企业在企业经营的同时不得不关注企业社会责任。丰田汽车公司也在经营过程中逐渐重视了社会环境之间的平衡关系。冈村彻也对丰田汽车公司的企业社会责任展开研究，介绍了企业社会责任的背景以及具体的发展阶段。[②]

---

① 丹边宣彦，冈村彻也，山口博史. 丰田とトヨタ—产业グローバル化先进地域の现在[M]. 东京：东信堂. 2014：11.
② 冈村彻也. トヨタ自动车の地域战略と组织再编—地域社会との接点としての社会贡献活动[M]//丹边宣彦，冈村彻也，山口博史. 丰田とトヨタ—产业グローバル化先进地域の现在. 东京：东信堂. 2014：41-61.

(一)丰田汽车公司社会贡献活动的起源

丰田汽车公司的企业社会贡献活动或企业社会责任最早起源于"交通安全运动",具有"汽车企业"的特点。刚开始,"交通安全运动"并非企业社会责任,而是汽车公司与地域社会之间的"社会协力活动"。1968年4月,丰田汽车公司内部成立了"丰田汽车公司交通环境委员会",以"通过汽车建造丰富的社会"为目的,通过收集和调查交通问题,提出改善建议。于1969年4月开展"第1次交通安全运动",并迅速普及到全国各地的售卖店,成为企业社会责任的开端。

(二)社会贡献活动的组织化——丰田汽车公司财团的设立

随着汽车的大众化,交通拥堵和交通事故逐渐增多,并在噪音和尾气等公害问题逐渐突出背景下,1972年8月"中央公害对策审议会"召见丰田汽车公司,进行了有关汽车尾气问题的讨论。由此,丰田汽车公司认识到只追求经济利益而无视社会的理解和支持,无益于企业的长期发展。在此背景下,于1973年有了设立财团的设想。财团的具体内容包含三个内容。1. 交通安全、生活和自然环境领域;2. 社会福祉领域;3. 教育和文化领域。随着财团的设立,促进了"社会协力活动",开展了"绿色运动"、针对留学生的"YFU"活动等系列活动。

(三)国际化背景下的企业社会贡献活动

随着丰田汽车公司的国际化发展,于1985年12月提出进军肯德基州乔治市,但是由于当地居民对企业持有不信任感,不得不考虑企业与地域社会之间的关联。在此背景下,丰田汽车公司提出将企业经营利益的1%贡献给社会的政策,促进了企业社会责任。此后,在日本国内借鉴国外企业社会责任的发展经验,企业家之间成立了经团连,而丰田汽车公司在海外的发展较好,其社长丰田喜一郎担任了经团连副会长。并于1990年4月提出了"1%俱乐部"企业社会责任策略,促进国际文化交流、地域福祉事业等活动,形成了"良好企业市民"形象。在经团连提出"1%俱乐部"策略背景下,丰田汽车公司内部设置了"社会贡献活动委员会",丰田喜一郎担任委员长。委员会主要工作有支援文化活动、关注环境问题、促进国际交流、地域社会的贡献、协助学术研究等五个部分。

(四)企业社会责任与地域之间的关联

丰田汽车公司社会贡献活动在20世纪90年代持续扩大,在2006年将东京市丰田汽车公司的广告部和总务部合并,设置了"社会贡献推进部",继而做出表率作用,表现出"企业利益返还社会"的姿态。在企业社会责任推进过程中,企业一直注重与地域社会之间的关联,在美国、欧洲和中国等地展开了符合地域社会的教育、人才培养和环境贡献活动等。在日本国内,丰田汽车公司的企业社会责任与地域社会之间的关联有两点。一是设置在东京的"社会贡献推进部",主要开展全国范围的活动。二是设置在丰田汽车公司本部的总务部,主要开展与地域社会相关的多样化的志愿活动和其他文化、娱乐活动,也帮助当地政府建设了诸多基础设施。

综上所述,丰田汽车公司在历经"开发期""成长期"和"成熟期",在不同的发展阶段与地域社会产生了不同的社会交换关系。在企业开发期,企业利用地域社会的土地、人力资源以及行政资源,促进了资本积累,但是也出现了噪音、空气污染等负面影响。在成长期,公司逐渐认识到企业社会责任,通过多年的努力,促进了地域社会建设,缓解了与地域社会之间的冲突。在企业成熟期,第一批企业员工迎来退休,其工二代、三代逐渐进入企业,退休后的员工回归地域社会,积极参与到地域社会建设和社区参与中,促进了社区活力。

四、志愿者中心的成立与服务活动

(一)志愿者中心的成立

20世纪60年代,随着丰田汽车公司的快速发展,公司吸引了大量的外地年轻劳动力。由于当时基础设施不足,以及娱乐设施的欠缺,如何实现年轻人的社会融入成为当时重要问题。针对这一情况,日本路德教会的牧师,进言丰田汽车公司,其建议得到了公司相关领导的重视。与此同时,当时担任副社长的丰田英二的夫人丰田寿子主导成立"休息所"(憩の家),开启了志愿活动,其成员主要由丰田员工妻子以及当地农家妇女组成。后来为了促进志愿活动的组织化,于1967年4月成立了"丰田市家庭妇女志愿者"组织,丰田寿子担任了第一任会长,并在其带领下与丰田汽车公司生活协同组织家庭会建立关系，增加了志愿组织的会员，当时组织会员数一度超过了400人。后来随着企业社会责任的推进以及企业内部方针的调整，企业与地域社会之间的联系进一步加强，成立志愿者中心的呼声愈发强烈，1992年10月在开展企业内部志愿活动意识调查的基础上，于1993年5月成立了"志愿者中心"。志愿者中心在日本全国来说是第一家企业成立的志愿者组织，对象是当时的7万员工和其家属。志愿者中心的活动内容集中在三个层面：1. 启发活动；2. 情报提供；3. 活动的扩展。通过上述三个层面的活动内容，志愿者中心不仅创刊了自己的杂志，也与丰田市妇女志愿者协会、社会福祉法人全国社会福祉协议会等组织建立良好的合作关系，并开拓了诸多志愿活动主题。1995年，志愿者中心以"阪神·淡路大地震"为契机派遣了志愿者，并与NPO建立了协同关系，这在日本来说也是企业与NPO建立协同关系的创举。不仅如此，志愿者中心也组织学习小组到美国等地参观和学习福特公司的志愿者中心，提升了自身的专业性和能动性。

(二) 志愿活动的开展

志愿者中心在，开始也并非一帆风顺，由于人员数量、能力所限难以带动7万员工中的潜在志愿者，由此志愿者中心成立"企划小组"，推出了多样化志愿小组和活动企划。在此背景下，企业员工结合自身的兴趣、能力成立了诸多志愿小组。如，企划小组、翻译小组、防止家具倾倒小组、驾驶大型车友会、DIY小组、农园小组、收集小组、守护森林小组等多样化小组。以"防止家具倾倒小组"为例，其志愿服务对象主要是当地独自生活的老年群体。由于日本地震灾害较多，且在地震发生过程中很多人因为家具倾倒而受伤，所以这一小组的工作就是固定家具或合理摆放家具。在日本，房子属于非常隐私的私人领域，一般不会愿意陌生人进屋。但是在丰田市，由于丰田汽车公司的声誉较好，市民相信丰田的员工，所以这一小组的工作者每次都能够顺利进屋提供志愿服务，丰田汽车公司每年也会提供30万日元的支持资金。又以"守护森林小组"为例，在丰田市合并周边町村过程中市域内增加了很多山地，在此背景下志愿者们集结起来，参与森林防护志愿服务，促进了环境保护。如此，志愿者中心的成立以及多样化志愿活动的开展，对地域社会产生了积极影响。有学者认为，企业与地域社会之间建立了双重关系，一方面促进了企业对地域社会、个人和团体的志愿服务，另一方面企业也从这类主体获得认可和信任。①

第四节 "丰田人"的群体特征及地域生活

在此所述"丰田人"是指现在或以前是丰田汽车公司的员工。由于丰田市内丰田汽车公司员工分布较广，且在多年的企业文化熏陶背景下形成了具有自身特点的群体。理解"丰田人"的群体特征以及社区参与情况，是理解丰田市社区协同治理的关键因素。由于笔者精力有限，未能开展调查问卷，所以这一节内容主要以现有文献为基础，总结"丰田人"的特征以及其地域生活情况。②

一、"丰田人"的地域生活

从调研数据来看，工作单位选择丰田汽车公司的人占20%（男29%/女5%）、丰田汽车关联企业的人占22%（男27%/女14%）、其他占58%（男44%/女80%）。从工作情况来看，丰田汽车公司和关联企业中有正式工作的男性比例较高，而其妻子无工作的比例相对较高，分别有56%和47.6%，由此能够看出丰田汽车公司和关联公司的员工主要由男性组成，其家庭结构表现出"夫工作、妻无工作"的特征。从居住年数来看，丰田市内居住年数男33.9%年、女30.5%年，现住地居住年数男20.6%年、女19.1%年，能够看出较高的定住化趋势，从本章第一节人口特征分析中也了解到丰田市内人口流动性较小。与此同时从有正式工作的群体来看，工作地在丰田市内的占男

---

① 岡村徹也. トヨタ自動車のボランティア活動—トヨタボランティアセンターの活動とその担い手をめぐって[M]//丹辺宣彦, 岡村徹也, 山口博史. 豊田とトヨタ—産業グローバル化先進地域の現在. 東京: 東信堂. 2014: 237-260.

② 这一节内容主要以名古屋大学社会学系师生展开的调研数据和出版的相关书籍和报告为基础。调研数据是2009年展开的"丰田市的社区营造与市民活动"调查（调查对象：旧市域居住的30～69岁的成年男女；调查方式：自填式问卷、邮寄调查法；样本：3000，回收：1534，有效回收率：51.1%）。主要参考：丹辺宣彦, 岡村徹也, 山口博史. 豊田とトヨタ—産業グローバル化先進地域の現在[M]. 東京: 東信堂. 2014. 第4章5章和6章内容，特此说明。

74.8%、女 78.8%，尤其丰田汽车公司的员工有 93.5%的男性和 100%的女性都在本地工作，如此工作和居住稳定是"丰田人"的主要生活特征。从调研数据中了解到丰田汽车公司的员工无论对工作还是对社区的满意度都较高，选择满意和一般满意的比例达到 80%。与此同时，在对工作和社区热爱的程度选择上，丰田汽车公司的分数相比其他两个企业类型较低，但是整体来看还是维持在 70%以上。不仅如此，从职缘的比例来看，丰田汽车公司的员工在社区中有较多的同僚，也有相对稳定的友人关系。

由此，从"丰田人"的地域生活中了解到，"丰田人"大多都在本市工作，且工作较为稳定，继而形成了社区中的定住化趋势。不仅如此，由于社区中友人、职缘关系较高，且对工作和社区的满意度非常高，继而为社区参与提供了现实基础。

二、"丰田人"的社区活动参与特征及缘由

从参与社区活动的比例来看，全体调查对象中 1 年内 1 次以上社区参与比例达到 61.4%，其中有正式工作的男 56.5%、女 59.7%，非正式工作以及退休者的男 63.0%、女 66.7%。由此能够看出，丰田市市民的社区活动参与比例较高。从企业类型来看，丰田汽车公司中的男性在 1 年以内参与社区活动比例达到 68%，这相比关联企业男性的 52.1%和其他企业男性的 53.8%要高。由此也能了解到，丰田汽车公司中的上班族的社区活动参与比例较高，具有丰田的独特性。由于女性的上班比例和调研样本较少，在此不展开分析。

为了回答为什么丰田汽车公司的男性参与社区活动比例高这一问题，丹边宣彦、郑南等人结合定量数据和访谈资料给出了答案。从数据分析中得出如下结论：1. 社区活动参与中退休因素不显著，即上班族的社区参与比例同样较高；2. 对全体男性来说，近邻关系和社会贡献意识等指标较为显著；3. 对上述两个指标重回归分析得知，社区中的居住年数、社区中的职缘关系促进了居民的近邻关系，虽然上班指标有碍于近邻关系，但是对工作的满意度以及社区中的职缘关系抑制上班指标，继而促进了近邻关系；4. 社区中的居住年数、职缘关系以及对工作的满意等因素也是促进社会贡献意识的重要指标。由此，居民的定住化、稳定的职缘关系以及对工作的满意度等因素是促

进在"丰田男人"的社区活动参与的重要指标。

丰田汽车公司在地域社会中推进的企业社会责任以及志愿服务对居民的社区参与有何影响呢？在分析"企业组织活动参与"与"社区活动参与"二者之间的相关性，得出如下结论：1. 如同上述，"丰田男人"的团体参与比例也相对较高，达50.2%，其中年轻人参与企业组织的活动比例较高，而随着年龄增长参与自治区的活动比例逐渐增高；2. 虽然"丰田男人"参与企业组织开展的活动比例相比其他企业要高，但是差距较小；3. 参与企业组织活动与参与社区活动相关性分析也了解到，虽然"丰田男人"得分较高，但是与关联企业和其他企业的差距较小。如此，影响"丰田男人"社区活动参与的因素是社区中的居住年数、职缘关系以及对工作的热爱和稳定的地缘关系等，而企业的影响较小。但是，通过访谈材料了解到数字背后隐藏的，企业对于居民社区活动参与的影响。如工作中养成的工作方式、组织能力以及个人的社会资本等因素的确对参与社区活动具有较高的影响。[①]

第五节　本章小结

从空间特征来看，丰田市是"低密分散型"城市空间，其人口主要集中在企业工厂所在区域，而后来合并的城市周边地区人口较少。在人口密集的社区中，交通问题、环境问题是社区治理的重要内容，而边缘地区公共交通、地域振兴等问题成为社区治理的重要内容。从人口特征来看，一方面人口老龄化问题逐渐凸显，成为当地社区治理难题；另一方面，在劳动力减少背景下，外国人口的聚集也形塑了社区混住化、社区融入等难题。从组织特征来看，基于大型企业的发展影响，市财政的资金来源充足，有助于为基层社会治理提供丰富的财力支持。

丰田市是典型的产业地区，丰田市的发展与丰田汽车公司的发展具有重

---

① 丹辺宣彦，鄭南. 自动车产业就业者の地域生活[M]//丹辺宣彦、岡村徹也、山口博史. 丰田とトヨタ—产业グローバル化先进地域の现在. 东京：东信堂. 2014：106-134.

要关联。基于丹边宣彦等人的研究可将企业与地域社会二者之间的关系分为开发期、成长期和成熟期。开发期是企业立地和开发的初期，此时企业将与自己有关的议员输送到丰田市议员会中，继而从丰田市政府得到政策优惠，在丰田市市域利用土地、水利等自然资源为企业的发展建构了基础。对此都丸泰助等人将其定义为"地域独占"，对其独占的具体事例展开了细致的研究。在企业成长期，企业逐渐形成规模并得到发展，与地域社会形成了良好的协作和社会交换关系，也促进企业员工的社区融入、新旧居民的社会交流，推进了新型社区的形成与其稳定发展。在成熟期，企业与地域社会建构更为紧密的社会关系，并结合国外发展经验，建构企业社会责任推进中心，开展多样化企业社会责任活动，加强了企业与地域社会之间的关系，促进了对地域社会的多样化志愿服务。并且，随着第一代企业员工退休期的到来，居民逐渐从职场转为生活场域，积极参与社区活动，促进了社区治理。现在，丰田汽车公司与地域社会之间的关系逐渐被隐藏，企业的因素没有明显地促进或抑制居民的社区参与，但是企业的稳定发展、"工作—生活"的相关联以及稳定的"地缘—职缘"关系促进了居民的社区参与，也为多元主体的协同治理提供了现实基础。

第四章　社区治理中的行政参与及"协同"关系建构

　　中国的社会治理体系中自上而下的政府管理或行政参与一直是社区治理重要的组成部分。现在，如何实现地方政府有效、合理地参与社区治理也成为创新社会治理的应有之义。在日本的社会治理实践中，政府从未缺席基层社会治理，发挥了重要作用。由此，明确社区治理中政府或行政组织的参与情况是分析社区治理的不可或缺的内容。另一方面，随着协同治理理念的深化，多元主体的社会治理参与也成为时代背景。其中围绕政府建构多元主体之间的"协同"关系成为丰田市的重要特点。所以，在分析丰田市政府的社区治理参与特点的基础上进一步分析围绕政府建构的"协同治理"概念具有重要的研究意义。[①]

第一节　社区治理转型中的行政力量

　　正如日本学者总结，日本地域共同历经了"内部化""外部化""再内部化""多元化"发展路径[②]；又如国内学者所言，日本"町委会"历经了"行政末端"

---

　　① 这一部分内容节选自导师与笔者共同发表的《建构基层社区"协同治理"机制的启示—基于日本丰田市社会调研的分析》一文。
　　② 高桥英博. 共同の战后史とゆくえ—地域生活圈自治への道しるべ[M]. 东京：御茶の水书房刊. 2010.

"半官半民"以及"准市民团体"三个阶段[①]。在多年的社区治理转型过程中,政府或行政部门从未缺席,但是不同时期参与方式以及参与力度等有所差异。

如第二章所示,明治时代对日本产生了重要影响。在以天皇为尊的君主立宪制政权建立之后,加强对地方以及基层社会的治理,以町委会为首的居民组织成为行政末端组织,需要接受行政部门的管理。中央对地方以及对基层社会具有完全的统治权力。但是与政府的统治相异,社区中的公共服务主要是以社区自给自足为主,行政部门以及市场部门的参与较少。由此形成了一种政府统治下的自给自足服务模式。

20世纪50年代快速城市化、工业化时期,在城乡流动性增强、传统共同体式微背景下,社区中自给自足能力逐渐下降,居民不得不依赖社区之外的行政部门和市场部门的公共服务,表现出外部化的共同特征。此时,为了发展经济,以政府为主导开设工厂、开发商品房,政府主要促进了基层社会硬件的建设职能。与此对应,基层社会的软件,即居民之间的互帮互助精神以及道德文明等层面逐渐落后,社区"共同性"流失、"住民运动"的相继出现,政府职能转变成为可能。在此背景下,政府发出《社区:生活场所的人性之恢复》一文,调整了政府的社区参与方式以及居民自治组织的社区治理方式。一方面,政府主导建设公园、公民馆等硬件;另一方面又将诸多社区管理事务还给居民,软件建设职能落到居民自己手中。田晓虹将其看作是"半官半民"性质。能够发现,相比于二战之前的统治模式,这一阶段是一种管理和建设性质,统治色彩逐渐减弱,而建设意涵逐渐增强。

到了20世纪90年代,经济发展减缓而社会问题增多,"政府失灵"问题出现,政府朝"小政府、大社会"方向发展,为NPO等社会组织的发展提供了时代契机。由此,政府的社区参与进一步减缩,而大力促进了社会组织的社会治理参与。此时,一方面中央政府逐渐减少对地方社会的投资,而另一方面地方社会的自治权力逐渐增强,保障了地方政府的主导性。但是,由于地方发展相异,出现了发展的差距。如丰田市内企业发展得较好,其财政收入

---

① 田晓虹. 从日本"町委会"的走向看国家与社会关系演变的东亚路径[J]. 社会科学. 2004(3): 64-72.

全国名列前茅，对基层社会的支持力度相对较强；而偏远的农山渔村等地方政府的能力则相对较弱，很难有能力投入到基层社会治理中，需要加大力度支持。

综上，可以从日本社区治理转型路径了解到，政府的社区治理参与形塑了"统治—管理—治理"的发展脉络。以地方自治为主导的现在，各地方政府的社区治理参与程度、方式都表现出较大差异。但是，对于丰田市来说，政府的协同治理网络与对社区治理的多样化支持，极大促进了当地社区协同治理的开展。

第二节 丰田市政府的社区治理参与

一、"制度化"路径

（一）颁布社区建设条例

日本自 1998 年实施《NPO 法》之后全国范围内社会组织数量逐渐增多，成为弥补政府和居民自治组织的不足以及提供社会服务的重要组成部分。在此背景下，丰田市"社会贡献活动促进协议会"于 2002 年提出《关于推进市民和行政的协动》议案，强调了社会组织和政府之间的平等立场和协动关系。在2005 年又以合并周边 6 个地区为契机，制定"社区建设三条例"（社区建设基本条例、地域自治区条例、市民活动促进条例），促进了社区协同治理机制的建构和多元主体的发展。

（二）制定社区治理手册，明确居民自治组织类型

丰田市地域支援课是制定社区治理手册，负责社区治理运营事务的部门。现在社区治理手册（地区コミュニティ会议运营の手引）也成为明确各主体边界、认识社区治理内涵、开展社区治理的重要依据。社区治理手册共有 5 个部分，分别是组织定位、社区治理支援制度、社区治理文书、社区治理会计、参考资料。以组织定位为例，不仅明确了各组织的活动范围、职能以及相互之间的关系。如表 4.1 是社区内多元主体的类型、功能以及对应的课题。其

中自治区、地区区长会和社区会议是居民自治组织,主要功能和任务是通过开展社区活动促进居民的社区参与,又通过多样化平台促进居民自治组织之间的交流。地域会议是行政组织,具有收集居民意见、向政府提出政策建议以及对社区项目进行监督和审核职能,是政府与居民之间的桥梁。

表 4.1 丰田市社区治理主体分类

分类	居民自治组织			行政组织
	自治区	地区区长会	社区会议	地域会议
	唤起居民自主意识,促进居民相互之间的信赖关系和协力关系的居民自治组织			收集和调整居民意见,促进"都市内分权"
任务	基础的地域自治功能			收集居民意见,提出建议
	居民自治的基层单元;促进地域连带感	促进自治区之间的联结(意见交流、信息互通);解决广域的课题	探讨地域问题、促进组织之间的交流,监督社区活动	社区项目的申请与监督;地域预算提案项目与Wakuwaku项目
对应课题	居民能够自己解决的基础课题			行政机关参与的课题
	接近生活的课题	自治区之间联结的课题	地域组织横向交流和解决各种地域课题。	居民自身无法解决的课题;基于调研形成的课题。
工作例子	防灾、预防犯罪环境美化设施管理等	减少犯罪 自主防灾 垃圾分类管理	青少年成长 地域福祉 垃圾管理 文化活动	地域生活维护;继承地域历史、传统、文化;促进地域安心、安全活动;促进地域健康;促进地域活性化等。
范围	日常生活圈			中学校区单位

资料:丰田市地域支援课. 地区コミュニティ会议运营の手引[Z]. 2018.

1. 自治区。丰田市将"自治会""町委会"表述为"自治区",是以小学校区

第四章 社区治理中的行政参与及"协同"关系建构

为范围的居民自治组织,而"地区区长会"是以中学校区为范围的,由各自治区主席组成的居民自治组织。二战结束后在日本全国取消"町委会"的背景下,基层社会中导入了"驻在员制度"。丰田市于1951年导入"驻在员制度",在1960年将其更名为"行政区",后来又在全国范围注重社区建设的背景下,为了突出其自治性质,于1974年更名为"自治区"。与此同时,在废止"驻在员制度"时,将"举母市自治振兴会"改名为"丰田市区长会",为各自治区之间的交流提供了基础。现在丰田市共有301个自治区。

2. 社区会议。"社区会议"是由各类社区社会组织成员组成的居民自治组织。自20世纪60年代开始,丰田汽车公司逐渐发展壮大,市内聚集了大量的新住民,在此背景下,为了促进新旧居民之间的交流而成立了社区会议。1998年开始"地区区长会"会长和"社区会议"议长由同一人担任,社区会议主要有促进各类组织之间的交流和情报共享功能。

3. 地缘型团体。地缘型团体是居民成立的自治组织,可分为老人会、儿童会、妇人会等传统型社区社会组织和运动、娱乐、志愿型等多样化的组织。这类组织与自治区具有紧密的关联,是其重要的组成部分。

(三)成立"地域会议",确立项目运作基础

如上述表4.1所示,社区治理手册也明确了独特性的组织,地域会议。"地域会议"是为了收集社区居民的意见,向上反映情报和提出政策建议的行政组织,现以中学校区为单位共有28个组织。一个地域会议由20名委员组成,委员属于地方公务员,但是没有报酬,委员主要从各自治区和各类公共团体中推荐或公选。

地域会议是在广域社区中成立的行政组织。这一组织的成立具有三个功能。首先,地域会议能够成为"社区精英"或积极分子参与社区治理的重要平台,给予其地方公务员身份,促进其对社区的关系;其次,地域会议能够收集社区问题并形成共识,继而为市长及各行政组织提供一手资料,具有较高的针对性,避免政策与现实的脱离;再次,政府或各行政部门可以通过地域会议开展社区项目、筛选社区项目、监督社区项目开展、评估各类项目成效,继而保障了项目的有效开展,而避免了行政工作的增多。

二、"项目制"嵌入

丰田市政府不仅通过制度化方式明确了社区内各组织的职能,也为项目制参与提供了制度基础。当前丰田市政府以多样化项目方式参与社区治理,促进了各主体的积极性,发挥了重要功能。下面将以持续性开展的,具有特点的"地域预算提案项目"和"Wakuwaku 项目"为例进行分析。

(一)地方预算提案项目

"地域预算提案项目"的内容是地域会议议员通过问卷调查、走访观察以及与各类居民自治组织成员或居民进行交流和协商的基础上,收集社区问题、讨论社区议题、寻求解决方法,并向市里反映社区共识。每个地域会议每年有 2 000 万日元为限额的项目资金。表 4.2 是这一项目 2014－2018 年五年项目种类、数量和费用明细。为了更直观地了解这五年项目数量和新增情况,笔者结合表 4.2 数据制作了图 4.1,从中能够了解到自治振兴、防灾对策、健康增进和预防犯罪对策等四个项目较多,且前三项在这 5 年都实现了增长。从图 4.2 能够发现,开展项目的年数从 2 年至 10 年不等,由此能够看出不同项目之间的差异,也能看出项目具有可持续性。

表 4.2 丰田市 2014—2018 年"地方预算提案项目"统计

年份	2018		2017		2016		2015		2014	
种类	总数	新增	总数	新增	总数	新增	总数	新增	总数	新增
防犯对策	6	1	9	1	7	1	8	1	9	2
健康增进	8	2	6	0	7	3	8	0	10	4
观光交流	9	3	7	2	6	2	6	1	6	0
交通安全	6	1	7	1	8	3	6	0	8	2
定住对策	5	0	6	0	6	1	9	0	9	0
环境对策	3	1	2	1	2	1	2	0	3	0
高龄福祉	4	1	2	1	2	1	2	0	4	1
农业振兴	2	0	2	0	3	1	2	0	2	0
自治振兴	10	3	9	5	7	1	9	2	9	6
文化活动	2	0	3	1	1	0	2	1	2	1

续表

公共交通	0	0	0	0	0	0	0	0	1	0
防灾对策	10	0	10	4	8	3	8	4	5	3
森林再生	0	0	0	0	0	0	0	0	0	0
产业振兴	1	1	0	0	0	0	0	0	0	0
数量	66	13	64	15	60	18	62	9	68	19
管理费/千日元	3 024		2 658		896		764		1 234	
总预算/千日元	241 703		174 893		123 208		122 860		150 993	

资料：2019年3月22日丰田市地域振兴课调研材料。

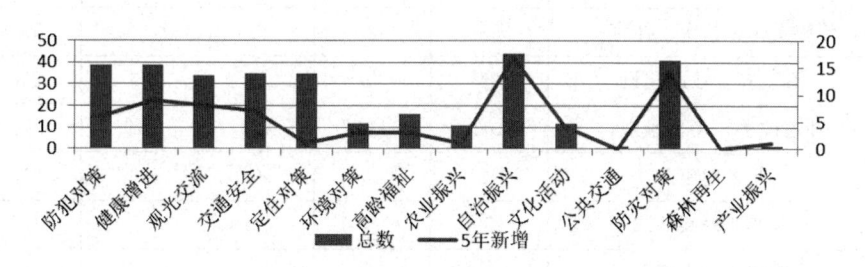

图 4.1　丰田市"地域预算提案项目"近 5 年总数和增长数

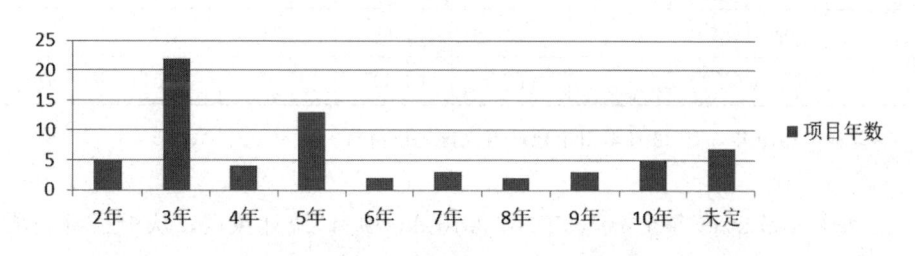

图 4.2　丰田市"地域预算提案项目"开展年数(2018 年数据)

(二)Wakuwaku 项目

"Wakuwaku 项目"是以有效运用地域资源(人、文化、历史等)，以解决本地区问题和促进本地区繁荣为目的的地域活动支援制度。申请项目时必须满足以下要求：1.须由 5 个人以上构成；2.组织活动在本地区被多数居民支持和认可；3.不以政治、宗教和营利为目的；4.经费必须直接用于项目本身而不能用在维持组织运营。资助项目主要有以下 8 个领域：1.医疗保健或促进福祉的活动；2. 振兴本地区的传统文化、民间艺术和体育的活动；3. 促进安全的地区建设的活动；4. 改善本地区的生活环境、美化景观以及保护自然环境的活动；5. 促进儿童健康成长的活动；6. 利用本地区优势的产业振兴活动；7. 为地区建设提案的活动；8. 其他有个性的促进地区建设的活动等。每个地域会议每年有 500 万日元为限的项目资金，地域会议在审查项目时会特别注重组织的公益性、自立性、效率性和市民的认可。

表 4.3　丰田市 2014—2018 年"Wakuwaku 项目"统计

年份	2018	2017	2016	2015	2014
保健、医疗、福祉	25	20	13	10	18
传统文化、艺术、体育	55	66	62	57	53
安心、安全社区建设	25	23	21	27	25
环境改善、美化景观	102	115	123	119	122
儿童健康	48	40	49	36	37
产业振兴	5	5	4	2	3
地域建设提案	1	1	0	0	1
其他个项活动	26	20	19	14	15
活动总数	287	290	291	265	274
投入资金(千日元)	88 259	84 305	87 553	79 211	77 765

资料：2019 年 3 月 22 日丰田市地域振兴课调研材料。

表 4.3 是 2014 年至 2018 年"Wakuwaku 项目"统计数据，从中了解到项目总数近两年有所减少，但是个别项目，如保健、医疗、福祉与儿童健康等项目具有稳步增长趋势，这与少子高龄化的社会背景具有重要关联。图 4.3 是项目自 2005 年开展至今的类别与比例，从 2005 年开始到 2018 年，"Wakuwaku 项目"已经连续开展 13 年，共有 3 796 个项目获得资助，有效促进了居民的社区参与积极性，其中环境改善、传统文化和运动、儿童健康等三个项目占总数的前三，分别占 43%、21% 和 13%。

第四章 社区治理中的行政参与及"协同"关系建构

图 4.3 2005－2018 年"Wakuwaku 项目"类别与比例

从上述两个项目和实践中可以了解到，政府和居民自治组织之间形成了紧密的协同关系。一方面政府通过支持地域会议，了解社区的重点和难点课题，另一方面通过支持多样化社区社会组织参与社区治理，不仅拉近了政府与居民之间的距离，也促进了居民的多样化社区参与。

三、"非正式"参与

与上述制度化的参与和项目式嵌入相异，政府以及各行政部门人员也会以非正式方式参与社区治理，主要表现在"被邀做客""赠送礼品"等。一方面，在多年的社区治理实践中自治区主席等主体与地域支援课等部门工作者建立了紧密的互动关系，不仅有正式的工作关系，也有较紧密的私人关系。双方通过正式与非正式方式促进信息交流。另一方面，社区活动的开展不仅能够促进居民之间的交流，社区问题的解决，也是社区议员评议和晋升的重要指标。如社区内开展的重要活动时，会邀请政府或行政组织工作人员，或在开幕式讲话或参与颁奖仪式等，继而提高社区活动的知名度。

笔者曾在丰田市 D 社区参与观察中了解到，如在"社区选举""樱花祭""夏祭""秋祭"等重要活动中会邀请政府人员、高校教师、其他社区领导嘉宾等，在开幕式中介绍嘉宾的到来，欢迎嘉宾讲话，使其参与颁发礼品等活动。在议员会中参与观察了解到，开展活动之前以及开展活动之后的评估会议中，嘉宾的参与人数、方式以及单位等内容也会成为讨论和反思的内容。政府工作者的非正式参与也并不仅仅是代表个人，而是代表整个工作部门。政府工作者的非正式参与也是建立信任、促进与社区之间良好关系的重要途径。

· 107 ·

四、"授渔式"支持

除了上述直接参与之外,政府或行政部门也会间接参与社区治理,或曰吸引多元主体,多样化支持社区治理开展。如与社会组织、企业、高校建立关系,继而促进社区治理的展开。以社会组织之间的关系来看,政府提出"共动事业提案项目"和成立"市民活动中心"等方式促进社会组织的发展以及参与社区治理。

(一)共动事业提案项目

1. 背景。首先,随着少子高龄化的推进以及经济全球化,地方政府无法满足居民的多样化需求,居民的自主自立意识高涨。其次,在全国地方分权的背景下,地方政府的压力逐渐增多,政府与市民的协动成为发展方向。最后,2005年丰田市合并周边6个町村,土地面积不断扩展,需寻求符合当地的社区治理模式。2. 基本原则。首先,政府在制定政策、立案以及评价过程中需采纳市民的意见。其次,为了促进共动项目,政府和市民需相互尊重,建立对等的关系。最后,政府应公开相关情报,与市民共享。3. 目的。这一制度是为了提供多样化社会服务、充实市民活动以及构筑地域特色的社区活动而提出的政府和社会组织之间的合作与互动政策。4. 内容。制度分为"市民提案型"与"行政设定题目型"两种类型。前者是各类社会组织自由提出与政府合作的公益性事业提案,后者是由行政组织设定治理题目。前者以社会组织为主导,后者以政府为主导。5. 申请项目要求具体如表4.4。

表4.4 丰田市"共动事业提案项目"申请要求

可申请	不可申请
市内社会课题为主的公益活动	政治、宗教、营利为目的
明确的政府和团体职能,具有可行性	无公益性,服务于特定团体或个人的
具有明确合理的提案内容	把预算当成运营经费的,非事业性的
挖掘新的、独创的活动内容	从国家或其他地方公共团体得到支持的
明确的目的和未来规划	伤风败俗的、建设设施的、无明确规划的
适当的经费预算	市政府没有决定权限的、已明确关系的
申请单年度的活动经费	其他违反法律法规的

6.项目申请流程如图4.4所示,从提交申请书到最后的立项,需经历多次审核和沟通。7.公开审查会。公开审查会是筛选和前期评估的重要流程,审查员由行政工作人员和社会组织成员组成的"内部审查员"和专家学者组成的"外部审查员"两部分组成。审查内容主要包括,公益性、共动性、可实现性、创造性和效果性。共动事业提案项目强调社会组织的专业性,也强调与行政组织之间的合作与协商。

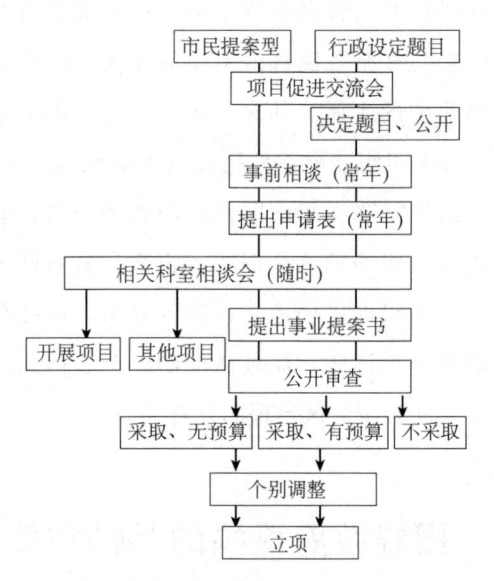

图4.4 丰田市"共动事业提案项目"申请流程

由此,针对社区外更广泛的社会课题,政府提出共动项目与社会组织建立了紧密的协动关系。截至2020年,市内开展过休闲农业、特色料理、独居老人支援、儿童教师等多种项目,如2019年的行政设定题目为"老年人火灾预防"。

(二)成立市民活动中心

为了促进社会组织之间和社会组织与居民自治组织之间的交流和协动,2002年市政府在丰田市车站前的商店中心九楼开设了"市民活动中心"。现在活动中心有相谈项目(NPO注册与发展相关)、研修和启发项目(支持和培训)、提供情报和管理(提供信息和交流信息)、社会网络项目和市民活动促进项目(开设市民活动促进委员会,市民活动协调者培育)、活动中心管理(提供会议室等)和其他辅助项目(提供项目资金)等多样活动和项目。为了促进社会组织之间的交流与协同,丰田市在2006年制定了《丰田市市民活动促进条例》,提出一系列支持政策,从组织成立到组织活动开展,促进了社会组织的培育和发展。

基于此类"授渔式"支持,社区内居民自治组织和社会组织之间建立了协同关系。首先,如上所言,居民自治组织具有较多的权利和较高能力参与社区治理中,统合社区居民参与社区治理活动,基本满足日常的生活需求。而社会组织的参与只能起到补充居民自治组织的作用,由此是一种辅助性的主体,而非社区治理最重要的主体。其次,从二者之间的关系来看,能够起到互补作用。一方面,社会组织能够弥补居民自治组织的不足,开展专业活动。另一方面,居民自治组织能够详细掌握社区问题和需求,能够较好地宣传和带动居民,能够促进社会组织的社区嵌入。再次,从协同治理实践来看,居民自治组织能够为社会组织提供场地、人员等助力,而社会组织能够连接志愿者以及社区之外的多样化资源,促进活动的展开。由此二者之间建构的是一种为了共同目标而共同参与社区治理的互补关系。

第三节 围绕政府建构的"协同"关系分析

一、政府与居民自治组织

在政府与居民自治组织之间,丰田市已经建构了如图4.5所示的协同关系。上半部分是自治机制,主要由地区区长会、自治区、社区会议和多样化社区社会组织组成。其中自治区和社区社会组织与居民的日常生活具有较强关联,是微观的社区治理机制。而地区区长会和社区会议是在更广泛范围内活动的,具有联结多个社区和多样居民自治组织的功能,是中观的社区治理机制。下半部分是行政管理机制,主要由政府基层办事机关和地域会议组成。政府基层办事机关主要负责社区的安全、福祉等整体性事务,而地域会议则主要负责社区项目的招募、审核、评估等工作,在政府和居民之间起到桥梁作用，是宏观的社区治理机制。

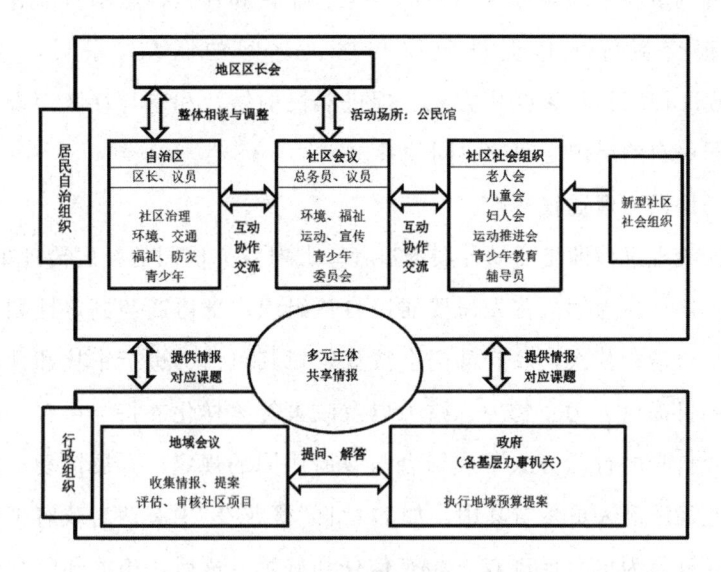

图 4.5　丰田市社区协同治理机制(资料同表 4.1)

(一)协同关系建构原则

从调研中了解到，政府与居民自治组织之间持有的是对等、自主、协商与尊重等原则。对于政府而言，居民自治组织是社区的"主人"，社区事务应该由居民自己解决，而对于居民自治组织而言，政府是其更广范围的代表者、服务者和支持者。如第二章所言，自治区等居民自治组织是法律承认的"基础自治体"，具有自身的自主性、合法性。政府在与居民自治组织接触时，也将其当作独立的主体，二者之间是平等的关系，而非上下级从属关系。这是双方建立协同关系的基础。

(二)协同关系建构类型

政府与居民自治组织之间建构的协同类型有多样性。首先，居民自治组织具有协助和辅助政府解决公共事务的义务。如承担政策宣传、环境美化、促进交通安全、垃圾分类、广场设施的管理、推荐委员、辅助各级警察事务等多种行政任务。其次，政府对居民自治组织以及对其代表人，有多样化的辅助金支持。如地域振兴事务交付金、过疏地域特别交付金、自治区活动品整备事业辅助金、区长会辅助金、社区会议辅助金等。再次，"地域会议"组织的成立为政府与居民自治组织之间的协同提供了平台。组织成员通过解答市长的咨询事项、收集社区居民的意见、监督和评估社区项目的开展、促进地域情报交流等工作促进政府与居民之间的联结。最后，政府又以"Wakuwaku项目"等多样化方式，促进居民的结社和参与社区治理，促进了政府与居民自治组织之间的协同关系。

(三)协同治理过程

协同治理过程即是活动开展的过程。针对双方协同的社区治理事务而言，以某一具体项目为例，首先需要居民自治组织内部协商与制定计划，向政府部门提交申请。其次，政府部门会按规定对其申请书进行审核和评估，再结合具体项目提供人力、物力、财力以及政策等多样化支持。再次，居民自治组织结合自身的行为方式，或结合与政府协同的规定，开展活动。具体活动中也会邀请政府人员参与其中，如D社区"樱花祭"中有两名政府工作者参与其中，这种行为也会促进双方相互信任和好感。最后，相关部门会结合活动的实际效果，对其展开评估。

总之，自治区为首的居民自治组织是社区的代表，是高度自治的。这也促进了政府与居民自治组织之间的较为稳定的协同关系，促成了政府与居民自治组织是社区治理的最重要的两个主体。另一方面，建构固定协同关系的同时，政府以多样化的项目，也促进了新型的社区社会组织的发展，有助于居民的多样化参与。

二、政府与社会组织

从社会组织的发展情况来看，与政府之间具有较深的联系。从学理性分析来看，社会组织的发展是独立于政府的，是有自主性的主体。美国学者萨拉蒙(Salamon)指出，作为第三部门的NGO具有自治性、组织性、民间性、志愿性以及非政府性，其中非政府组织的自治性是其首要的组织特性。[①] 社会组织的发展对解决"政府失灵"和"市场失灵"问题寻求了新的路径，但是社会

---

① 莱斯特·M.萨拉蒙.公共服务中的伙伴——现代福利国家中政府与非营利组织的关系[M].田凯,译.北京：商务印书馆.2008：45.

组织不是万能的，也存在诸多发展困境。其中最重要的问题有两点。一是如何保持自身的独立性和自主性。如萨拉蒙所述，非政府组织的自治性是其首要的组织特征，但是现实中社会组织与政府之间存在多种关系，难以保持自身的自主性。另一方面，社会组织的主要功能是提供服务，或者说是"赋能"。但是社会组织在运营以及提供服务时存在"志愿失灵"[①]等问题，需要得到政府等多样化组织的支持。由此，社会组织的自主性参与与政府具有重要关联，另一方面是否得到政府的支持也是社会组织发展的重要因素。社会组织与政府具有多重关系，学者指出了"政府支配模式""第三部门支配模式""双重模式"和"合作模式"等多种类型[②]。萨拉蒙的政府与社会组织的合作伙伴关系以及帕特南[③]的社会关系资本研究都是对政府与社会组织之间关系的研究。结合丰田市政府与社会组织协同政策和实践能够总结出政府与社会组织之间的协同关系建构现状。

（一）协同治理的原则。政府与社会组织之间的协同关系建构是一种对等关系，包含合作、协商、尊重、自主性、公平、透明等原则。其中，政府作为社会治理"元治理"主体，主要是协同关系建构的发起者，不仅要尊重社会组织的合法性和自主性，也应该通过透明公共以及协商的原则与社会组织建构协同关系。社会组织作为社会治理的参与者和主要行动者，不仅要提升自身专业能力，还具有对社会问题的敏感性，并需要公开活动内容、坚持资金透明等原则。

（二）协同治理的类型。政府与社会组织的协同关系建构，至少具有"政府主导、社会组织辅助""社会组织主导、政府辅助"以及"政府、社会组织共动"等三种类型。其中具体内容可以丰富多样，如政府可以采取资金支持、政策支持、场地支持等方式，社会组织可以采取智力支持、人员支持等多种方式。

（三）协同治理的过程。政府与社会组织之间的协同治理实践，主要是以项目方式为主。一个协同治理项目的实施，从确定主题到立项以及不同阶段

---

① 虞维华. 从"志愿失灵"到危机：萨拉蒙非营利组织研究梳议[J]. 行政论坛. 2006(2)：91-95.
② 田凯. 国外非营利组织理论评述[J]. 学会. 2004(10)：6-11.
③ 罗伯特·D. 帕特南. 使民主运转起来——现代意大利的公民传统[M]. 王列、赖海榕，译. 北京：中国人民大学出版社. 2015.

的评估，都需要双方多次协商与沟通。其中政府发起的项目有发布信息、对社会组织资质进行前期评估、沟通以及立项、实施监督和评估等流程。而社会组织发起的项目，首先要有结合问题的项目申请书，其次结合项目主题寻找和对接政府各部门，再次通过协商与沟通等方式成立项目。

（四）协同治理的审核与评估。协同治理是一个动态的过程，需要协同双方多次协商与沟通，其中审核与评估是协同治理实践的重要一环。如上所述，政府需要对社会组织进行前期评估、中期、后期审核等，而社会组织也需要对具体社会问题进行审核与评估，也需要结合自身的能力与政府的需求成立项目并开展活动。从个案中也了解到，丰田市针对协同治理的审核、评估要求，也成立了专门的"公开审查会"。其组织成员主要由政府工作者、社会组织员工以及相关专家学者组成。这不仅有助于协同治理的实践，更有助于社会问题的解决。

由此，随着社会组织的多元化以及政府职能的转变，社会组织越来越成为政府愿意协同的伙伴，政府也成为社会组织获得支持的最重要主体。从丰田市的个案中了解到，政府与社会组织之间的关系逐渐形成良好的协同治理关系，促进了社会组织的社区治理参与。

三、政府与企业

为了建构全市"协同治理"机制，政府也积极提出与企业之间的协同与合作项目。如"企业合作伙伴项目"即是政府与企业之间的协动项目，是企业参与社会治理的重要平台。

丰田市于2013年与"札幌食品饮料有限责任公司、札幌控股有限公司"（ポッカサッポロフード＆ビバレッジ株式会社、サッポロホールディングス株式会社）建立协同关系，2015年与"丰田工商银行、丰田信用银行"（丰田商工会议所、丰田信用金库）建立协同关系，2017年与"Seven-Eleven日本有限公司"（株式会社セブン-イレブン・ジャパン）建立了协同关系。[①] 企业与政府

---

① 企業等との連携. https://www.city.toyota.aichi.jp/shisei/machizukuri/kyoudou/1005277.html.

的协同不仅给企业提供了参与社会治理的平台，反过来也增加了公益活动的运行资金，可谓一举两得。

除此之外，丰田汽车公司的企业社会责任是丰田市企业参与社会治理"特色"之一。丰田汽车公司1937年在举母町（旧丰田市）注册成立，在二战后基于独特的企业经营理念和丰田市丰富的自然资源和地域位置而快速发展成为日本龙头企业之一。针对企业与地域社会之间的关系，学者指出丰田汽车公司的发展是利用和垄断当地的土地和水资源，垄断和支配当地的政治、社会以及文化意识形态而促成的"企业城下町"。但是在公司发展壮大的同时，丰田汽车公司也开始注重企业社会责任，自1968年4月成立"丰田汽车公司交通环境委员会"起参与到社会治理中，于1973年成立"社会协力活动"（财团），主要支援交通安全、生活、自然环境领域，社会福祉领域和教育、文化领域等三个领域。2006年1月丰田汽车公司又将企业内有关企业社会责任的部门统合成立了"社会贡献推进部"，进一步明确了"企业利益返还社会的"态度，在全国范围甚至在国外也开展公益活动，推进了企业社会责任，如在中国开展植树活动和防止沙漠化活动等。不仅如此，因为丰田市作为丰田汽车公司的总部，所以企业员工与社区居民具有较高的重合，由此丰田汽车公司开展独特的志愿活动和福祉关联活动促进了企业与市民之间的联结。[1]

四、政府与高校

除上述协同机制之外，丰田市政府也与当地高校之间建立了协同关系。现在有"大学、高专研究提案"和"协同项目"两种项目。"大学、高专研究提案"是政府与丰田市内大学之间的协同项目，是促进专家学者的研究和社会之间的联结，进而提出政策建议的项目，近两年项目资金均以100万日元为限。2018年提案项目题目为"活用AI、机器人与大数据提案（行政领域和产学联结领域）"和"创造丰田市新的魅力提案（文化、艺术、运动、健康和国际化等）"，2019年提案项目题目为"有关丰田市未来发展相关提案（如促进儿童与学生、

---

[1] 岡村徹也.トヨタ自動車の地域戦略と組織再編—地域社会との接点としての社会貢献活動[M]//丹辺宣彦,岡村徹也,山口博史.豊田とトヨタ—産業グローバル化先進地域の現在.東京：東信堂.2014：41-61.

企业、老年人之间的交流；将先端技术运用于少子高龄化、自然灾害、农业灾害等领域的运用）"①。"协同项目"是政府与大学间建立的协同关系，是通过双方知识资源、人才资源和物质资源的交流和相互支援而共同开展教育、学术和人才培育的项目。截至2017年与爱知学泉大学、爱知县立艺术大学、爱知工业大学、中京大学、日本红十字丰田看护大学、丰田工业高等专门学校等6所高校建立了协同关系。②

第四节 本章小结

从日本全国普遍性来看，政府的社区参与表现出清晰的"统治—管理—治理"的发展路径。在地方自治制度背景下，各个地区的社区治理实践有所区别，但是不可否认多个地区都在推行"协同治理"策略，促进着多元主体的共同参与。从丰田市政府的社区治理实践来看，具有制度化路径、项目式嵌入、非正式参与以及授渔式支持等特征。

除此之外，围绕政府建构的多元主体"协同"关系，又成为社区协同治理的社会背景，发挥了重要的作用。政府以"一对一"策略，促进了与居民自治组织、社会组织、企业、高校等主体之间的协同关系建构。从发挥的功能来看，政府为主建构的协同治理机制表现出图4.6的特点。其中，政府与居民自治组织之间基于"地域预算提案项目"和"Wakuwaku项目"形成了协同合作关系，政府与社会组织之间基于"共动事业提案项目"和"市民活动中心"形成了协同关系，政府与企业、大学之间基于多样协同项目形成了协同关系，而居民自治组织与社会组织、企业、大学之间也基于"市民活动中心"和多种协同项目而形成了协同关系。

---

① 大学高专授研究提案 https：//www. city. toyota. aichi. jp/shisei/machizukuri/kyoudou/1018792. html.

② 大学等との连携. https：//www. city. toyota. aichi. jp/shisei/machizukuri/kyoudou/1005280. html.

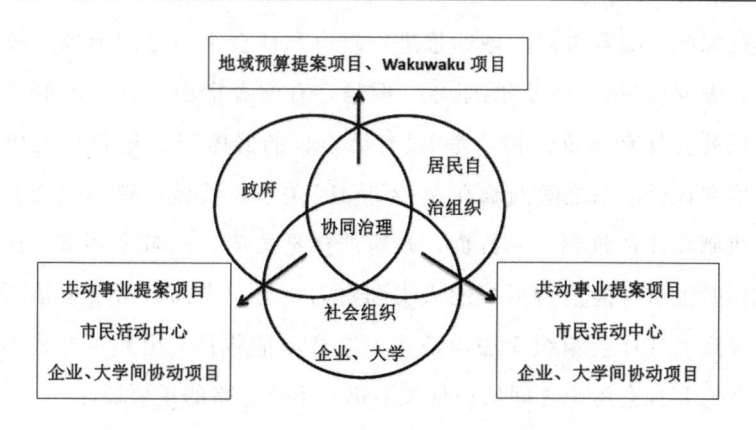

图 4.6　丰田市"协同治理"机制概况

但是,从现有协同治理机制中我们也反思到虽然多元主体围绕政府建构了"一对一"或类似"一对多"的协同关系,但是也欠缺政府主体之外其他主体之间的协同。因此,一方面"一对一"的协同机制有可能增加政府的成本和负担,另一方面也会阻碍"一对多"或"多对多"的协同治理机制的建构。如"市民活动中心"是居民自治组织与社会组织之间互动的场所,但是申请"Wakuwaku项目"的居民自治组织参与活动中心的比例只有22.7%[①],这也说明居民自治组织与社会组织之间的交流相对缺乏,有阻碍协同治理的"嫌疑"。

与此同时,政府丰富的项目支持容易使居民养成对政府资金的依赖心理。从上述介绍中了解到,丰田市政府以多样化项目支持着自治区和社区社会组织,促进了居民的社区参与热情。但现实中社区社会组织是自治区的重要组成部分,虽然自治区和社区社会组织的项目不同,但是这两个组织是"一套班子,两种项目"形式,具有高度的重合性。并且,政府丰富的资金支持下的居民参与是否能够维持,或者说缺少政府支持时居民是否继续参与社区治理还是未知数。所以,政府资金支持虽然提高了居民的社区参与积极性,却不能等同于提高了居民的自治能力。因此,丰田市的经验也只是地方独特的治理经验,是否具有普遍意义仍值得反思。

[①] 谷口功,丹辺宣彦. 豊田市のコミュニティ施策の展開―制度化される市民活動[M]//丹辺宣彦,岡村徹也,山口博史. 豊田とトヨタ―産業グローバル化先進地域の現在. 東京:東信堂. 2014:82.

不仅如此，随着协同治理的推进，政府和社会组织之间形成了较强的合作关系，表现出"相亲相爱"的景象。但是，有学者指出在日本政府的影响之下，市民社会具有双重性格，是"没有话语权的群体"[①]。笔者在调研中了解到，政府和社会组织之间的确存在"不信任"关系，其最直观的表现就是严格的筛选机制和评估机制。一方面，政府严格把关项目的各个环节，促进活动质量的同时也有可能浪费更多的人力和财力。另一方面，由于申请项目的复杂性，导致一些社会组织无法申请或不愿意申请项目。由此，未来如何维持和巩固政府和社会组织之间的信任关系仍是不可忽略的重要课题。

---

① Robert Pekkanen. 日本における市民社会の二重構造—政策提言なきメンバー达[M]. [日] 佐々田博，訳. 东京：木鐸社刊. 2008.

第五章 "共同体"建构：社区协同治理两种路径

滕尼斯笔下的"共同体"是一种由"本质意志"推动的，以统一和团结为特征的社会联系和组织方式，具有血缘、地缘和精神共同体等特征。鲍曼指出，"共同体总是好东西，共同体是一个温馨的地方，是一个温暖而又舒服的场所，在共同体之中人们也能够相互依靠对方"，"共同体总是过去的事情或者总是将来的事情"[①]。虽然传统社会自然联结的共同体逐渐式微，但是寻求共同体或建构共同体从未停歇。从丰田市典型的两个社区个案的协同治理路径分析中能够总结出，人们总是以共同体为目标在建设和营造社区。但是，由于社区的不同特征，其建构路径也将相异。

第一节 建设"故乡"：居民主导的社区营造

一、D社区介绍及社区网络

（一）D社区发展历史与地理位置

D町自治区（下述简称D社区），原名"枥之原"，是在市内汽车产业的发展背景下形成的新社区。D社区位于丰田市中部高桥地区的正中部（如图5.1），西侧有矢作河流过，总面积为96.4平方千米。社区内有东山小学和广

---

① [波]鲍曼. 共同体[M]. 欧阳景根, 译. 南京：江苏人民出版社. 2003：2-5.

川小学。社区北部有丰田市支所"高桥社区中心",东部有丰田市"自然森林观察中心"(如图5.2)。在丰田汽车公司建厂和外来劳动力流入的同时,住宅问题成为当时棘手的问题。在20世纪60年代前后这里首先开发了215户公营住宅,又于1962—1964年期间市里开发426户住宅,1962—1965年县里开发247户。1962年12月居民开始入住社区,1963年D社区分离出上野町自治区,成为独立的新社区。刚开始建设D社区时,道路泥泞不堪,基础设施严重不足,生活条件比较艰苦。也正是基础设施不足,艰苦的生活环境促使当地居民共同参与社区建设,成为"故乡创造"社区建设的基础。社区内于1965年建设托儿所,1971年建设东山小学,1981年建设广川台小学,1977年建设美里中学,1973年建设邮政局,1977年建设中央集会场,1985年建设高桥社区中心等设施,基础设施逐渐完备。

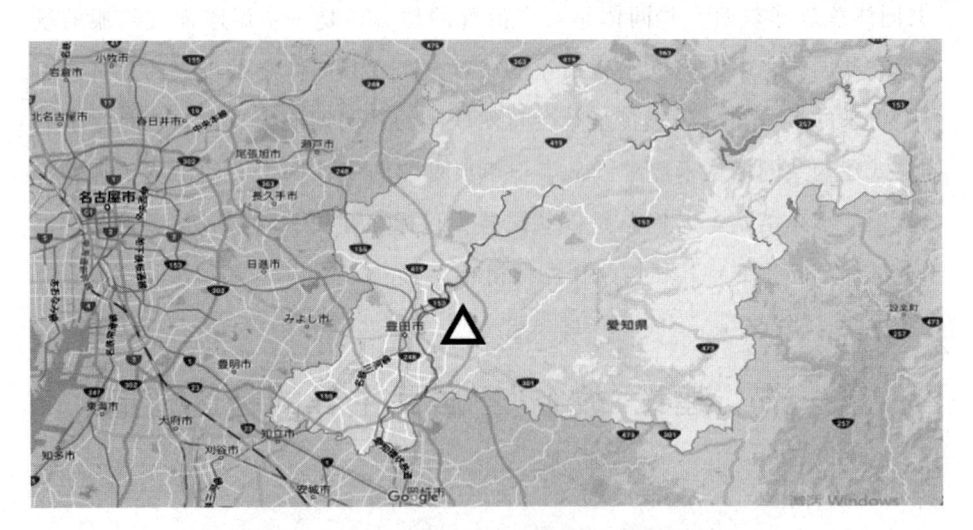

图5.1 丰田市与D社区位置(谷歌地图截图)

第五章 "共同体"建构：社区协同治理两种路径

图 5.2　D 社区地图(谷歌地图截图)

(二)人口特征

截至 2019 年 3 月 1 日，社区人口为 3 787 人，其中男 1 732 人，女 2055 人，户数为 1 022。图 5.3 为近几年人口变化图，多年来人口变化较小。图 5.4 为社区人口金字塔图，从人口年龄比例来看，D 社区 0～14 岁比例占 18％、15～64 岁占 58％、65 岁以上占 25％，由此，这里也是高龄化社区之一。[1] 据名古屋大学社会学系调研报告中得知，D 社区男性 60％工作在丰田汽车公司(30.2％)和丰田汽车公司关联企业(28.8％)中，而女性有 25.6％的人在丰田汽车公司和关联企业工作，大多数女性就业在其他岗位上。[2] 由此，D 社区具有典型的企业员工聚居地的特点。

---

[1] 丰田市. 丰田市の人口[R]. 平成 29 年版(2017 年)：77.
[2] 名古屋大学文学部社会学研究室. 产业都市のコミュニティ形成 2—开发期ニュータウン东山地区の过程・现在・未来[R]. 2016：37.

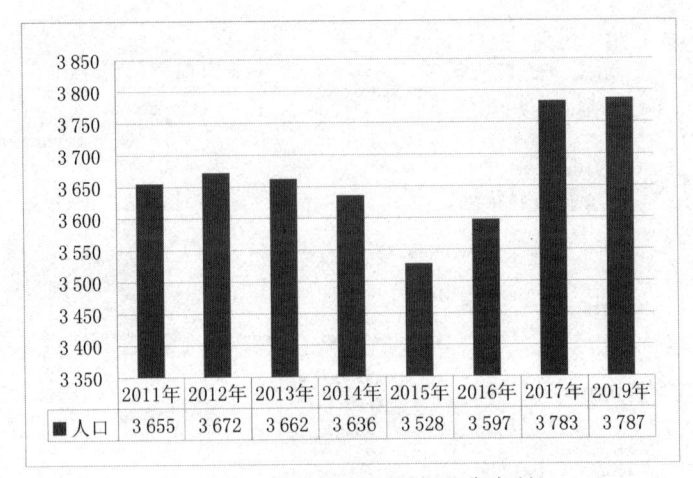

图 5.3　D 社区人口变化图(作者自制)

	2011年	2012年	2013年	2014年	2015年	2016年	2017年	2019年
人口	3 655	3 672	3 662	3 636	3 528	3 597	3 783	3 787

数据：丰田市. 丰田市の人口[R]. 平成 29 年版(2017 年)：94.

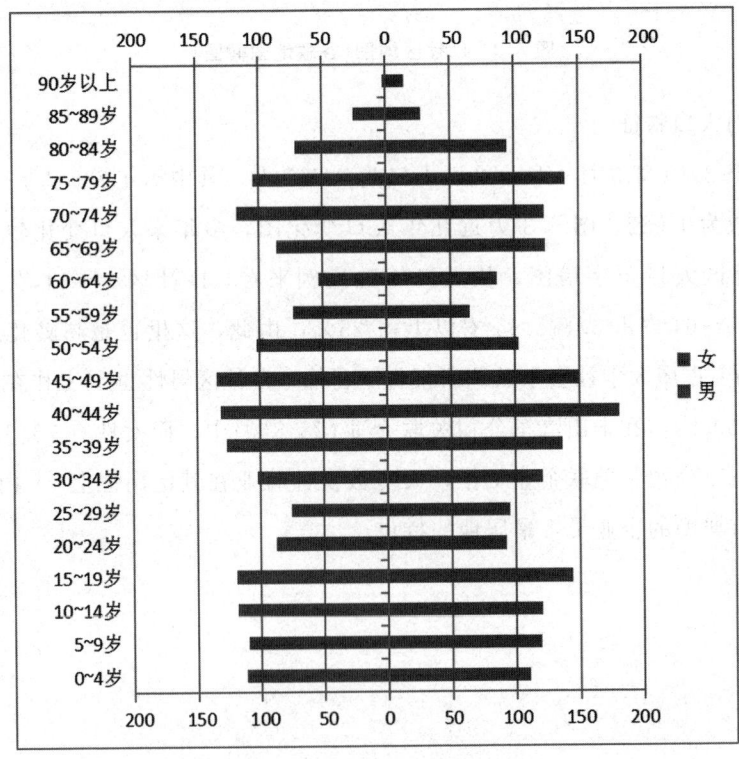

图 5.4　D 社区不同年龄段人口图

数据：丰田市. 丰田市の人口[R]. 平成 29 年版(2017 年)：128—129.

第五章 "共同体"建构：社区协同治理两种路径

(三)社区社会网络

为了了解社区特点以及存在的课题，笔者将结合名古屋大学社会学系丰田市内相关的调研报告书展开分析。① 为了明确D社区居民的社会网络，下面将从家庭关系、亲戚关系、朋友关系和工作关系等几个角度进行分析。由于D社区是在丰田汽车公司发展过程中新成立的社区，由此历经了从员工宿舍区向社区的转变过程，也有产业地域社区独特性特点。

从家庭关系网络来看，D社区的居民中"已婚"的人数较多，占调研总数的75.1%，而"丧偶"的人数占15.1%，未婚占9.8%。其中从性别来看，女性居民丧偶的比例较高，占24.3%，而男性的未婚比例相比女性的8.1%要高，占11.4%。从家庭居住情况来看，"核心家庭"占70%，"三代同堂"占17%。从有无孩子的数据来看，有84.9%的人有孩子，孩子的平均数为2人。从亲戚关系网络来看，在丰田市内有"1～2户亲戚"的占36.5%，"3～4户"的占29.5%，"没有亲戚"的占20%，所以也能看出居民的亲戚网络关系较为薄弱，生活主要集中在社区中。

从社区内的朋友关系网络来看，居民的朋友数量表现出如图5.5特征，整体来看选择"没有朋友"的只占16%，即其他84%的人在社区内都有朋友。其中"1～2人"占25.3%，"3～5人"占39.9%，"6～9人"占12.1%，"10人以上"占6.8%。性别比例来看，女性的朋友关系相比男性较高，男性的没有朋友数也相比女性要多。这与"有学龄期的孩子"的女性在社区中具有更多的交流机会有一定关系。②

---

① 日本名古屋大学社会学系师生多年以来一直关注丰田市地域社会，在丹边宣彦、室井研二等老师的带领下，于2009年展开了"丰田市的社区营造与市民活动"调查、2011年展开了"有关丰田市社区营造团体和活动社会网络"调查、2015年展开了"丰田市的社区营造与市民活动2"调查(样本3 000、回收问卷1 354票，有效回收率45.1%，调查对象：25～75岁的男女)和其子课题"有关丰田市D地区的社区营造和市民活动"调查(样本800、回收问卷286票，有效回收率36.7%。调查对象：25～75岁的男女)，并在此基础上出版了《丰田とトヨタ—産業グローバル化先進地域の現在》等专著和多个报告书。笔者在名古屋大学交换学习期间得到丹边宣彦老师等人的帮助，不仅收集了大量数据，也得到其首肯可以适当引用和二次分析数据。基于此，笔者将在文章中结合研究需求对上述数据进行二次分析和引用。

② 名古屋大学文学部社会学研究室.産業都市のコミュニティ形成2—開発期ニュータウン東山地区の過程・現在・未来[R].2016：81-82.

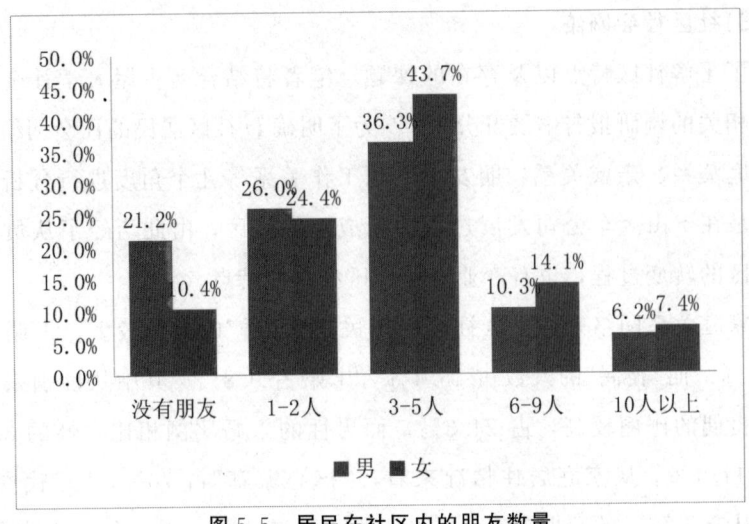

图 5.5　居民在社区内的朋友数量

出处：产業都市のコミュニティ形成 2—开発期ニュータウン东山地区の过去・现在・未来. 2016：23.

从工作关系网络来看，由于 D 社区属于员工聚集的社区，除了上述分析"地缘"关系之外，社区内的"业缘"关系也值得分析和讨论。社区内除了 38.1% 的居民没有业缘关系和 1.4% 的人没有工作之外，其他 6 成的居民身边都有同事或工作伙伴。其中男性的业缘关系相比女性要高，具体来看男性在社区内的业缘关系表现出图 5.6 特征。就职于丰田汽车公司的居民，在社区内有更多认识的居民，其次是丰田汽车关联企业，而就职于其他企业的人在社区内的业缘关系较薄弱。由此能够看出，D 社区中除了上述地缘关系之外，还具有较深的业缘关系，尤其是男性之间存在的业缘关系进一步促进了社区社会资本。

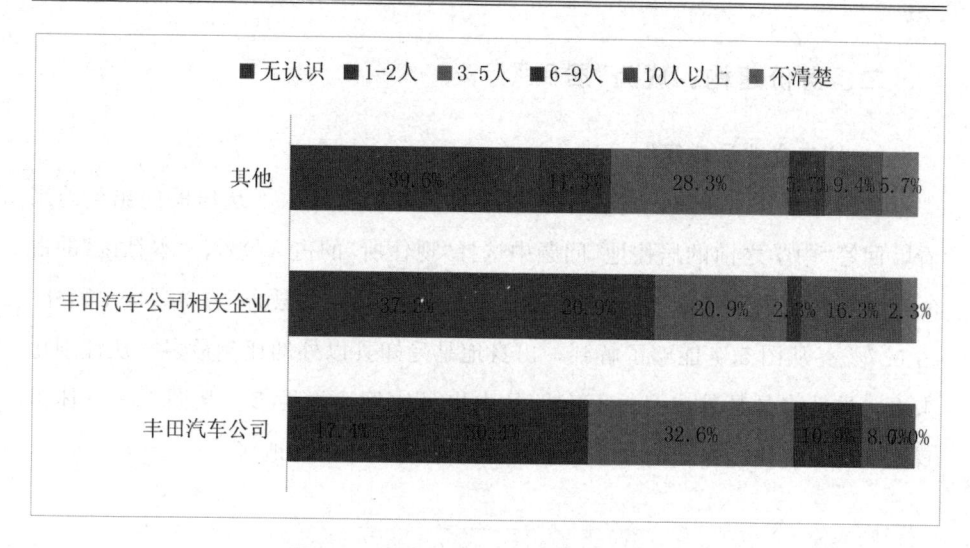

```
■无认识  ■1-2人  ■3-5人  ■6-9人  ■10人以上  ■不清楚
```

其他	39.6%	11.3%	28.3%	5.7%	9.4% 5.7%
丰田汽车公司相关企业	37.2%	20.9%	20.9%	2.3%	16.3% 2.3%
丰田汽车公司	17.4%	30.2%	32.6%	10.5%	8.0% 1.0%

图 5.6 男性居民在社区内的业缘关系

出处：同图 5.5 文献第 61 页。

从工作与通勤情况来看，稳定的工作单位和公司与居住地之间的距离或通勤时间关系短等因素也促进了居民的"定住化"。从工作类型来看，"有正式工作"的占 64.2%，"非常勤、兼职"的占 7.4%，"以前工作过但现在无工作"的占 27.9%，"从来没有工作过"占 0.4%。从工作单位来看，在丰田汽车公司上班的占 30.2%，在丰田汽车公司相关企业上班的占 28.8%，其他有41%。从有正式工作的居民的工作时长来看，平均为 21.9 年，由此能够了解到 D 社区的居民具有正式工作的比例相对较高，且工作较为稳定。从工作地来看，丰田市内工作的有 84.2%，名古屋市工作的有 4.1%，其他地区11.7%。而从通勤时间来看平均 26 分钟，其中男 29.4 分钟、女 21.8 分钟。所以，生活于 D 社区的居民工作相对稳定且通勤时间较短。

综上，对居民的家庭关系网络、亲戚关系网络、朋友关系网络和工作关系网络四个指标来看，发现 D 社区的居民家庭关系较为稳定，主要以核心家庭为主，虽然市内的亲戚网络欠发达，但是社区内有较好的朋友关系网络。不仅如此，如男性居民在社区中又有良好的业缘关系，建构了复合社会网络，即"地缘"和"业缘"双重的社会网络。

二、身份建构：成为"居民"

(一)"先立业后成家"

丰田汽车公司在建设过程中吸纳了很多外地青年人。从居民的出生地来看，回答"中学之前的居住地"问题中选择"现住所"的占 3.9％、"本社区"的占 6.7、"丰田市内"占 33.1％、"爱知县内"占 17.3％、"县外"占 38.4、"国外"占 0.7％。从图 5.7 能够了解到，出身地是爱知县以外的比例最多，从性别比来看，男性多是县外出身，而女性县内出身比例比男性多。从图 5.8 具体出身地来看，九州地区出身最多，其次是近畿地区和中部地区。

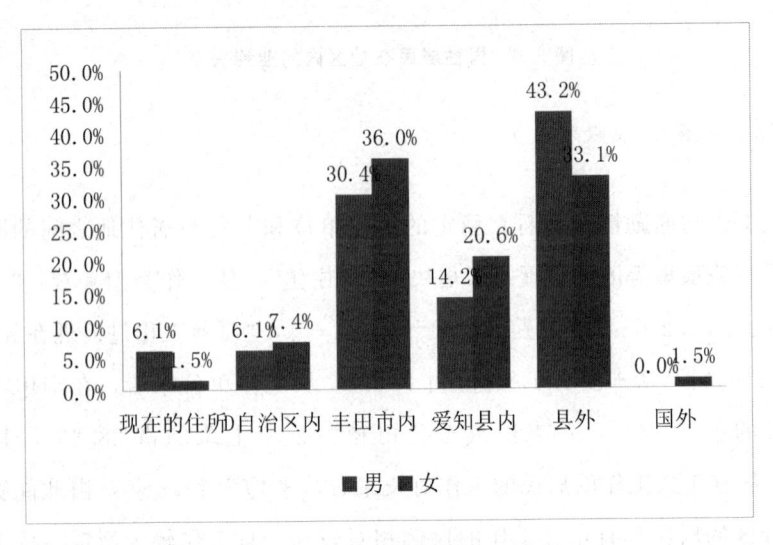

图 5.7　D 自治区居民出生地

出处：同图 5.5 文献第 33 页。

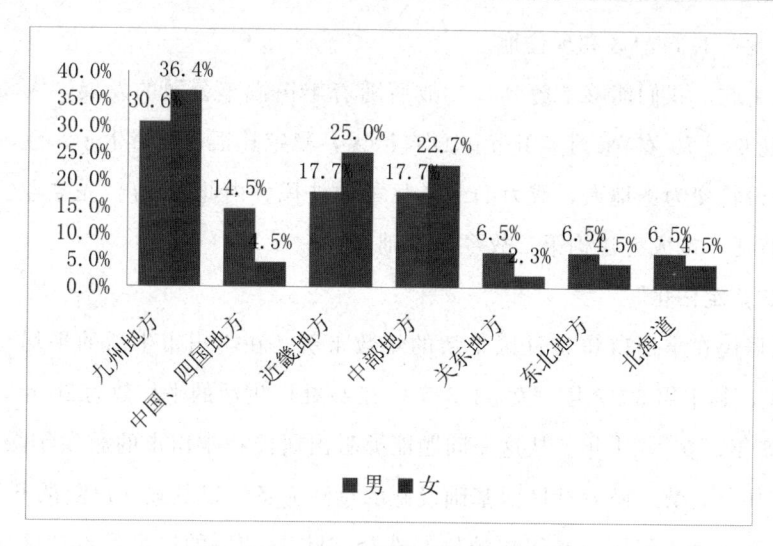

第五章 "共同体"建构：社区协同治理两种路径

图 5.8　D 自治区居民出生地方（县外）

出处：同图 5.5 文献第 33 页。

表 5.1　D 自治区居民性别、年代与出生地交叉表（％：男/女）

	D自治区现住地	丰田市内	爱知县内	县外	国外	合计（N）
20～30 岁	16.7/19.3	45.8/35.5	12.5/19.4	25.0/22.6	0.0/3.2	24/31
40～50 岁	24.5/7.3	38.6/43.6	14.0/18.2	22.8/29.1	0.0/1.8	57/55
60～70 岁	0.0/4.0	17.9/28.6	14.9/24.5	67.2/42.9	0.0/0.0	67/49
合计	12.2/8.9	30.4/36.3	14.2/20.7	43.2/32.6	0.0/1.5	148/135

出处：产业都市のコミュニティ形成 2——开发期ニュータウン东山地区の过去·现在·未来.2016：41.

与此同时，从不同年龄段的出生地交叉分析能够得出表 5.1 特征。其中 60～70 岁的居民大多来自县外，男 67.2％、女 42.9％，具有压倒优势，是与丰田汽车公司的发展具有重要关联。而 40～50 岁的居民则在丰田市内和 D 自治区出身比率相对较高，男 38.6％、女 43.6％来自丰田市内，而男 24.5％、女 7.3％一直在生活在 D 自治区和现住地。20～30 岁的居民也与 40～50 岁的居民表现出相同特征，男 45.8％、女 35.5％来自丰田市内，男 16.7％、女

19.3%就在 D 自治区和现住地。

基于此,我们能够了解到,二战后随着丰田汽车公司的发展,大量外地员工(现 60~70 岁)来到丰田市和 D 自治区,稳定扎根,娶妻生子,逐渐从外地人身份转变为本地人,成为 D 自治区的原住民,由此表现出"先立业、后成家"的特征,也成为建构第二故乡的基础。

(二)"定住化"

从居民在丰田市和 D 社区生活的年数来看,在丰田市生活的平均年数为 36.4 年,其中男 39.2 年,女 33.3 年。在 D 社区生活的平均数为 20 年,其中男 23.6 年,女 16.1 年。从这一问题能够看出居民在丰田市的居住年限较长,具有定住化趋势。随着社区内基础设施的逐渐完备,以及独立户院的开发,D 社区逐渐成为人们搬家和居住的较好选择。除 14.7% 的居民是本社区居民之外,其他居民都是后来搬到这里居住的,其中从近邻社区搬来的有 19.1%、从丰田市内搬来的有 47.8%、从爱知县搬来的占 12.2%。从搬家缘由来看,有 56.2% 的居民是为了更换居住环境。基于此,我们能够了解到,由于 D 社区生活环境的建设,很多人愿意生活在 D 社区,居民呈现出定住化趋势,在 D 社区生活年数平均达到 20 年之久。由此定住化加强了居民的社区融入和社区归属感。

(三)"建构社区文化"

上述两部分为社区居民搬入和定住社区的原因和现状,而独特的社区文化又进一步促进了居民的社区归属感,是居民心生"共同体"意识的重要组成部分。

在 D 社区建设 50 多年来,居民以"故乡建设"为口号,积极参与到社区建设中,每年定期开展多种社区活动。其中社区活动主要集中在传统的文化祭、预防犯罪和交通安全活动、环境美化活动和自治区活动等四个方面。具体活动内容如表 5.2 所示,按照季节以及按照主题开展着多样化社区活动,并且活动都以周末为主,因此促进了居民的积极参与。其中每年开展的大小"祭"活动就有五六次,"祭"活动是一种日本传统文化,也是联系居民的一种纽带。居民通过这类活动促进感情交流。

第五章 "共同体"建构：社区协同治理两种路径

表 5.2　D 社区活动汇总

活动主题	开展时间	活动主题
传统文化祭	4 月	樱花祭
	5 月	涩谷祭
	8 月	夏祭
	10 月	秋祭
	12 月	圣诞会、跨年祭
预防犯罪和交通安全	每周 2 次	预防犯罪巡逻（12 部循环）
	春、夏、秋、冬	交通安全站岗活动
环境美化活动	春、秋	打草活动、河川清扫、垃圾管理（多次）
	春、夏、冬	种花活动
自治区活动	3 月	议员研修会
	4 月	组长研修会
	每月第三周六	执行议员会和议员会
其他	不定期	健康活动、敬老活动、青少年活动

出处：D 社区调研资料。

笔者在参与观察中了解到，"樱花祭"活动开展时活动内容主要有，"介绍嘉宾、制作食品、售卖零食、萨克斯表演、卡拉 OK、售卖手工品"等内容。"秋祭"活动中有"狮子舞·太鼓·音头舞蹈保存会的表演、制作 D 社区独特食品、分发 D 社区的糖"等活动。据 D 自治区主席 3 先生介绍："制作我们自己的独特食品，是想让居民，包括小孩儿都能参与进来，能够对自己的家园有更深的记忆。而分发糖类小吃活动，我们对其增加了文化意义，即得到糖或者说得到越多的糖的孩子，是被我们 D 自治区神所保佑的孩子，一年之内会顺顺利利，健康成长。"除此之外，社区中还建设自己的神社，形塑了具有自身社区特点的文化。

以文化符号"狮子舞·太鼓·音头舞蹈会"为例，这是 D 社区居民自主组建的地缘型组织。D 社区是 20 世纪 60 年代开始开发和入住的新的"团地"（住宅区），当时除少数本地人之外，有很多外地人来到这里，与本地人一起形成了新的自治区。刚开始建设时社区条件差，并且由于外地人大多是年轻的劳动力，缺乏社区归属感。在此背景下，居民们为了建设舒适的生活环境，积极团结起来相继建设了幼儿园、小学、中学以及其他硬件设施。不仅如此，为了建设有归属感的真正的家园，居民自己组建了有当地特色的"三大活动"，分别是"纳凉夏祭""秋祭"和"家族运动会"。随着社区老龄化的推进，"家族运动会"在2008年被取消。而"夏祭"和"秋祭"至今都被保存下来，成为重要的社区活动。"狮子舞·太鼓·音头舞蹈会"与这些活动具有重要的关联。

"D社区音头"是居民于1968年制作的D社区代表歌曲，从当年开始被用于"夏祭"，成为社区文化符号之一。在1968年5月D社区在社区中央公园修建了自己的神社，而"狮子舞"成为神社活动的符号，从1968年10月第一次在"秋祭"开始表演一直延续至今。狮子舞分为亲狮子和子狮子服装，最早是从第二任区长家乡岐阜县借鉴过来的，现在被纳入自治区预算。"太鼓会"也是在社区活动中开展的文化符号，2013年与"狮子舞"一起得到丰田市"Wakuwaku项目"支持，成为D社区重要的地缘型组织和社区活动。由此，"狮子舞·太鼓·音头舞蹈会"是D自治区居民自主组建的地缘型组织，是被居民认可的社区符号。并且，狮子舞和太鼓等活动是由社区儿童参与和传承的，多年来通过儿童的社区参与也促进了家长们的社区参与。

由此能够看出，居民搬进社区在多年的定居化生活过程中形塑了上述多样化社区文化，继而促进了社区归属感，加强了社区融入。针对问卷"是否爱社区"这一问题，居民的回答整体来看有74.1%的居民回答"非常爱"15.7%和"一定程度的爱"58.4%，而选择"不清楚"16.1%，"些许不爱"7%和"非常不爱"2.8%的比例非常小，居民对社区具有较高的感情。

(四)"老有所依"

随着老龄化的推进，老年人问题成为重要的研究课题。针对老龄化，早有"社会撤退理论""活动理论""持续理论"等不同理论范式，从多元化视角展开了研究。随着生活水平的提高以及医疗水准的提升，老龄化、超高龄化等问题逐渐凸显，老年人不再仅仅是接受公共服务的"接受者"，而逐渐成为社

第五章 "共同体"建构：社区协同治理两种路径

会参与和提供服务的"参与者"，以多样形式建构着都市公共性。[①] 在 D 社区，60 岁以上老年人是社区内第一代居民，他们通过自己的双手将社区建设成为社会生活共同体。现在，第一代居民逐渐迎来退休期，生活重点也逐渐从公司退回社区之内，为他们的社区参与提供了基础。

首先从老年人的生活来看，有 94% 的老年人结婚且与配偶生活在一起，其中除 9.4% 的人独居之外，41.9% 的人是 2 个人生活在一起，48.7% 的人与 3 人以上的人生活在一起。近邻的亲属数量来看，在丰田市内除 14.7% 人没有亲属之外，有 37.1% 人有 1~2 户亲戚，48.3% 的人有 3 户以上的亲戚。在社区内除了 16.7% 的老年人与社区内其他人没有任何交流之外，其他老年人或多或少都能够在社区内进行互动和交流。其中有 54.4% 的老年人与其他社区居民在外面能够进行交流，有 33.3% 的老年人认为，遇到困难时有人提供帮助，有 29.8% 的老年人在社区内有一起喝茶聚会的人和交换情报的人。所以，D 社区老年人在社区内的社会关系较为丰富，社区融入度较高。

其次，社区活动运营的主体都是由老年人组成。笔者在观察中了解到，社区中担任职位的居民里，除了一位四五十岁的居民之外，其他都是 60 岁的居民。这是由于一方面退休的老年人生活重点从公司转到社区中，有更多时间和精力参与其中。另一方面与日本的"长老文化"，即尊重阅历和经历有关，居民只有从组员干起一步步提升，才能做到社区领导者的位置。从观察中也了解到，社区领导是多年以来积极参与社区活动的人，不仅熟悉社区内的居民，在社区居民心中也有较高的地位，居民见到领导时也会非常尊敬，听从领导的安排。所以，D 社区中社老年人群体是受居民尊重的群体，他们在多年时间里积极参与社区活动，为社区的发展奉献自己的时间和精力，而在退休后回归社区时，社区能够为其提供参与活动的机会，避免了老年人的社区排斥或社会撤退。

由此，D 社区中老年人群体具有稳定的社区社会资本，能够很好地融入社区。并且，老年人在退休后回归社区生活时，多样化的社区组织和社区活动为老年人的社区融入提供了契机，老年人通过参与社区活动发挥自己的余

---

① 田毅鹏. 老年群体与都市公共性建构[J]. 福建论坛·人文社会科学版. 2011(10)：191-196.

热,也获得了心理上的满足感。

三、居民的社区参与特点及原因分析

(一)居民的社区参与特点

首先,从参与方式来看,表现出较高的组织化参与特点。如图5.9所示,社区内有多样化团体,如以社区为范围的"自治区和社区会议""儿童会、PTA的议员和社区议员会""社区营造团体"和范围较广的"NPO和志愿者团体""社会运动团体""企业的社会贡献活动团体""劳动组合关联组织"以及"生活协同组织"等。从居民的回答来看,参与社区范围内组织的比例分别有47.2%、26.2%和4.5%。而参与社区外组织活动的比例中"企业的社会贡献活动团体""劳动组合关联组织"和"NPO和志愿者团体"的比例占10.5%、8.7%和4.2%。由此来看,居民更愿意参与社区内组织。

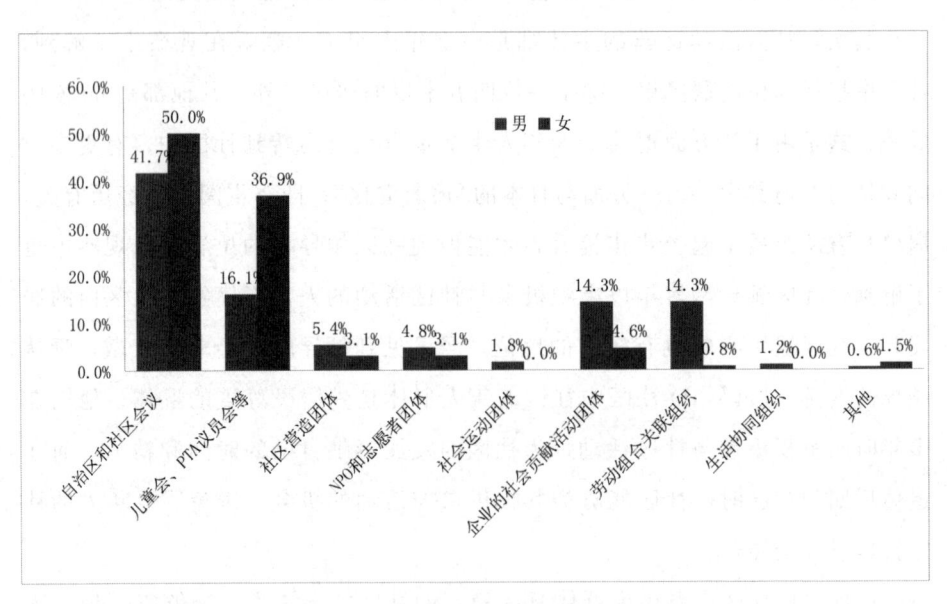

图5.9 D社区居民的团体参与比例

出处:同图5.5文献第20页.

其次,从参与内容来看,如图5.10所示,居民参与过的活动中比例较多

的是环境改善、预防犯罪和交通安全、地域文化和运动振兴以及青少年育成等活动。从过去一年参与活动的比例来看，也主要集中在这几种类型。

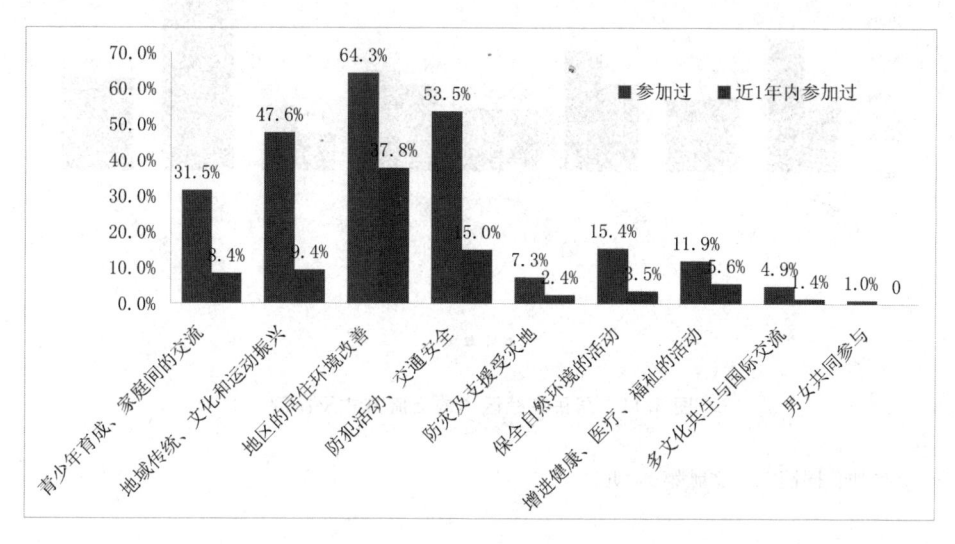

图 5.10　居民的社区参与经验与近一年内参与比例

出处：基于如图 5.5，第 16 页数据，作者制作。

再次，从居民特征来看，表现出"老年人参与多、年轻人参与少""女性参与多、男性参与少"的特点。一方面，老年人在退休之后大多回归社区，有更多时间和精力参与社区活动，且从调研中发现，D 自治区领导以及主导参与的都是老年人群体。而年轻人由于工作原因，时间较少，相比老年人参与社区活动较少。另一方面，如图 5.9 所示，女性的社区参与相比男性要高。如图 5.11 所示女性在社区中的交流方式表现出多样化特征，比例也相比男性高。

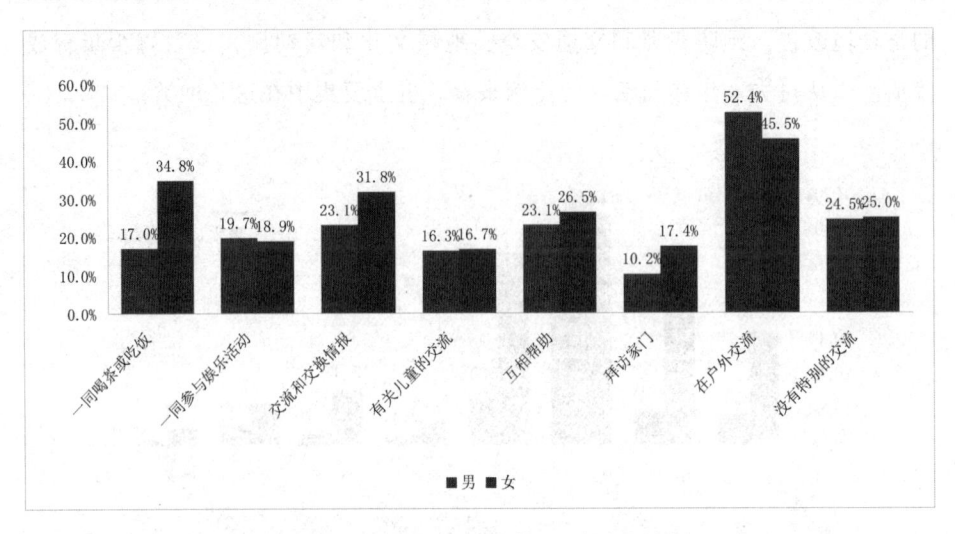

图 5.11 居民在社区中的交流方式及比例

出处：同图 5.5 文献第 24 页。

(二)居民社区参与的原因分析

1. 完备的自治区体系

在 D 社区，自治区是统合社区居民，开展社区活动的核心组织。调研数据也显示，通过参与自治区而参与社区活动的比例占 45.2%。从图 5.12 也能够了解到参与自治区活动的居民更愿意参与社区活动，参与比例相对较高。由于自治区体系是促进社区居民参与社区治理的最核心原因，下面第四部分将单独进行分析，在此不再赘述。

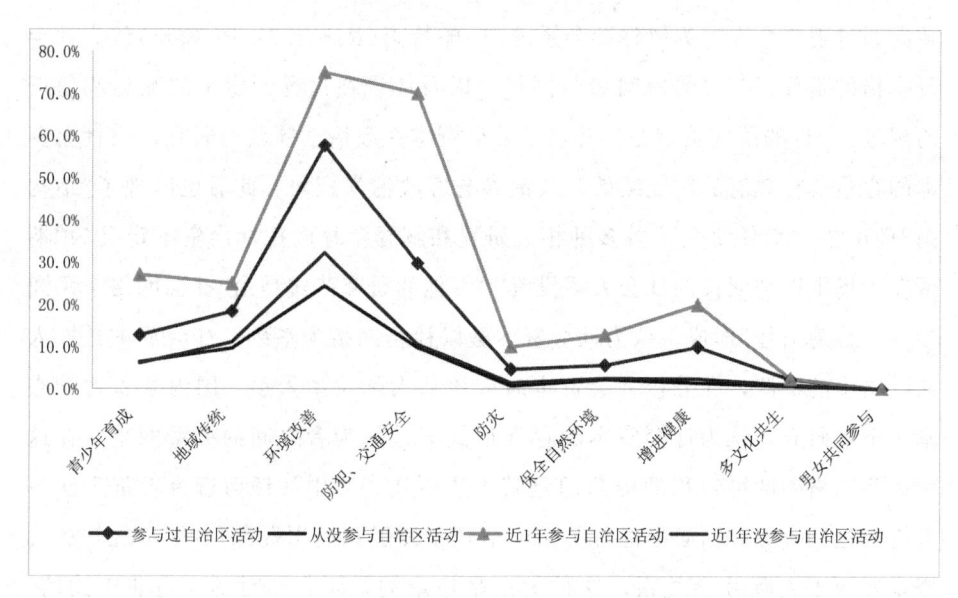

图 5.12　参与自治区活动对参与社区活动的影响

出处：基于图 5.5 文献第 92-93 页数据，作者制作。

2. 社区社会资本较高

社会资本理论的起源可追溯到古典社会学家迪尔凯姆和齐美尔等人的"集体意识""互惠交换"等研究中。但是在 20 世纪 80 年代布迪厄、科尔曼、林南等人研究这一概念时才被学者们所关注。首次系统阐述社会资本概念的是法国学者布迪厄（Pierre Bourdieu）。布迪厄认为资本有三种基本形式，即经济资本、文化资本和社会资本。经济资本以金钱为符号，以产权为制度化形式；文化资本以作品、文凭、学衔为符号，以学位为制度化形式；社会资本以社会声誉、头衔为符号，以社会规约为制度化形式。[1] 科尔曼（James Coleman）借鉴经济学理性选择理论初步阐述了社会资本概念，认为社会资本有两个特征：一是它们由构成社会结构的各个要素组成，二是它们为结构内部的个人行为提供便利。[2] 科尔曼的贡献在于，将社会资本的研究目的从解释个人行为

---

[1] 燕继荣．投资社会资本——政治发展的一种新维度[M]．北京：北京大学出版社．2005：74．
[2] 詹姆斯·科尔曼．社会理论的基础[M]，邓方译．北京：社会科学文献出版社．1999：354．

转向通过观察个人行为解释社会系统。[1] 帕特南（Robert D. Putnam）认为社会资本指的是普通公民的民间参与网络，以及体现在这种约定中的互惠和信任的规范。[2] 他的研究贡献在于开启了社会资本在政治学领域的研究，用社会资本的存量解释政府的制度绩效、政治参与等政治学现象。此后也出现了"结构洞"理论[3]、"信任研究"[4]等多种相关研究和解释。林南把社会资本定义为"期望在市场中得到回报的社会关系投资"[5]。他的研究范式是由"社会网络—民间参与—普遍信任"形成，认为社会资本是以社会网络为基础，社会资本是嵌入在网络中的资源，在分析社会资本时应该从人际关系入手。国内学者边燕杰基于上述研究，认为社会资本的存在形式即是行为者之间的关系网络，在这种关系网络中的可转移的资源即是其本质所在。其中，任何行为者都无法单方持有这种资源，而必须通过关系网络积累发展和运用资源。"简言之，社会资本发源于人际社会关系，这种关系是稳定的，而非即时的；是非正式的、私人领域内的关系，而不是正式的组织成员关系或公共领域内的关系；是因行为、情感的投入而变化的关系，而不是僵硬不变的合同式的关系。"[6]总之，社会资本是一个包含多种维度的概念，但是主要由两部分组成：一是客观的社会网络和组织，二是一系列相对主观的道德规范和价值观念。[7]

社区社会资本指的是以一个社区为范围测量的社区内拥有的集体社会资本。社区作为社会生活共同体，相对于宏观的研究，更具有测量的可行性。洛克纳等人指出社区社会资本的测量指标包括参与社区组织、社会支持、归

---

[1] 方然. "社会资本"的中国本土化定量测量研究[M]. 北京：社会科学文献出版社. 2014：5.

[2] 罗伯特·D. 帕特南. 使民主运转起来——现代意大利的公民传统[M]. 王列，赖海榕，译. 北京：中国人民大学出版社. 2017：1.

[3] 转引自：张文宏. 社会资本：理论争辩与经验研究[J]. 社会学研究. 2003(4)：23-35.

[4] F. Fukuyama. Social Capital, Civil Society and Development[J]. Third world quarterly, 2001(1)：7-22.

[5] 林南. 社会资本——关于社会结构与行动的理论[M]. 张磊译. 上海：上海人民出版社. 2005：18.

[6] 边燕杰. 城市居民社会资本的来源及作用：网络观点与调查[J]. 中国社会科学. 2004(3)：136-146.

[7] 陈捷，卢春龙. 共通性社会资本与特定性社会资本——社会资本与中国的城市基层治理[J]. 社会学研究. 2009(6)：87-104.

属感、社会网络、非正式互动及参加志愿活动。[1] 奥尼克丝认为社区社会资本应该包括社区参与、社会能动性、信任和安全、邻里联系、朋友和家人之间的联系、对差异的容忍度、个人价值、工作联系等。[2] 此外也有学者对相关文献展开分析得出了测量社会资本的多个维度,详见桂勇、黄荣贵的相关研究。基于上述国外研究,桂勇等结合中国的实际情况设计了测量量表。具体包括参与地方性社团或组织、地方性社会网络、社会互动、信任、志愿主义、社会支持、社区凝聚力、社区归属感等。[3] 与此同时,社区社会资本也存在多样类型。黄荣贵、桂勇结合社区内"垂直型社会资本"与"水平型社会资本"两种类型的社区社会资本。[4] 陈捷等结合"共通性社会资本"和"特定性社会资本"对中国基层社会治理展开研究,得出社区内共通性社会资本有助于促进居民委员会的社区治理,相反,封闭的、具有人际关系局限的特定性社会资本则消极影响居民委员会的社区治理。[5]

针对社会资本的功能,帕特南指出的社会资本对集体行动、地方民主等方面具有重要的影响,他结合社会资本理论解释了意大利南北部地方政府的制度绩效差异,认为社会资本存量越多政府的制度绩效越高。[6] 胡荣对中国农村的社会资本与村民政治参与即村委员选举展开研究,得出村民结社率越高,选举的投票率越高。但是村民之间的信任和村民之间的人际交往对投票率没有影响。[7] 在社区社会资本与社区参与问题中,有学者认为社会资本有助于促

---

[1] 转引自:方然."社会资本"的中国本土化定量测量研究[M]. 北京:社会科学文献出版社. 2014:32.

[2] 转引自:桂勇,黄荣贵. 社区社会资本测量:一项基于经验数据的研究[J]. 社会学研究. 2008(3):122-142.

[3] 桂勇,黄荣贵. 社区社会资本测量:一项基于经验数据的研究[J]. 社会学研究. 2008(3):122-142.

[4] 黄荣贵,桂勇. 集体性社会资本对社区参与的影响——基于多层次数据的分析[J]. 社会. 2011(6):1-21.

[5] 陈捷,卢春龙. 共通性社会资本与特定性社会资本——社会资本与中国的城市基层治理[J]. 社会学研究. 2009(6):87-104.

[6] 罗伯特·D. 帕特南. 使民主运转起来——现代意大利的公民传统[M]. 王列,赖海榕,译. 北京:中国人民大学出版社. 2017.

[7] 胡荣. 社会资本与中国农村居民的地域性自主参与——影响村民在村级选举中参与的各因素分析[J]. 社会学研究. 2006(2):61-85.

进社区参与,而另一方面社区社会资本的缺失也是阻碍社区参与的重要因素之一。[①] 张红霞认为,社区认同感对社区参与存在影响,人们对社区的认同感越强烈,对小区活动参与的积极性也越高。[②] 王永益指出,重建社区公共精神纽带的最佳路径是通过构建社区友爱、互助、合作及信任等关系网络来提升社区社会资本的存量,实现社区公共精神的形塑。[③]

基于上述研究得出社区社会资本的存量会有助于居民的社区参与。结合名古屋大学社会学系的研究报告以及笔者的参与观察和访谈了解到,D社区的社区社会资本较高。首先,居民在社区中有较紧密的社会网络关系,建构了稳定的家庭关系、亲戚关系、朋友关系以及工作关系,这有助于社区社会资本的积累。其次,社区内有很多社区组织,为居民的社区参与提供了平台。并且,自治区等组织在居民心中有较高的信任度,通过自治区的活动,促进了多样化社区活动的参与。再次,居民在社区中具有较多的社区交流机会,也有较高的满意度,形成了较高的社区凝聚力和归属感。

从整合性社会资本和链合性社会资本的划分来看,D社区具有较高的整合性社会资本特点。如居民在社区中有较高的归属感和认同度,居民对自治区具有较强的信任和归属感,会基于参与自治区的活动而扩大自身的社区参与。并且,男性居民在社区中也有较强的"业缘"关系,女性居民也围绕学龄期儿童促进社区参与,都表现出较强的整合性社会资本。从链合性资本的角度来看,男性居民由于工作原因,能够参与企业社会贡献活动组织以及劳动组织的活动。但是整体来看,居民层面的链合性社会资本较为薄弱,志愿活动的参与比例以及意愿都相对薄弱。由此,D社区居民层面整合性社会资本较强,而链合性社会资本较弱。但是由于日本的社区自治是"团体自治",自治区是社区对内整合和对外连接的桥梁和核心所在。由此,居民基于较高的社区社会资本,促进了居民之间的交流,有助于社区参与。也表现出产业地域社会的独特性社会资本特点。

---

① 涂晓芳,汪双凤. 社会资本视域下的社区居民参与研究[J]. 政治学研究. 2008(3):17-21.
② 张红霞. 不同居住区居民社区参与的差异性比较——对上海两个社区居民参与情况的调查[J]. 社会. 2004(5):54-56.
③ 王永益. 社区公共精神与社区和谐善治:基于社会资本的视角[J]. 学海. 2013(4):101-106.

3. 集团主义文化

一方面，日本具有集团主义文化，主要表现在共同讨论社区活动、参与社区治理、解决社区问题等。不仅如此，日本是多灾多难的国家，其每个居民的风险意识较高，也充分认识到只有"抱团取暖"才能应对生活中的各类风险。由此，至今为止居民都愿意加入"町委会"，参与社区活动。另一方面，"长老文化"促使老年人的社区参与，做到社区领导虽然工作较多，但是也会形成精神上的"满足感"，社区居民也会尊重老年人，尤其会尊重社区领导。不仅如此，日本"男主外女主内"传统，也塑造了男性代表家庭参与社区活动的传统。当前，D社区自治区以及各类组织的领导都以男性居民为主，尤其是以男性老年人为主。这也表明日本的传统和文化对居民的社区参与具有重要影响。

4. "以孩促动"

整体来看，D社区老年人的社区参与比例和频率较高，而年轻人的参与相对较低。但是，年轻父母会以孩子和社区"儿童会"为媒介也会参与社区活动。如上所述，日本家庭素来具有"男主外女主内"的传统，养育孩子，尤其是养育学龄期孩子的工作主要由其母亲担任（随着社会发展这一现状有所改变，但大体来讲依然如此），所以在此主要分析女性的社区参与。

日本女性的社会参与一直是学术研究的重要领域。传统日本社会受中国"儒家"思想的影响，"男主外、女主内"的观念仍然深入人心，女性"家"本位思想较为明显，就业呈"M"型。[①] 王立波在总结日本家庭主妇阶层的基础上认为，家庭主妇阶层的形成促进了女性的社区参与。[②] 日本学者认为，女性在注重私的领域过程中无法充分参与公共圈活动，所以，育儿期的女性会通过儿童组织来与其他组织产生社会网络。[③] 也有学者指出女性运动主要集中在"保健、医疗、教育、福祉"等劳动力再生产的领域。[④] 针对丰田市女性的社区参与，早期研究主要认为，在紧张严格的公司制度背景下，丰田汽车公司员工的家庭关系形成"夫＝父不在"的关系，在企业管理和支配下，女性的社区参

---

① 胡澎. 近现代中日妇女社会地位的变化[J]. 当代亚太. 1999(1)：53-57.
② 王立波. 日本家庭主妇阶层的形成[J]. 社会. 2004(10)：48-51.
③ 矢泽澄子，国広陽子，天童睦子. 都市環境と子育て—少子化・ジェンダー・シティズンシップ[M]. 勁草書房. 2003：171-201.
④ 渋谷敦司. 都市とフェミニズム運動女性の視点からの都市再生[M]//吉原直樹、岩崎信彦. 都市論のフロンティア. 有斐閣. 1986.

与较少。① 但是，这是 20 世纪末的研究，是企业形成时期和发展时期的现状，现在安定的企业发展和安定的地域关系，与上述描述具有较大差异。近期研究中丹边宣彦等人认为，企业就职类别对女性的社区参与影响较小，而定住化而产生的社会网络和近邻关系是女性社区参与的重要因素。除此之外，有学龄期的孩子也是女性社区参与的重要因素。②

从 D 社区的具体情况来看，如图 5.13 所示，有无学龄期孩子的女性在团体活动参与比例以及社区营造层面表现出较大差异。整体上参与社区营造的比例比团体活动经验要高，而有学龄期孩子的女性在一年以内参与活动的比例较高。从具体社区交流来看，如图 5.14 所示，有学龄期孩子比无学龄期孩子的社区近邻交流关系较为密切，女性在社区内以儿童为媒介促进了社区融入和参与。社区参与类型上，女性在环境改善、预防犯罪和交通安全、地域传统文化振兴和青少年育成等方面的参与比例相对较高。

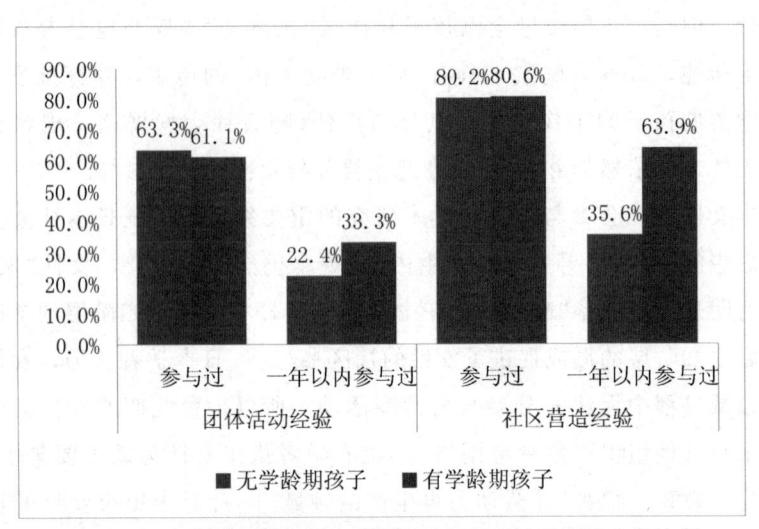

图 5.13 有无学龄期孩子女性的团体活动与社区营造参与比例

出处：基于图 5.5 文献第 81-82 页，作者自制。

---

① 職業・生活研究会. 企業社会と人間—トヨタの労働、生活、地域[M]. 京都：法律文化社. 1994：351-384.
② 丹辺宣彦，新城優子. 女性たちの社会活動参加—性別役割分業とライフステージをめぐって[M]//丹辺宣彦，岡村徹也，山口博史. 豊田とトヨタ—産業グローバル化先進地域の現在. 東京：東信堂. 2014：136-151.

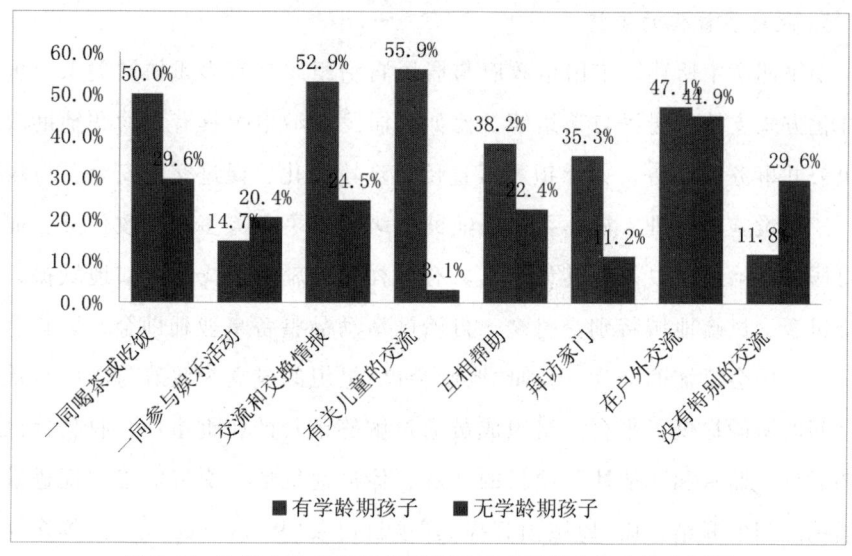

第五章 "共同体"建构：社区协同治理两种路径

图5.14 D社区女性有无学龄期孩子在近邻交流中的差异图

出处：基于图5.5文献第79页表格，作者自制。

在访谈中6女士谈道："我们愿意参与社区活动，也因为家里有小孩儿，在周末会带着孩子参与社区活动。"针对参与活动的契机时，7女士谈道："我们举办活动时会轮流组织活动，这次到我了。这次我们女性负责的是食品的制作。我很愿意参与社区活动，工作不是很累，而且也能跟邻里聊天，很开心。"

由此，从D社区女性的社区参与来看，女性在社区中有较高的社区社会资本，朋友数量较多且与社区居民之间的交往较多，所以女性的社区参与意识和频率较高。另一方面，有无学龄期孩子是影响女性社区参与的另一重要因素，有学龄期孩子的女性的团体参与经验及社区营造活动参与比例和频率都较高。从参与的类型来看，女性与男性一样，都在环境改善、预防犯罪与交通安全、地域传统文化振兴以及青少年育成等领域参与比例较高。从访谈中也了解到，女性居民在社区参与中能够结合女性的特征，主要承担食品制作等工作，而轮流承担工作也减轻了女性的社区参与压力，也促进了女性的社区参与。

5. 政府多样化的支持

如第四章中所述，丰田市政府与居民自治组织具有多重协同关系，也以多样化方式支持着居民自治组织。比如，居民自治组织具有协助和辅助政府解决公共事务的义务。如承担政策宣传、环境美化、促进交通安全、垃圾分类、广场设施的管理、推荐委员、辅助各级警察事务等多种行政任务。而政府对居民自治组织以及对其代表人，有多样化的辅助金支持。如地域振兴事务交付金、过疏地域特别交付金、自治区活动品整备事业辅助金、区长会辅助金、社区会议辅助金等。又如"地域会议"组织的成立为政府与居民自治组织之间的协同提供了平台。组织成员通过解答市长的咨询事项、收集社区居民的意见、监督和评估社区项目的开展、促进地域情报交流等工作促进政府与居民之间的联结。而"地域预算提案"项目以及"Wakuwaku 项目"等多样化方式，促进居民的结社和参与社区治理，有助于政府与居民自治组织之间的协同关系。

综上所述，在完备的自治区组织、较高的社区社会资本、集团主义文化、学龄期儿童的影响以及政府多样化支持背景下，D社区居民表现出对社区活动的较高积极性，促进了社区参与。其中，自治区对居民的参与起到核心作用，由此，下面将进一步对自治区展开分析。

四、组织化参与：丰富且持续化的参与路径

如上所言，完备的自治区体系成为居民社区参与的最核心要素。日本的社区治理是一种"团体自治"[①]，传统社会伊始就形成诸多居民自治组织，有效促进了社区自治。虽然在快速城市化、工业化背景下一度出现了"外部化的共同"或"共同体"式微特点。但是自1969年提出社区建设政策起，政府增加对居民自治组织的支持，另一方面居民也认识到只有依靠居民自治组织才能满足日常生活需求。由此，居民的组织化参与是居民参与治理的最核心要素，也是日本独有的社区文化。其中"町委会"是居民自治组织的代表和核心，"老人会""儿童会""妇人会"等组织是其重要的组成部分。丰田市将"町委会"命名

---

① 中田实. 新版地域分权时代の町委会・自治会[M]. 东京：自治体研究社. 2018.

为"自治区",现在共有301个自治区。从丰田市地域振兴课的调研中了解到,2017年丰田市全市自治区的加入率为80.9%,儿童会的数量为377个,妇人会119个,有42%的社区有妇人会,老人会有213个,加入率为21.1%。[①]有关自治区的来历以及定义、发展过程、功能等问题在第二章和第四章已经分析过,在此不再赘述,而以D社区为例重点分析自治区的构成、活动内容、参与方式以及发挥的功能等问题能够了解居民的社区治理参与的深层原因。

(一)自治区的构成

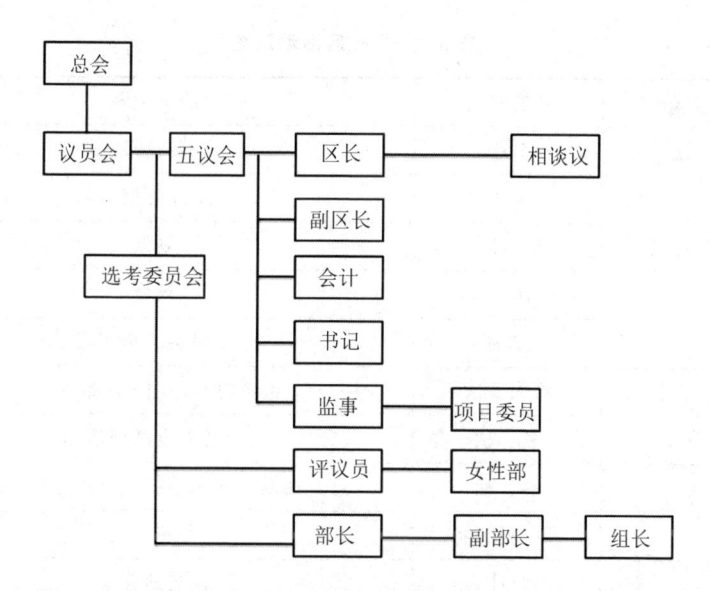

图5.15 D社区自治区组织关系图(结合调研资料,作者自制)

2019年3月24日D社区在2018年度总结大会上,完成了换届仪式,同时选出了61名新议员和134名新组长。D社区现在有区长1名、副区长2名、会计2名、书记1名、监事2名、评议员男女各11名、部长12名、副部长12名。社区组织图如图5.15。五议会主要负责社区内活动的计划运营等重要职能,评议员和部长主要承担各类"祭"的开展,选考委员会主要负责选出议员。社区居民必须要参与到社区开展的各类活动,才有机会晋升职位。

---

① 2019年3月22日丰田市市役所地域振兴课提供资料。

(二) 自治区的活动

在D社区建设50多年来，居民以"故乡建设"为口号，积极参与到社区建设中，每年定期开展着多种社区活动。其中社区活动主要集中在传统的文化祭、预防犯罪和交通安全活动、环境美化活动和自治区活动等四个方面。具体活动内容如表5.3所示，按照季节以及按照主题开展多样化社区活动，并且活动都以周末为主，因此促进了居民的积极参与。表5.4是笔者在D社区2019年5月和6月议员会中所了解的信息。

表5.3　D社区活动汇总

活动主题	开展时间	活动主题
传统文化祭	4月	樱花祭
	5月	涩谷祭
	8月	夏祭
	10月	秋祭
	12月	圣诞会、跨年祭
预防犯罪和交通安全	每周2次	预防犯罪巡逻(12部循环)
	春、夏、秋、冬	交通安全站岗活动
环境美化活动	春、秋	打草活动、河川清扫、垃圾管理(多次)
	春、夏、冬	种花活动
自治区活动	3月	议员研修会
	4月	组长研修会
	每月第三周六	执行议员会和议员会
其他	不定期	健康活动、敬老活动、青少年活动

出处：D社区调研资料。

表5.4　D社区5月、6月社区活动详情

日程	时间	活动主题	地点	参与者
5月18日(六)	10：00	执行议员会	区民会馆	执行议员
	19：00	议员会	区民会馆	议员全员
5月24日(五)	10：00	健康日	中央集会所	

第五章 "共同体"建构：社区协同治理两种路径

续表

日程	时间	活动主题	地点	参与者
5月25日(六)	8：00	美里中学体育祭	美里中学校	
	20：00	预防犯罪巡逻	中央集会所	4部
6月1日(六)	9：00	涩谷祭准备	涩谷公园	议员全员
	11：00	涩谷祭	涩谷公园	
6月2日(日)	11：00	涩谷祭预备日	涩谷公园	
6月8日(六)	9：00	执行议员会	区民会馆	执行议员
	10：00	割草机准备	友谊广场	议员全员
	20：00	预防犯罪巡逻	中央集会所	5部
6月14日(五)	10：00	健康日	中央集会所	
6月15日(六)	10：10	东山神社竣工式	东山神社前	
	19：00	议员会	区民会馆	议员全员
6月16日(日)	8：00	春季环境美化活动	自治区内	全员
6月21日(五)	7：00	资源垃圾回收(监督)	指定地域	
	10：00	健康活动	中央集会所	
6月22日(六)	18：00	夏祭实行委员会	中央集会所	议员全员
	20：00	预防犯罪巡逻	中央集会所	6部
6月28日(五)	10：00	健康日	中央集会所	
6月29日(六)	10：00	执行议员会	区民会馆	执行议员
7月5日(五)	10：00	健康活动	中央集会所	
7月6日(六)	10：00	招募赞助者	区民会馆	议员全员
	11：00	执行议员会	区民会馆	执行议员
7月11日(四)	7：30	夏季交通安全立哨	各指定场所	
7月12日(五)	10：00	健康日	中央集会所	
7月13日(六)		丰田舞蹈祭准备	指定地点	
	20：00	预防犯罪巡逻	中央集会所	7部
7月19日(五)	7：00	资源垃圾回收	各指定场所	
	10：00	健康日	中央集会所	

续表

日程	时间	活动主题	地点	参与者
7月20日(六)	7：30	友谊广场草场整理	友谊广场	担当组长、议员全员
	17：00	执行议员会	区民会馆	执行议员
	19：00	议员会	区民会馆	议员全员
7月26日(五)	10：00	健康日	中央集会所	
7月27日(六)	7：30	草场整理(预备)	友谊广场	担当组长、议员全员
	10：00	执行议员会	区民会馆	执行议员
	20：00	预防犯罪巡逻	中央集会所	8部
7月28日(日)		舞蹈祭、花火大会		

出处：D社区调研资料。

(三)自治区的功能

表5.5是丰田市D自治区所开展的活动内容及其功能分析。如上所述，D自治区每年都会开展多种多样的社区活动。这些活动发挥着下述对内和对外功能，社区内部讨论社区议题、形成社区共识、服务社区居民、整合社区组织，对外与政府、社会组织以及与其他社区之间进行交流和互动，代表社区辅助政府工作，引进社会组织开展志愿服务活动，促进着社区治理。

表5.5 D自治区的活动与功能

活动	类别	具体功能	对内/对外功能
执行委员会会议、议员会	形成合意、维持规范	地域统合	对内
樱花祭、涩谷祭、夏祭、秋祭、圣诞会、跨年祭	住民交流 形成社区意识	地域统合 对社区赋能	对内/对外
环境美化活动、集体割草、回收垃圾	环境维持 设施管理	生活充足	对内
预防犯罪巡逻、安全立哨	危机管理	生活充足	对内
参与丰田市活动	代表地域参加	对行政机能	对外/对内

续表

活动	类别	具体功能	对内/对外功能
健康日（行政）	辅助行政	对行政	对外
成立组织、讨论社区项目	调整多元主体	地域统合机能	对内

出处：结合D社区的调研资料，作者自制。

在访谈中曾担任过自治区区长的2先生讲道："自己的地域自己建设是最重要的事情。尤其是自治区的议员们是活动准备、开展到结束的总规划师、行动者，需要把全部事情都考虑好，进而才能建设安全、安心、愉快的社区活动。其中虽然也得到自治体（丰田市政府）的支持，但自己参与社区建设是最重要的。"

社区评议员4先生也讲道："自治区是地域的代表，有责任和义务保障居民的生活安全和舒适的生活环境，也只有通过居民的社区参与才能建设美好的家园。"

前D自治区主席1先生谈道："自治区每天的工作量非常多，不仅要准备新的活动，还要总结刚结束的活动，需要在议员会上公开和评议。自治体有新的情报时，也需要通过我们来传达给居民。不仅如此，居民谁家有事了，也会找到我们，我们也尽可能地提供帮助。"

由此，我们能够了解到，自治区是地域社会最重要的统合性组织，不仅是自上而下政府与社区之间的桥梁，也是居民之间互动、交流的枢纽。并且，自治区是居民自主参与的具有高度的自治权利的组织体，有完善的组织结构和规章制度，能够做到社区问题自己发现，社区问题自己讨论，社区问题自己解决以及社区问题自己改进。可以说，丰田市D社区围绕自治区形成了滕尼斯所述"共同体"。

五、多元化的协同治理网络

从D社区的协同治理网络来看，主要由政府、邻近自治区、高校、企业等主体组成。其中政府的支持以及政府与居民自治组织之间的协同关系在上述有所分析，在此不再赘述。

与邻近自治区之间，自治区也建立了良好的合作互动关系。在各小学校区为基础的微观治理系统自治区之上，也有以中学校区为组成的中观社区治理系统。中观系统是各自治区相互合作、共同协商和解决更广范围社区问题的平台。各自治区开展活动时其他自治区也会出人、出力帮助其开展社区活动。

由于丰田市是典型的产业地域社会，其城市社会治理以及社区营造等内容也吸引了诸多学者。以D社区与名古屋大学社会学系的协同关系为例，形成了正式、非正式的双重协同关系。正式关系是指两个主体之间的相对正式的合作关系。学者丹边宣彦教授称："在日本首次建立关系时，个人主要代表的是自己的单位，而非自己。比如我们与D自治区的关系是，名古屋大学与D自治区的关系，而非我与自治区的私人关系。"[①]近几年，名古屋大学对丰田市展开了诸多相关调研和研究项目，其中D自治区与丰田汽车公司具有重要关联，也成为名古屋大学开展调研的重镇，继而建立了一种正式的合作关系。另一方面，在多年的正式合作和协同过程中，双方也建立了紧密的非正式关系，或曰私人关系。这种关系促使双方在更广范围地交流、互动。

除此之外，社区在开展活动时除了受丰田汽车公司等大企业的支援之外，也会与近邻或社区内的商贩建立协同关系。比如笔者调研中了解到，"涩谷祭"活动中，有抽奖的环节，其奖品如抽纸、儿童零食等，都是由社区中的几个商贩所提供。由此，D社区的社区协同治理主要表现出以自治区为核心，多元主体协同辅助的治理模式。

---

① 笔者与丹边宣彦教授的交流笔记。

第二节 融入"社区":社会组织的治理参与

一、B社区介绍及人口特征

(一)地理位置

B社区位于丰田市西北部,社区四周环绕大山,社区内部高楼林立。社区距离"爱知县环状线"B社区车站徒步15~20分钟的距离,距离地铁"净水站"公交车10多分钟的距离,出行相对不便。

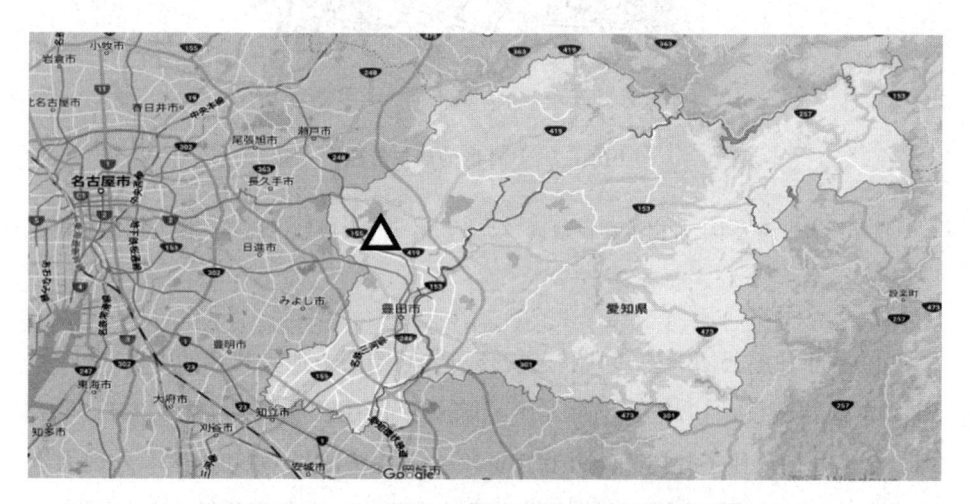

图5.16 丰田市与B社区位置(谷歌地图截图)

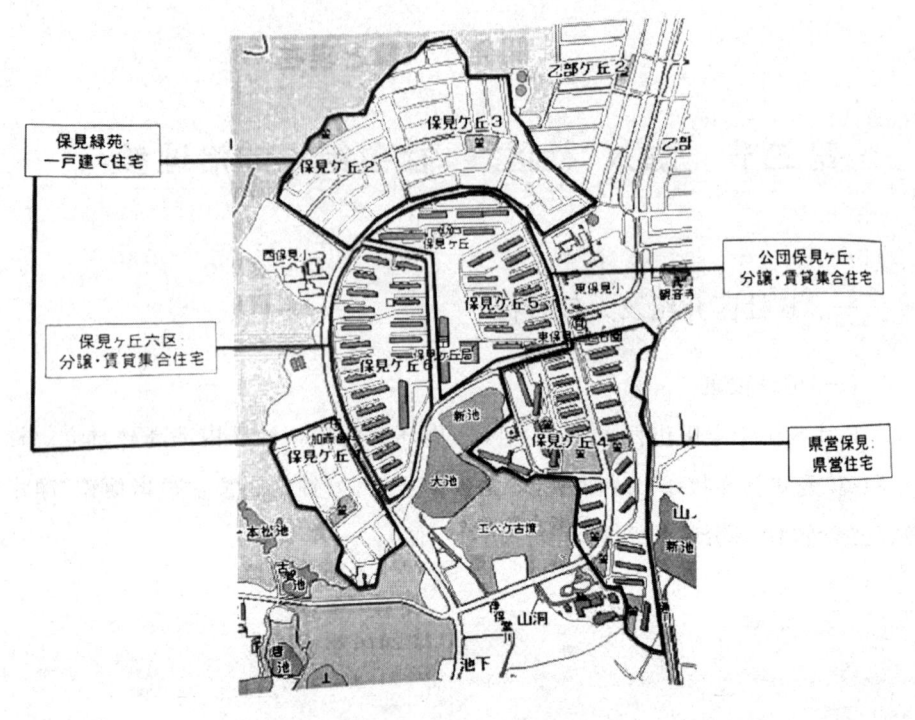

图 5.17 B 社区的居住形态

出处：名古屋大学. 外国人集住地区のコミュニティ形成と国際化—保见団地の現在[R]. 2016：4.

1969年住宅公团、爱知县和名铁公司共同购买土地，开始了房地产开发，1972年开始建设，1978年开始入住，形成了B社区最早的雏形。1980年后期，这里开始入住了外国人，并在1990年"入管法改正"的基础上，外国人逐渐增多，1996年居住B社区的外国人超过1 000人。在此背景下，社区出现了冲突事件，从而社区融入成为当地重要的社会问题。随着社区建设的推进，2006年前后垃圾分类、停车规范等问题逐渐得到改善，2007年外国人超过了45%。2008年在金融危机背景下，社区中的巴西人出现了减少倾向，但是随着经济复苏，外国人又出现了增多现象。

(二)社区人口

从图5.18能够了解到近10年里社区内人口没有明显的变化，具有较高的稳定性。从图5.19能够了解到，社区内日本人数量在逐年减少，人数比例

第五章 "共同体"建构：社区协同治理两种路径

已经少于外国人。相反，外国人的数量在逐年增加，其中巴西人的数量已经占据总人数的一半以上。由此，人口混住化是其重要的社区特点之一。

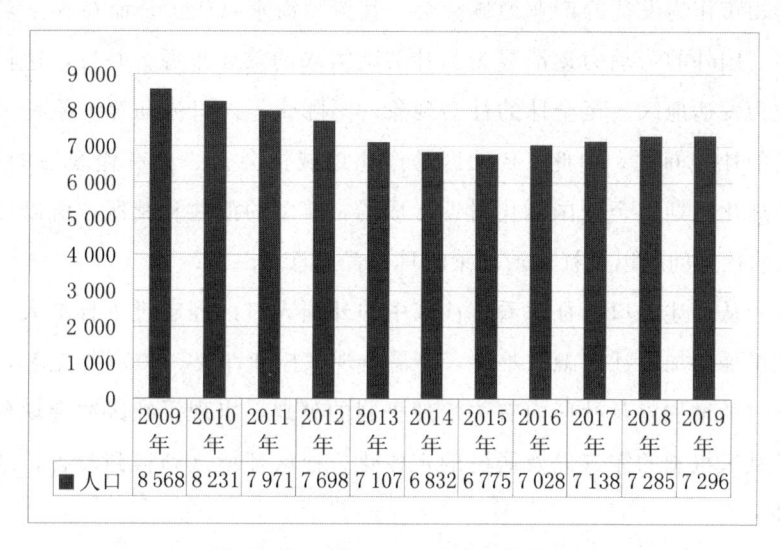

图 5.18　B 社区近 10 年人口变化图

年份	2009	2010	2011	2012	2013	2014	2015	2016	2017	2018	2019
人口	8568	8231	7971	7698	7107	6832	6775	7028	7138	7285	7296

数据：丰田市经营战略部国际社区营造推进课. 丰田市外国人数据集[R]. 2019.

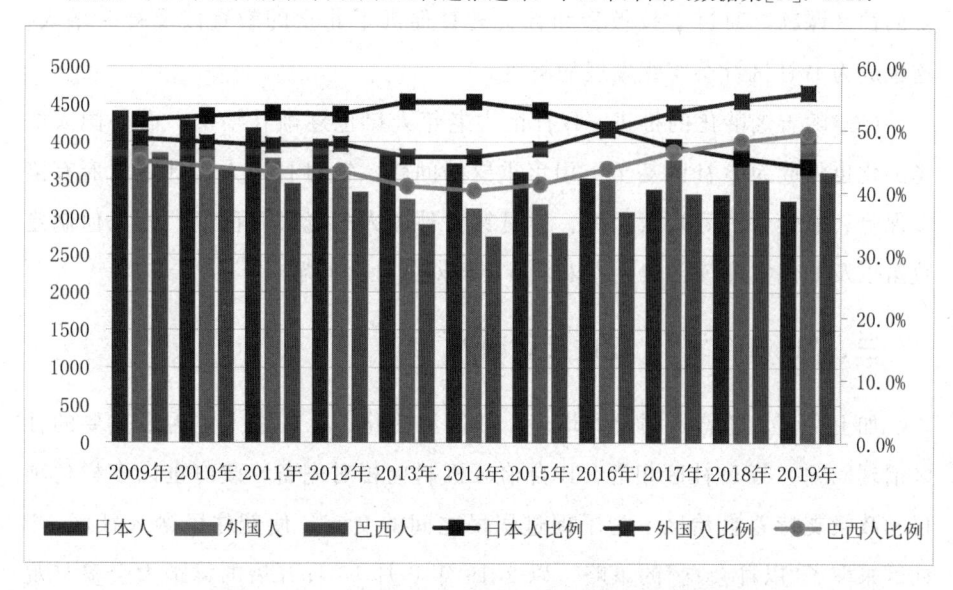

图 5.19　B 社区日本人、外国人与巴西人的数量与比例

数据：基于丰田市外国人数据集[R]. 2019，作者制图。

二、社区问题的形成与困境

丰田市作为发达的产业地域社会，其劳动需求量较大。而在少子老龄化背景下，国外的劳动力逐渐成为弥补劳动需求的重要来源。并且，这种现象逐渐成为发达地区甚至全球的社会现象，国际化、人口流动等现象是未来普遍面对的社会问题。由此，B社区是产业地域社会又一具有代表性的社区，是在全球化时期，企业国际化时期形成的，典型的混住化社区。所以，了解B社区的社会问题以及社区治理策略具有普遍意义。

（一）从上述人口特征来看，社区中的外国人口已经超过了日本人。而外国人的增加会加剧社区融入难度，容易出现摩擦和冲突。2000年左右，随着外国人口的增加以及社区内有关治理机制的欠缺，出现了社区冲突现象。但是随着社区机制的完善以及居民的定住化，社区环境逐渐得到改善，减少了社区冲突。

（二）随着外国人人口的增多以及定住化，外国人儿童的教育成为重要的社区课题。所以，多年来丰田市政府以及社会力量也将儿童教育问题作为重要的社区课题，通过学校教育和社会教育促进了儿童的教育以及社区融入。这也成为B社区社会组织发展的契机。

（三）随着老龄化的推进，B社区中老年人口也逐渐在增加。而外国人的老龄化也将成为B社区甚至丰田市重要的问题。针对日本人，日本政府有诸多保险、养老介护等政策保障，但是针对外国人的老龄化问题，该如何制定政策以及如何实施等已然成为未来所要面对的社会问题。

三、"以舞会友"：促进社区融入

如上所言，随着外国人的增多，社区混住化、社区融入成为最重要的社区治理问题。与D社区相近，B自治区机制也相对完备，政府也以多样化项目和政策支持着自治区。为了促进居民之间的交流，使新住民融入社区，B社区采取了"以舞会友"的策略。以2019年6月16日开展的舞蹈大会参与观察为例，共有8支舞蹈队参与演出，主要有老年人团队、妇女团队、中学生团队、小学生团队等。

第五章 "共同体"建构：社区协同治理两种路径

（一）自治区主导，志愿者辅助。活动主办方为B自治区，活动策划、活动开展以及活动总结都由自治区以及各组长协调安排。活动开展需筹备诸多事务，如场地申请、物资准备、道具准备、嘉宾接待、安保工作、应急管理等。从现场活动来看，自治区主席是活动的总协调者，其他成员也会分管各不相同的工作。由于工作人员有限，B自治区与名古屋大学以及中京大学（丰田市校区）建立了长期协同关系，开展活动时有很多学生志愿者参与其中，与社区工作者一同负责不同的事务。志愿者参与首先要在登记册上进行登记（姓名、单位），而后社区工作者将会分配任务，将志愿者安排在各不相同的岗位。岗位主要有演员管理、停车场管理、嘉宾登记、舞蹈现场管理、垃圾回收等。工作完毕，自治区会给每个志愿者分发服务酬金。从整个过程来看，活动开展得井然有序，自治区工作者和志愿者相处融洽，合作紧密。

（二）参与者以及协同参与者。首先，活动作为自治区的较大规模的活动，吸引了本社区以及近邻社区的几千名观众。不仅有日本人，也有很多以巴西人为主的外国人。无可否认，活动开展将居民吸引到社区活动场地，为居民之间的交流提供了契机。其次，在舞蹈场地旁边有一排临时小吃街，这是自治区与相关商贩协同参与的一个路径。商贩会以资金、物资的形式支持自治区活动，而自治区也会给这些协同关系者提供场地，促进了双方的共赢。而具有各国特色的美食，同样吸引了诸多外国人的围观、购物。再次，自治区与各高校、近邻自治区以及志愿者建立协同关系，促进了活动的开展。从两名志愿者的访谈中得知，他们每年都会参与B社区的舞蹈大会，建立了长期的合作关系，开展活动时自治区领导也会与他们联系，邀请他们参与活动策划、开展以及评估等工作。

（三）活动成效分析

1. 活动的主办和参与主体主要以日本人为主，而巴西人较少参与。舞蹈队中没有一个完全由外国人组成的队伍，由此能看出外国人参与社区活动缺少一定的积极性。至今为止还是以观看者身份参与，而并未转变为参与者的身份。现在如饮食、桑巴舞蹈等巴西文化能够吸引巴西人，人们愿意参与到活动中。所以，未来的相关地域活动中，可增加如巴西语主持人、巴西人联络人等，进而促进居民之间的联系。

2. 巴西人中家长带孩子的情况较为普遍，并且这些人愿意接近舞台（中心地区），观看表演，甚至参与其中。并且在做问卷的过程中，简单地交流了解到，有些人来日本已经有十多年时间，具有一定的日语口语能力，也愿意与陌生人（志愿者）交流。所以，定住化的居民和携带孩子的核心家庭是促进社区参与的最重要的群体。由此，携家带口来到B社区的外国居民，其儿童的教育问题一直是当地的重要问题。对此，丰田市政府、教育部门、国防部门以及社区、社会组织等多元主体也在积极参与儿童教育工作。

3. 具有个性的（如纹身等）巴西人青年愿意在边缘地带（离舞台较远）观看表演，而不愿意参与其中。并且在做问卷的过程中了解到，有些年轻人不愿意与陌生人（志愿者）交流，也有一些人识字能力并不高，无法参与到问卷的填写过程中。由此，青年人的社会化和教育问题对他们的融入社会具有重要的影响。一直以来，B社区中的外国青少年问题较为突出，一方面他们的日语能力不高，无法很好地融入社区、融入当地生活；另一方面，由于学历、语言能力等限制很难找到工作，又加剧了社会融入的难度。由此，青少年教育等问题也是B社区当前的重要课题。

4. 如果说最近几年，巴西人的教育和融入是本地重要的课题，而未来几年巴西人的老龄化问题也逐渐呈现，成为地区问题之一。在访谈中了解到，一些巴西人来到日本已经二三十年之久，早已融入当地生活。B社区开展活动时也会积极参与其中，多年以来在日本人和巴西人之间的融入和交流发挥着重要作用。但是由于未获得日本公民资格，在年老的过程中也遇到了诸如看病、住院、介护等方面的问题。所以随着时间的推移，外国人的老龄化问题也即将到来，这也会给社区治理带来潜在的难题。

由此，通过对B社区舞蹈大会的参与观察和访谈了解到，舞蹈大会的开展给社区居民的交流和互动提供了契机，并在具体实践过程中也吸引外国人家长、儿童、积极分子的参与。不仅如此，在社区活动开展过程中，自治区积极与政府、高校、企业等多元主体建立协同关系，为活动的顺利开展提供了保障。不可否认，虽然舞蹈大会逐渐成为社区的一个文化符号，有助于居民建立社区归属感，但是由于开展时间短以及外国人居民的参与率低等问题，所发挥的功能还有所欠缺，而在面对社区多样化的课题，也需要其他主体和其他方式的社区治理。

四、协同网络扩张：社会组织的参与

如上所述，近年来丰田市外国人数量逐年增多，外国人的社区融入成为新的社区治理课题。尤其丰田市B社区是外国人聚集区，如何促进外国人的社区融入、如何提升外国人的日语能力等问题得到了社区治理多元主体的重视，NPO法人等社会组织成为弥补政府和社区提供专业服务的重要主体。下面，笔者将结合对B社区的参与观察、无结构式访谈以及结合名古屋大学社会学系对B社区的调研报告书等资料，明确社会组织如何参与社区治理这一问题。

B社区建设于20世纪70年代，80年代后期开始入住了外国人。当时，企业和人才派遣公司将B社区的住宅当成企业员工宿舍，以巴西人为首的外国人开始入住于此。随着1990年《出入国管理法》和《难民认定法》改革后，B社区的外国人逐渐增多，出现了垃圾分类、夜间噪音、乱停车等诸多社区问题。当时，为了解决社区摩擦、促进社区融合，B社区自治区与外国居民一起开展了夏祭活动，促进了居民之间的交流。但是直到90年代后期社区问题都没有得到缓和，到21世纪，盗窃等问题也逐渐显现，儿童入学、青少年学习支持、就业指导等问题成为解决社区问题的突破口，开设了B之丘国际交流中心、日语教室等设施和场所，有效改善了社区环境。

丰田市政府国际课是管理外国人问题的主要部门，据国际课工作人员的介绍，针对外国儿童教育问题采取了三个方法。首先，自2000年开始在西B小学校、市立野见小学校和市立高岭小学校等地开设语言教室，给学龄儿童提供学习日语的机会。其次，2013年派出51名工作人员，指导外国儿童的学习，其中有13名住校的指导员，30名巡回指导员和8名教室指导员。最后，连接NPO法人资源，将外国人儿童有关的事务委托给NPO法人。针对NPO法人的社区参与，国际课的人进一步解释道，政府无力承担和无力解决所有问题，另一方面随着外国儿童日语水平的提高，学习需求以及求职等需求也随之出现，不得不借助社会力量解决问题。①

由此，B社区中的社区问题较为复杂，社区融入、社区教育等问题交融在一起，为政府与居民自治组织的社区治理带来难题，不得不借助社会组织的力量来解决问题。

在B社区有关外国儿童教育的NPO法人有"儿童国""Torcida""HOMIGO"等团体。以"Torcida"为例，组织是自1998年开始组建的志愿者团体，到2003年正式认证为NPO法人。工作人员虽然每年都有微小变化，但是大多都是13人左右。刚开始组织是以不上学的外国儿童为对象，给他们提供社会性教育和日语学习场所为工作重心的。组织在开展活动过程中承接了文部科学省的"定住外国人儿童上学支援事业"和丰田市"外国人不上学儿童事业"等项目。在此背景下，"Torcida"组织在B社区开设了"CSN教室"，也在丰田市国际交流协会开设了"CSN教室"，前者主要是针对B社区外国儿童的，而后者针对的是B社区之外的更广范围的外国儿童。组织刚开始时主要工作是给儿童提供学习场所，以"大家的日语"等教材为主，志愿者和老师制作的手卡等为主开展课程，学生最小5~6岁，最大也有成年的青少年。随着多年的开展，组织逐渐增多了服务内容，增加了工作咨询、升学支持等多样化支持项目，开展着多样化活动。但是从组织的发展来看，组织也存在无法满足所有外国儿童的需求、志愿者参与不足等问题。②

由此，我们能够了解到，NPO法人、志愿者组织等社会组织的社区参与确保了多样化社区问题得到解决，能够应对政府和自治区等组织无法涉及或解决不好的课题。从B社区的社会组织的发展情况来看，是在承接文部科学省和丰田市的项目的基础上展开的，由此促进了政府与社会组织的"协同"。笔者在参与观察时也了解到，自治区与社会组织也建立协同关系，开展着多样化社区活动。但是不可否认，社会组织的发展规模、发展能力以及影响力层面，还存在不足，也存在人员不足等发展困境。

---

① 名古屋大学社会学研究室.产业都市丰田市のコミュニティ形成[R].2015：138-145.
② 名古屋大学社会学研究室.外国人集住地区的コミュニティ形成と国际化—保见团地の现在[R].2016：171-175.

五、多元化的协同治理网络

从B社区的协同治理网络来看，主要由政府、邻近自治区、高校、企业和社会组织等主体组成。与政府和邻近自治区之间的协同关系与D社区具有相似性，在此不再赘述。

由于丰田市是典型的产业地域社会，且B社区的特殊性、典型性也吸引了很多学者。针对自治区的社区融入、社区教育、社会网络等多方面展开着多样化研究。以中京大学（丰田校区）为例，以舞蹈大会为契机与自治区和志愿者合作，开展了"巴西人的社区融入"为主题的调查。这也是自治区与高校之间建立的正式关系，学校给自治区输入志愿者，自治区给学者提供调查机会，双方建立了良好的协同关系。除此之外，在"大集会"中的参与观察中发现，高校老师和自治区领导之间除了正式关系外还建立了良好的私人关系，也会一起烧烤、喝酒、谈天说地。由此，自治区与高校之间的合作促进了社区问题的发现、讨论、研究以及寻求解决路径。

在B社区围绕儿童教育问题，促进了社会组织和志愿者的广泛参与。社会组织的社区参与为社区问题寻求了更多的解决途径，有助于社区善治。从社区治理现状来看，社区内居民自治组织和社会组织具有协同治理特征。首先，居民自治组织具有较多的权利和较高能力参与社区治理中，统合社区居民参与社区治理活动，基本满足日常的生活需求。社会组织的参与只能起到补充居民自治组织的作用，由此是一种辅助性的主体，而非社区治理最重要的主体。其次，从二者之间的关系来看，能够起到互补作用。一方面，社会组织能够弥补居民自治组织的不足，开展专业活动。另一方面，居民自治组织能够详细掌握社区问题和需求，能够较好地宣传和带动居民，能够促进社会组织的社区嵌入。再次，从协同治理实践来看，居民自治组织能够为社会组织提供场地、人员等助力，而社会组织能够链接志愿者以及社区之外的多样化资源，促进活动的展开。由此二者之间建构的是一种为了共同目标而共同参与社区治理的互补关系。

与此同时，B社区开展活动时也与企业、商贩等多元主体建立了协同关系。如舞蹈大会中的美食一条街的开设等都表现出与其之间的协同关系。总之，B自治区的社区治理表现出，自治区为主导、社会组织为辅助的治理模式。在多年的治理实践中促进社区融入，为外国儿童的日语教育以及社区教育，发挥了重要作用。但是，未来的社区治理实践也面对多样化挑战，需要不断加强社区协同治理。

第三节　社区协同治理成效

从社区协同治理结果和成效来看，可以分为既定的目标和新的结果两种类型。从 D 社区和 B 社区的具体成效来看，可分为协商社区课题、建构社区规则、解决社区问题、形塑社区文化、获得社区归属等多样内容。

一、协商社区课题

社区中存在多种课题，从丰田市的社区治理项目来看，可分为公园建设、道路建设、美化环境、垃圾分类、儿童教育、老人健康问题等多种内容。

首先，从协同主体来看，社区内有自治区、地缘型组织、地区区长会、社区会议以及地域会议等。这些组织能够结合社区课题的大小或种类分为不同等级的会议，讨论和协商社区问题。社区外有高校、社会组织、志愿者组织等主体的参与。这类组织的参与能够从多元视角分析和讨论社区问题，有助于多样化理解。

其次，从协同方式来看，主要采取的是开会讨论的形式。以 D 社区为例，从几个月的参与观察中了解到，D 社区每周会开展一次"执行议员会"，每个月会开展一次"议员会"。执行议员会成员主要由自治区领导组成，从中能够形成议题、方案，而议员会成员除了自治区的领导之外还有各小组组长、副组长以及居民。议员会主要流程是，总结上个月开展的活动(内容、资金、成效、存在问题)、宣读重要文件或通知(灾害情报、养老情报、文化活动等)、讨论议题和形成共识(如组织成立、开展活动等)、通告下个月的活动(内容、时间、地点、注意事项等)、提案(可针对社区问题表达自己的想法，并讨论等)。以 B 社区为例，舞蹈大会完毕，一周后开了一次"大集会"，这也是讨论活动内容、评估活动开展以及提出建议的一次非正式会议。学者、志愿者以及居民通过参与大集会能够在桌面上讨论社区问题，有助于多元主体之间的充分讨论。

最后，从协商过程和成效来看，居民的社区参与有助于居民发现社区课题、居民讨论社区课题、形成共识并采取行动。从参与观察中了解到，区长、监事等有职位的领导，在开会时需接受议员的提问甚至是质疑和批判。会议期间居民之间具有平等的姿态，能够促进横向的交流，这有别于科层制的等级分明的制度。

二、建构社区规则

通过协商社区课题，居民之间会针对某一问题而形成规则。这种规则可以是基于法律文件形成的正式规则，也可以是基于道德规范形成的非正式规则。无论何种规则，都需要居民去认可和维护。以日本的垃圾分类为例，具有正式与非正式双重性格。

20世纪80年代伊始，日本传统的垃圾处理方式，如填埋和焚烧等方式无法有效处理垃圾，成为重要的社会问题。基于此，日本政府调整垃圾管理政策，从废弃物的末端治理转向生产消费环节的源头预防，通过有效的垃圾分类来改进焚烧技术，将污染减少到最低。90年代日本的垃圾分类效果逐渐显现，资源化比例逐渐从1980年的2.50%提升至15.20%，21世纪初进入循环利用阶段，资源化比例达到了19%。[1] 现在日本已形成完善有效的垃圾分类制度，主要由定时回收、立法监督、教育普及、惩罚等多样化措施。每个地区（一般市一级）都有相应的垃圾回收日，且在社区内都有相应的垃圾投放点，所以社区成为管理和监督居民垃圾分类的主要源头。

由此，垃圾分类是正式的法律规则，也是居民自己维护和遵守的非正式规则。为了规范和帮助居民更好地遵守这一规则，每次开会都会提醒居民自觉维护垃圾分类规则。在D社区，社区为了有效管理社区内垃圾分类和回收，自治区每月第三周周五会安排相应的小组和个人，指导和监管垃圾分类和回

---

[1] 中国产业信息网，水世界订阅号. 日本垃圾分类的发展历史分析[N/OL]. 2019-7-24.

收情况，如出现违法或乱投弃行为，社区内会有人对其展开教育甚至是罚款。

所以从垃圾分类政策和规则来看，不仅有政府以制定法律法规等正式方式参与，也有居民自治组织的轮流监管和宣传等非正式参与，更加离不开居民的认可、配合和遵守。由此，针对社区课题形成共识和规则，是协同治理的结果，也有助于社区善治。

三、解决社区问题

多元主体的协同治理有助于发现和解决多样化社区问题。从微观视角来看，居民的参与进一步促进了多元主体的协同治理，也促进了社区问题的解决。

如，由于丰田市是汽车城市，而 D 社区不仅离市区较近，社区附近也有很多相关的关联企业，因此道路网较为发达。道路发达的社区空间，虽然有助于居民的出行，尤其在汽车城市中，汽车出行成为居民首选出行方式，但是道路安全是 D 社区又一重要的社区问题。从图 5.10 能够了解到，D 社区居民参与"预防犯罪和交通安全活动"的比例较高，参与过的比例达到 53.5%，近一年内参与过的居民也有 15%。另一方面从参与交通安全活动的居民来看，不仅通过自治区活动来参与活动，也有自主地参与活动。其中参与交通安全活动有自治区活动经验的居民参与比例为 52.6%，而自主参与或通过其他途径参与的比例有 24.8%。近一年的参与比例来看，前者 46.3%，后者占 34.3%。由此能够看出，D 社区的空间具有汽车城市的特征，居民会通过自治区或其他途径参与交通安全活动。所以，交通发达的空间结构也成为居民社区参与的媒介，为居民的社区参与提供了平台。

又以居民参与种花与割草活动为例。D 社区居民为了美化生活环境，每年都会定期展开种花、割草、河道清理等多样化社区营造活动。从表 5.2 中也能了解到，居民的社区参与比例最多集中在居住环境美化活动，有超过 6 成的居民都参与过美化环境活动。从笔者对"割草"活动的参与观察中了解到，"割草"活动是 D 自治区环境美化活动的一个组成活动，2019 年的活动为 6 月 16 日展开。首先，在 5 月 18 日的议员会中提出了本年度的割草行动的日期和相关事宜，并规定 6 月 8 日(周六)整备和修理割草机，并于 6 月 16 日(周日)开展活动，如遇下雨天顺延至 6 月 23 日(周日)。其次，在 6 月 8 日这一天负

第五章 "共同体"建构：社区协同治理两种路径

责整备割草机的议员和组长们按相关组划分了机器，以便活动日的顺利行动。最后是活动开展当天的组织与协调等，活动日当天的安排如下：

令和元年春天的环境美化活动实施要领

1. 时间：令和元年 6 月 16 日（周日）8：00—

   如遇下雨天顺延至 6 月 23 日（周日），是否顺利开展早 7：15 由区长告知。

2. 场所：各组分配到的场地

   7：00—执行议员集合—中央集会所

   7：15—区长决定是否开展活动（如停止会电话告知各组长）

   7：30—割草机分配—各组长（申请割草机的组长）—中央集会所

   8：00—各组长在指定地点集合参与活动的居民（讲解安全须知）

   8：10—开始

   10：30—预计完成，完工度由各组长确定，完工后负责人归还割草机。

3. 注意事项

   使用割草机时确保 2m 以内没有人；

   使用割草机时注意车辆等；

   请注意蛇、蜜蜂等有毒动物。

   如遇到突发情况时按照以下顺序通报：本人—组长—部长—事务所（副）

   紧急时致电 120，由组长视情况决定。

   休息日值班医院：

   6 月 16 日，齐藤医院，四乡町，44-0033.

   6 月 23 日，浅井门诊，中根町，53-7711.

   注：诊疗费自出，但是会以"区长共济"支援部分资金等。

   出处：D 社区 6 月订立议员会资料。

以 B 社区为例，开展舞蹈大会、开展外国儿童社区课堂等方式也都是解决社区问题的具体路径。由此，社区内的环境美化活动成为居民社区参与的契机，通过种花、割草、河道清理等活动不仅美化了生活环境，也通过与居民之间的交流和互作，促进了社区居民之间的关系。也可以看出，活动开展时提前与邻近的诊所等部门沟通，促进了多元主体的协同参与。

四、形塑社区文化

D社区是在市内企业发展过程中形塑的"新的社区"，而社区建设过程中形塑的社区文化成为协同治理重要的结果。B社区是在全球化、国际化过程中形塑的混住化社区，是"本地—外地""本国—外国"居民融入的社区。而舞蹈大会的开展也已形塑特定的社区文化，有助于居民的社区参与以及社区融入。

以D社区为例，形塑社区文化的重要途径是开展社区活动。D社区的多样化社区活动是联结居民，促进居民之间的交流，使社区真正成为共同体的重要原因。如上分析，笔者结合调研资料整理了社区一年中所开展的社区活动，D社区按照不同季节开展"樱花祭""夏祭""秋祭""冬祭""运动会"以及其他多样类型的社区活动。像丰田市这样活动较少的城市中，正是这些多样化社区活动才增加了一些临时、非固定的互动空间。①

以社区中开展的"祭"活动为例，这是一种传统文化，也是联系居民的一种纽带。居民通过这类活动促进交流。如笔者在D社区的"秋祭"活动的参与和调研中发现，除了上述"狮子舞·太鼓·音头舞蹈保存会"的文化活动之外，还有"制作D社区独特食品""分发D社区的糖"等活动。据D自治区主席3先生介绍："制作我们自己的独特食品，是想让居民，包括小孩儿都能参与进来，能够对自己的家园有更深的记忆。而分发糖类小吃活动，我们对其增加了文化意义，即得到糖或者说得到越多的糖的孩子，是被我们D自治区神所保佑的孩子，一年之内会顺顺利利，健康成长。"除此之外，社区中还建设了自己的神社，形塑了具有自身社区特点的文化。

五、获得社区归属

在B自治区主席8先生在访谈中谈道："我特别喜欢我们的社区，喜欢跟

---

① 中根多惠，中村麻理，丹边宣彦. 自治区活动とまちづくり—第二世代の「ふるさとづくり」の可能性と課題[R]//名古屋大学文学部社会学研究室. 変貌する豊田—グローバル化と社会の変化に直面するクルマのまち. 2018：110.

各国的人交流。你看他们(指大集会中参与的巴西人家庭)一家子来到B社区后我们就认识了。她(巴西人家庭的孙女)从出生之后我就看着她长大,现在都这么大了(10岁)。他们都成了我的好朋友,我怎么能不喜欢这个社区呢?"社区居民巴西人13先生和14女士也说道:"B社区已经是我们的第二故乡,也是我们未来继续生活的社区。因为我们是巴西人,也能熟练掌握日语(与自治区主席开玩笑说,至少说得很溜吧),所以我们能够在社区中进行宣传、调节,促进巴西人的社区融入。在此过程中我们很开心,即使老了也对社区发挥了重要作用。我们爱B社区。"

D社区通过多元主体的协同治理以及居民的积极参与形塑了自身特点的社区文化,这也反过来促进了居民的社区归属感。如在社区社会资本分析,居民在D社区生活的平均数为20年,其中男23.6年,女16.1年。而针对是否爱社区这一问题,居民的回答整体来看有74.1%的居民回答,"非常爱"15.7%和"一定程度地爱"58.4%,而选择"不清楚"的16.1%,"些许不爱"7%和"非常不爱"2.8%的比例非常小,居民对社区具有较高的感情。由此,D社区已经成为居民心中的故乡,具有较高的归属感。

除此之外,居民在社区中也通过"赏花"等集体活动,促进了社区融入。在日本每年的樱花盛开时,社区居民,尤其女性居民和老年人群体都愿意出门赏樱花,各个家庭也会利用周末时间去各个公园进行野餐等活动。基于此,D社区居民会在樱花盛开时,开展"樱花祭",社区居民相聚在一起开展活动。从调研中了解到,D社区的樱花祭中参与的群体除了自治区议员和居民之外,还有丰田市政府的工作者、高校的老师等嘉宾。活动内容主要有,介绍嘉宾、制作食品、售卖零食、萨克斯表演、卡拉OK、售卖手工品等内容。"樱花祭"相比其他活动来讲,规模较小,主要参与的群体是老年人。不仅如此,在这一活动中也有残疾人士带来一些手工艺品摆卖,不仅参与到社区活动中,也通过售卖手工艺品获得一些收入。由此,D社区居民通过参与社区活动,形塑社区文化,获得了社区归属感,将社区建设为自己的故乡。这也进一步促进了居民的多样化社区参与,又会促进社区协同治理。

第四节 本章小结

　　社区作为居民生活共同体，居民的参与是实现社区善治的最重要的影响因素。D社区受产业地域社会影响，居民之间除了具有"地缘"关系之外还具有较强的"业缘"关系，即居民之间以丰田汽车公司或丰田汽车公司关联企业为中介，提升了居民的社区社会资本，全国各地的居民聚集在一起建构了"第二故乡"。现有的研究也总结出这种有较强"业缘"关系的社区治理和营造，发挥了积极作用。以此为契机，笔者了解到这类社区除了上述因素之外，完备的自治区体系、集团主义文化、政府多样化支持等因素也是居民积极参与社区治理的重要变量。B社区同样受产业地域社会影响，在当地企业国际化、全球化以及当地社会少子老龄化背景下，积极吸纳巴西人、中国人、东南亚国家的劳动者，外国人的聚集形塑了新的混住化社区类型。此类社区中显然没有D社区一样较高的"业缘"关系，但是在多年的社区治理实践中改善社区环境、促进社区融合，实现了社区的稳定与发展。从B社区的实证调研得出的结果是，除了与D社区一样的完备的自治区体系、政府的多样化支持之外，NPO法人等社会组织的参与有效辅助了政府和社区的不足，实现了社区问题的专业化解决。由此，我们从两个典型社区的个案分析中了解了当地社区中参与治理的主体有很多，而不同社区在解决问题过程中有着多样化路径。从多元主体的协同治理成效来看，有协商社区课题、建构社区规则、解决社区问题、形塑社区文化以及获得社区归属感等多种效果，继而建构着理想意义上的"共同体"。

　　通过对产业地域典型的两个社区的调研，了解到大企业的发展与社区社会资本的形塑、社区问题的发生都有重要关联。而社区治理过程中，自治区是社区治理的核心主体，多元协同治理主体围绕自治区形成了纵向交流和横向合作的协同治理模式，有助于社区善治。现在，随着丰田汽车公司的海外市场的开发，企业更多通过政府以及支援自治区等方式间接参与着社区治理。随着丰田市社区协同治理网络和机制的成熟，政府、自治区以及社会组织等多元主体的协同关系建构促进了社区问题的解决，朝着"共同体"在迈进。

第六章 产业地域社区协同治理内涵及建构特点

协同治理包含多种内涵，社区作为协同治理的实践场域，也具有治理主体、治理场域、治理目标、影响因素、治理实践和治理成效等多种内涵。所以，明确其内涵有助于促进对社区协同治理的深度理解。另一方面，社区协同治理建构不是多元主体简单的罗列和单纯的合作，而是在制度背景和复杂机制作用下的形塑。所以，明确围绕政府形成的社区协同治理制度背景和围绕社区形成的复杂协同机制是解锁研究问题的重点。与此同时，我们不可忽略产业地域这一变量，即应从独特的地域社会中寻求促进社区协同治理的影响因素，明确其概念，有助于展开比较研究。

第一节 社区协同治理内涵结构

社区协同治理强调的是多元主体以社区为场域建构协同关系，参与社区治理的过程。其中包含治理主体、治理场域、治理目标、影响因素、治理实践以及治理成效等多种内涵。

一、社区协同治理主体

协同治理主体即是回答谁参与的问题。从日本社区协同治理现状来看，参与主体主要有政府和行政组织、居民自治组织、社会组织、企业、高校以及居民个体。治理理论的主要特征是参与主体的多元化，是区别于以往政府为主的管理或市场为主的服务模式，而强调政府、市场之外的更多社会主体参与。由此，社区协同治理的主体是多元的，但是也要明确不同社区或不同地域社会的社区治理主体具有差异，如有些社区强调居民和居民自治组织，而有些社区则强调社会组织的参与，所以需要区别对待。

从丰田市社区中的多元主体来看，表现出如下特征：

首先，社区内有政府与居民自治组织之间的中间组织，即地域会议。地域会议是具有行政性质的组织，参与者属于地方公务员性质，但是参与者没有工资。成员主要由居民、居民自治组织成员等人员组成。一方面这类人员对社区具有较高的认识，能够了解社区存在的问题以及需求。另一方面由于这些行政组织具有严格的手续和流程，能够严格把关各类社区项目的运行。

其次，居民自治组织不仅是微观的单一社区内的组织，还有中观层面的较为广泛的居民自治组织，如地区区长会和社区会议。这类组织是联结几个社区的组织，成员主要由各小社区的区长等人组成，继而能够讨论社区之外的更广泛意义上的社区或地域问题，为社区之间的协同合作提供了基础。

最后，社区内有多种类型的社区社会组织。日本民众具有集团主义文化，群众愿意"抱团取暖"。社区内不仅有传统的老人会、妇人会、儿童会等组织，也有新型的为了解决某一社区问题的社区社会组织。这类社区社会组织有高度结社的意愿且得到政府的资金支持。这类组织能够在社区中灵活开展社区治理活动，能够辅助自治区的活动。

二、社区协同治理场域

协同治理的场域是具体开展治理活动的场所。社区协同治理即是以社区为治理场域。我们知道社区更多强调地域社会的"共同性"和"地缘性"的没有具体边界的场域。但是，在日本社区有明确的微观的边界，如自治区/町委会边界和广域的社区边界，如社区活动中心、××地域等。在中国社区通常是指行政划分的片区，也有明确的边界。由此，社区协同治理的场域即是具有明确边界的社区。

从社区的范围来看，丰田市的社区协同治理场域可分为小学校区的自治区或町委会范围和中学校区的广域的社区范围。自治区范围的社区治理主要是开展具体的社区治理活动，如美化环境等。而广域范围的社区治理主要是解决和讨论更广泛的社区问题，如 B 社区及邻近社区形成的广域社区中的外国人融合问题等。从社区内物理空间来看，社区中的广场、活动场所、草坪、河道等是居民参与具体社区治理活动的场所，也成为促进居民社区参与的平台。

三、社区协同治理目标

如上所言，社区协同治理主体是多元的，而参与主体各方代表的利益以及行为方式都有所差异。所以协同治理开展之前需要制订详细的协同治理目标。针对社区协同治理，治理的目标较为明确，即提供社区服务、保障社区安全、改善社区环境、促进居民参与能力实现自助与互助等。由此，针对不同的协同治理项目，应制订具体明确的治理目标，而不能含糊其辞，乱编乱套。

本书个案 D 社区位于市中心附近，每天的车流量较多，道路安全是重要的社区问题。所以 D 社区的社区治理目标中道路安全成为一个重要的目标。而 B 社区是外国人聚集的社区，且离市中心和车站距离较远。所以 B 社区的目标是如何促进外国人的社区融入、外国儿童的学习问题以及公共交通问题。整体来看，如第四章政府的社区参与中分析，有预防犯罪、健康、观光、交通、定住、环境、福祉、农业、自治、文化、公共交通、防灾、森林、产业振兴等多种取向。由此，我们也能够反思社区治理不仅是服务社区居民，而且应该包括多种目标和内容。

四、社区协同治理影响因素

影响协同治理机制形成的因素有很多，正如有的学者所言，协同治理系统环境中包含公共资源或服务条件、政策或法律架构、社会经济和文化特性、网络连接水平、政治动态和权力关系、冲突历史等因素。这都是影响协同治理开展的因素。针对社区协同治理，笔者认为下述三点最为重要。分别是：宏观的政治制度和社区政策、中观的主体发育和参与、微观的居民参与。

宏观的政治制度或国家治理体系是社会治理的风向标,社区治理作为国家治理的一部分是以国家治理体系为基础和背景的,因此这是社区协同治理的基础。日本国家和政府作为"元治理"主体,从传统社会至现在都积极参与社区治理,发挥了重要作用。无论是在二战前的君主立宪制时期的天皇和内阁,还是二战后的民主改革后的议会和政府都牢牢把握权力、金钱和法律,地方的发展离不开中央的支持,对其具有较高的依附性。一方面,政治家为了获得选票会与地方议员甚至与社区领导建立良好的信任关系,通过正式与非正式(政治家后援会)方式关心地方和社区事务。另一方面,地方议员和社区领导为了获得资源和名望也会积极参与到支持某一议员的队伍中,支持和辅助支持着政府的行政工作。所以,日本的社区治理并非单纯的自治。但是,自明治时代开始,颁布宪法的同时制定法律,对中央与地方关系作出调整,提出地方自治制度,地方自治体(政府)以及地域自治区(社区)获得诸多自治权利,提高了自治能力。自明治时期实施地方自治制度开始,地方政府和社区拥有一定的自治能力,这对自我建设发挥了重要作用。二战之前,城市和农村社区相对封闭,具有较高的稳定性,且由于生产力低下,居民会依附社区,参与社区活动,得到社区的保护。二战后在城市化、工业化背景下社区的统合能力逐渐下降,社区一度成了陌生人社会。但是面对生活环境的破坏和居民运动的出现,居民的社区参与意识高涨,居民的社区参与能力逐渐提高,促进了社区营造和治理。所以,日本的社区治理也并非高度行政化,而是居民具有较高自治意识和能力的治理模式,与政府具有平等地位和姿态的协同治理。

中观的主体发育和参与是指,社区协同治理参与主体的发育程度以及治理参与能力。在日本传统社会,政府和居民自治组织具有良好的互动关系,政府管理能力弱时居民自治组织的自治能力较强,而政府直接干预增强时居民自治组织又会成为政府的基层单元,二者之间建立了协同关系。而随着政府和居民自治组织能力不足以及居民需求的多元化,社会组织逐渐发展成为重要的参与主体。由此,组织的发育和成熟是影响社区协同治理的中观视角。在多元主体中,政府是提供资金支持和政策支持的主体;居民自治组织是开展社区活动的主要主体,统合社区居民,是社区治理的核心;社会组织是提供专业服务的主体，提供社区服务的重要组成部分。总之，日本丰田市的社区协同治理中，居民自治组织更多表现出自治和"社会"特征，而社会组织是一种辅助参与的组织，无法代替居民自治组织的地位。

微观的社区社会资本和居民的社区参与也是影响社区协同治理的重要因素。现有研究都已明确，社区社会资本是影响居民社区治理参与的重要因素。社区治理主要的功能和目标即是促进居民的公共服务，使居民自我参与、自我服务。由此，社区内社会资本的存量和居民的社区参与是影响社区协同治理的重要因素。从 D 社区的分析中了解到如下特征：首先，居民在社区中有较紧密的社会网络关系，建构了稳定的家庭关系、亲戚关系、朋友关系以及工作关系，这有助于社区社会资本的积累。其次，社区内有很多居民自治组织，为居民的社区参与提供了平台。并且，自治区等组织在居民心中有较高的信任度，通过自治区的活动，促进了多样化社区活动的参与。再次，居民在社区中具有较多的社区交流机会，也有较高的满意度，形成了较高的社区凝聚力和归属感。居民有机会参与志愿服务活动，但是整体上参与频率和参与意识较低。从社区社会资本的类型来看，表现出整合性社会资本较强，而联合性社会资本较弱。因此，较高的社区社会资本促进了社区协同治理的展开。

五、社区协同治理实践

这是多元主体之间针对某一公共问题而展开的具体行动过程。治理理论强调的即是多元主体的参与，而协同强调的是多元主体之间的目标一致、互利互惠、责任共担且深度交互的特征。由此，协同治理行动中，首先要明确目标、责任等；其次要确定参与方式，即出钱还是出力等；再次按照约定开展活动；最后对活动内容进行评估和改进。从丰田市的社区协同治理实践中了解到多元主体的社区治理参与类型以及相互之间的协同关系。

（一）从政府与居民自治组织之间的协同治理来看，表现出如下特征：1. 政府与居民自治组织是独立的两个主体，相互之间不属于上下级关系。2. 政府有多种专项资金支持居民自治组织，如地域振兴事务交付金、过疏地域特别交付金、自治区活动品整备事业辅助金、区长会辅助金、社区会议辅助金等。3. 居民自治组织有义务辅助政府的工作，如承担政策宣传、环境美化、促进交通安全、垃圾分类、广场设施的管理、推荐委员、辅助各级警察事务等多种行政工作。4. 政府的社区项目通过"地域会议"组织展开，地域会议在政府与社区之间起到承上启下的作用。不仅能够有能力掌握社区问题和需求，也对社区项目具有审核、评估等权力。5. 政府以多样化项目支持自治区，也支持多样化社区社会组织。由此促进了居民的灵活性参与，有助于社区问题居民思考、社区问题居民讨论、社区问题居民解决。

（二）从政府与社会组织的协同治理来看，表现出如下特征：1. 社会组织基于《NPO法》具有完善的组织架构和行为规范。因此是区别于政府的独立的个体，二者之间不属于上下级附属关系。2. 政府以"共动事业提案项目"和"市民活动中心"为社会组织提供帮助，在资金、场地、人才、信息等多方面提供着帮助。3. 从"共动事业提案项目"分析中了解到二者之间的原则是对等关系、合作、协商、尊重、自立性、公正公平、透明性；流程有交流、申请、审核、前期评估、确定、实施、中期评估、公开、总评估等多种步骤；审查评估有专门的"内外审查员"，主要由政府人员、社会组织成员、专家学者等组成；类型有市民提案型和行政设定题目型；条件是社会组织必须是公益性、共动性、可实现性、创造性和效果性而不可以是政治、宗教、营利、违法组织。自此，二者之间形成了良好的协同关系。

（三）从居民自治组织与社会组织以及政府和其他组织之间的多种关系来看表现出如下特征：

1. 政府是社区协同治理的规划者和支持者，通过多样化项目以及通过实际的场地、资金、政策、人力等方式促进多元主体之间的协同治理关系建构。

2. 居民自治组织是社区协同治理的最主要的实践者。自治区是社区居民的统合性组织，在居民心中有较高的认同度，能够有高度自治能力。如第六章中介绍，很多社区事务都是通过居民的参与和讨论以及在居民的监督之下实施和完善的，所以居民自治组织是社区协同治理运行和实践的核心。

3. 较多的社区社会资本能够促进居民对社区的归属感，能够促进居民的社区参与，也了解到整合型社区社会资本较多的社区中居民的社区归属感以及社区参与能力较强。从空间类型来看，居民的居住方式对居民的社区协同治理参与影响较小,而广场、设施为居民的参与提供了基础,生态空间如垃圾分类规则、美化环境等因素也会影响居民的社区治理参与。由此,社区社会资本以及居民的因素是社区协同治理开展的重要影响因素,也是评估协同治理效果的重要因素。

4. 社会组织是解决社区专业问题的重要主体。政府为社会组织的发展提供了诸多条件。社会组织参与社区治理时需要得到居民自治组织的认可和支持才能开展活动,才能有良好的成效。首先,居民自治组织能够了解社区问题和需求,了解什么问题需要社会组织。其次,居民自治组织能够很好地调动居民参与社区治理活动中,这是社会组织所欠缺的。最后,社会组织开展活动时的场地以及人员调配等,居民自治组织能够很好地提供支持。也可以说,居民自治组织无法自行解决社区问题时,社会组织才能起到重要的作用,能够扎根社区,参与社区治理。

5. 当地企业和高校等通过两个层面参与社区协同治理,一方面是通过与政府建立关系,通过签订正式协议参与相关主题的社区治理活动,另一方面是通过私人关系参与社区治理活动。前者是有具体的行为规范以及权责,后者没有规定的活动范围,主要是通过"文化"或者说基于"信任"建立的关系,需要相互之间的"文化"和"信任"去维系关系。

六、社区协同治理效果

协同治理行动结束后会出现协同治理结果。从协同治理结果来看,有可能是既定的目标,也有可能是并未预测的新的结果。由于协同治理是动态性的过程,由此治理过程会发现新的问题,也有可能促进多元主体的重复且复杂的关系,所以不仅要关注既定的协同治理结果,也要积极探寻结果的多种可能性。关注协同治理结果,不仅是协同治理的结束,更是未来进一步展开协同治理的促进因素,所以这一部分也是分析协同治理机制的重要组成部分。从具体层面来看,可包含以下几点内涵。

(一)居民自治组织的自治能力的提升,即提升居民的自治能力。居民的自治能力既是影响社区协同治理的因素,又是社区协同治理的效果。良好的协同治理可以是对具体问题的解决过程,也是对主体培育和自治能力的提升过程。从丰田市的个案来看，社区协同治理过程和政府的项目支持，对提升居民自治组织的自治能力起到了重要的作用，从第六章的分析和介绍中就能得知D自治区组织结构的完善，活动内容的丰富等。

(二)社区问题的解决与建构舒适的居住环境。如社区协同治理目标所言，不同社区遇到的问题多种多样，由此治理的最直接的目标即是社区问题的解决。如社区公园建设、道路建设、美化环境、垃圾分类、儿童教育、老人健康问题等。具体的社区问题得到解决即是社区协同治理有效的表现。从D社区的垃圾分类、美化环境、河道清理以及B社区的社区融入、社区教育等多种活动中能够看出丰田市社区协同治理起到了良好的治理效果，接近理想化的"善治"。

(三)社区文化的建构与社区社会资本的提升。在解决具体社区问题的基础上如何提升社区社会资本，建构社区文化，使社区成为舒适的生活环境，成为心理的"故乡"是社区协同治理隐含的内容之一。从D社区的协同治理过程中了解到，社区中不仅居住环境舒适，通过居民的努力建构本社区的文化符号以及具体活动，促进了居民对社区的归属感，使其成为"第二故乡"。从中能够总结出，社区符号越多，居民对社区的认识和归属感越强，继而愿意常住或定住，进而促进其关注社区问题，参与社区治理活动，形成一种"螺旋式善治"。

第二节 社区协同治理建构特点分析

从本书第四章、第五章可以总结出丰田市社区协同治理表现出政府协同治理网络的建构和社区协同治理的实践两种路径。

一、围绕政府的协同治理网络

从丰田市的协同治理来看，首要特征是围绕市政府形成了紧密的协同治理网络。

如图 6.1 所示，在协同治理网络中，政府处于核心位置，是各类组织协同治理的"发动机"，在其社会治理框架和制度的运行中，协同的核心要素尽显无余。一是地方政府在社区治理中给予社会主体充分的参与权，从各类项目的提出、评审到评估，社区居民自组织代表始终参与其中，表达他们的意见，行使他们的权利并得到应有的尊重和信任；二是政府通过共建项目和互动平台促使企业、高校、非营利机构融入基层社会的各个层面，参与社区居民迫切需要解决的现实问题中，包括环境、教育、文化等方面，在共建项目中通过协商、交流获得共识。在整个协同机制中，政府力图调动各方面的力量和资源来共同应对社会面临的问题。

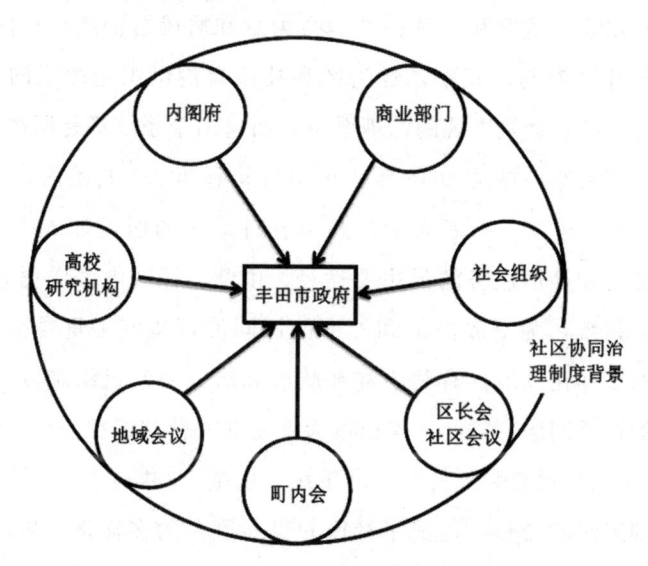

图 6.1 丰田市社区协同治理制度背景

（一）合理设计并建构起基层社区治理的制度框架，营造社会协同的氛围

地方政府是基层社会治理的主导者和宏观调控者，是地域社会政策、社区参与制度的制定者。从丰田市个案中了解到，政府作为社区治理的"元治理"主体，扮演着宏观调控者和支持者角色。首先，政府出台《社区建设基本条例》《地域自治区条例》《市民活动促进条例》等政策，促进了多元主体的合法性建构。其次，以"地域预算提案项目""Wakuwaku 项目""共动事业提案项目"等项目支持多元主体的社会参与，提升多元主体参与社区建设的积极性，每年度项目的申报和评选过程，也成为居民主动参与社区建设提案、多元主体共同制定社区重点建设项目的过程，确保了项目的可持续性、必要性和创新性。再次，对各类项目的申请和实施都有切实可行的流程及详细要求，并从项目审理到中期评估至项目完成都有居民代表、非营利组织人员、相关管理者、专家的参与和评价，使整个过程让参与者感受到自身的责任。从政府政策的制定到项目的申报、评审流程规定，充分表现了政府在社会治理场域中的主导角色及合理定位。

(二)培育并扶持基层各方社会力量和社区居民自治组织的社会参与能力

居民自治组织是社区治理的重要力量。从丰田市协同治理机制中了解到，政府基于多元化途径培育和扶持各方社会力量和居民自治组织，促进了多样化治理主体的社区参与。其中，自治区和社区自治组织是微观的治理系统，社区会议和地区区长会是中观的治理系统，而这两个系统都是居民自治系统，是社区治理的主力军。截至2018年，丰田市共有301个自治区，377个儿童会、119个妇人会和213个老人会，其中各自治区的居民加入率为80.9%，是居民社区参与和社区服务的最主要途径。由此，社区内多样化居民自治组织形成了自治系统，为形成内部和外部的协同治理奠定了重要的组织基础。非营利组织的多样化发展，有利于弥补政府和居民自治组织难以解决的专业化、复杂化的社会问题。对此，丰田市为了发展非营利组织开设"市民活动中心"，以多样化项目培育和支持非营利组织，也基于"共动事业提案制度"促进政府与非营利组织的合作，促成了社区建设与服务的多样化，从而形成社会主体间的互动与协作。因此，培育基层社区居民的互动和参与意识，营造社区自我组织、自我管理的氛围是建构社区协同治理的基础条件。

(三)运用项目机制的持续运行建构多元主体协同共建平台

在社会治理的大背景中，虽然项目制已经成为许多国家治理的一种技术手段，但是对项目的设计和运行机制却存在很大的差异。丰田市政府的项目方案体现了如下意涵：基层居民需求、社会自主参与、持续资金支持、公平审理评估。从丰田市连续几年的支持项目列表中，历年获得支持的项目既有涉及社区居民的环境安全、福利服务、文化生活等贴近居民日常生活方面，也有面向企业、高校的科技开发、大数据分析等课题项目，引导多元社会主体参与地方建设。企业和大学等主体的参与拓宽了协同治理资金来源,也创造了社区治理的更多可能性。企业的社区参与保障了项目资金,也拉近了企业与政府、市民之间的距离。而大学的社区参与,不仅给政府提出政策建议,也通过 AI、机器人、大数据分析等技术创新的社区治理实践,为社区居民的需求和服务提供了更多的可能性。

二、围绕社区的协同治理网络

在上述围绕政府的协同治理制度背景下,丰田市各类社区结合自身情况,形塑了如图 6.2 所示,社区协同治理实践路径。如第一部分所示,政府所创造的协同治理制度环境,为多元主体的社区参与提供了基础。但是其社区协同治理实践是紧紧围绕自治区/町委会而展开的。在社区治理实践中,多元主体也与町委会建立正式与非正式关系,这种关系促进了社区治理的开展。日本的社区治理是一种"团体自治",居民围绕町委会这一居民自治组织而参与社区治理,开展社区治理。从典型社区的个案中也了解到,当前丰田市的社区治理依然维持这种围绕町委会/自治区的治理模式,并发挥了重要的功能。

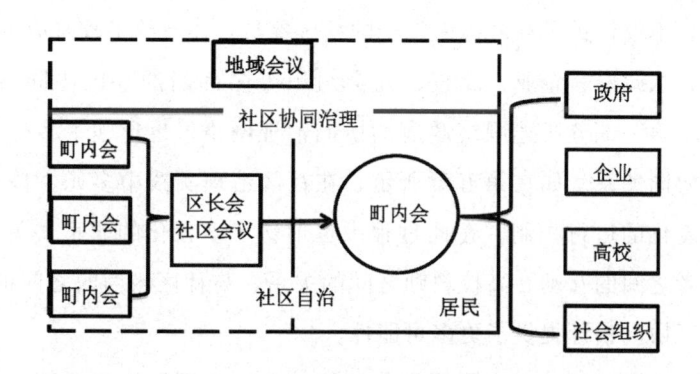

图 6.2 社区协同治理概念图

首先,町委会/自治区是社区治理的核心主体。无论是社区治理政策还是具体社区治理实践都会聚焦于这一组织。从 D 社区的个案中也了解到自治区组织具有明确的组织架构和职能划分。并且,每个月开展一次全社区范围的议员会,通过议员之间的沟通和协商,聆听居民的心声、制订活动计划、开展治理实践。自治区的架构最底层划分组长和副组长，而各小组具有自己的片区划分，也通过各小组与居民进行接触和宣传。由此，自治区与居民之间的关系是紧密的，居民通过自治区了解社区问题，参与社区治理实践，而自治区通过调动居民的资源，开展社区治理实践，促成了社区自治。

其次，以区长会、社区会议为首的中观治理体系是社区协同治理的重要组成部分。在丰田市社区治理自治系统中，区长会和社区会议是整合多个自治区，解决更广泛社区问题的职能部门，也是自治区开展活动的支持系统。区长会、社区会议的领导层，主要由各自治区有名望的居民组成，一般是由各自治区的社区议员组成，对各自治区的交流、合作发挥重要作用。

复此，地域会议的参与，为社区协同治理提供了又一网络。从功能来看，地域会议能够实地调研并了解社区问题，再形成报告汇报到政府以及市长。由此，地域会议能够将社区甚至居民的困扰反映到政府当中，继而促进其联结。不仅如此，政府通过多样化政策支持地域会议，并以地域会议为平台公布社区治理项目，审核材料，评估治理实践，继而保障社区项目的实地性、可行性和有效性。从公共管理改革路径来看，政府的效率低下会影响社会治理的有效展开，政府也没有能力做到全能管家。由此，丰田市通过成立地域会议组织，不仅促进了社区仁人志士的社区参与，还节约了政府成本。

最后，从政府、企业、高校、社会组织等多部门的社区协同参与来看，不仅形成了第一部分所述围绕政府的协同治理网络，也形塑了多样化的正式与非正式协同关系。如在第五章所示，在社区治理实践中多元主体不仅有正式的、制度化的运行机制，在此过程中也形塑了多元化的非正式关系，如与行政工作者之间的互动、高校教师之间的关系、与社区内商贩之间的合作等。这又给社区协同治理提供了更多可能性。

由此，丰田市的社区协同治理是政府的协同治理网络与自治区的协同治理实践相结合的过程。前者是基础，后者是核心。丰田市建构的社区协同治理确保政府、居民自治组织和社会组织之间的信息交流，促进了政府部门针对性、效率性的社区参与。社区协同治理推进居民自治系统的建构，增强了自治区和社区社会组织等居民自治组织的功能。社区协同治理促使社会组织的社区参与，进而能够解决专业性、复杂性的社区问题。不仅如此，企业和大学的社区参与和主体之间建立协同关系，增加了公益活动的资金来源，拓展了社区治理路径，创造了社区治理更多的可能性。

第三节　地域特点对社区协同治理建构的影响

产业地域社会在企业的影响之下形塑了独具特点的社会特性。从历史视角反思时，了解到企业的发展好坏、企业的社会责任以及企业文化、企业的全球化战略等都会作用于当地城市建设和社区治理。下面，笔者将从三个层面分析企业对于社区协同治理的影响。

一、企业成败对于社区盛衰的影响

产业地域的形成与当地一个或少数几个核心企业具有重要联系。所以，当地核心企业的经营好坏、经营成败对城市发展以及社区的盛衰具有重要影响。

从衰退的视角来看，日本自 20 世纪 90 年代受泡沫经济破灭的影响，至今为止处于长期低迷阶段[1][2]，这对日本企业经营产生重要影响。在大环境不景气的社会背景下，企业衰败问题逐渐呈现，一方面因企业倒闭而出现的失业人员大量集中在社区，与此同时因企业缩减而在社区中出现工作者、失业者混住和阶层分化问题，加剧了社区治理难题。另一方面，以往企业提供的多样化社会服务或福利生活，随着企业经营不善而消失，加剧了当地政府的公共服务压力，而政府能力不足和"政府失灵"背景下又无法嫁接所有的公共服务责任，促使了社区的衰退。在中国，随着单位制的解体大量企业倒闭和转型，大量员工失业，而由于社区制整合能力较小也导致了大量"单位社区"的贫困化和混住化等问题，加剧了社区治理难题。

从发展的视角来看，丰田市的个案能够提供较好的素材。随着汽车行业

---

[1] 徐梅. 战后 70 年日本经济发展轨迹与思考[J]. 日本学刊. 2015(6)：49-73.
[2] 张季风. 日本财政困境解析[J]. 日本学刊. 2016(2)：60-90.

市场的开拓，以及在丰田汽车公司独特的管理和经营策略背景下，企业得到了持续的发展，一直到现在，丰田市的经济发展水平仍属于日本靠前的地区。虽然企业在开阔海外市场的同时，丰田市内的生产比重逐渐向国内其他地区或向国外转移，但是企业提升当地城市建设和社区治理的支持比重，拓宽了社区协同治理路径。从社区调研中也了解到，居民对企业的认同度和归属感意识强烈，且有充足的社会保障，为了追求更好的生活水平，通过积极参与社区治理而改善生活环境，建设家园。由此可以说，产业地域社会中核心企业的经营好坏直接影响当地居民的生活水准和生活环境。

除此之外，在日本少子老龄化社会背景下，企业劳动力不足以及吸纳国外劳动力成为"企业城下町"的新的社会现状。从丰田市内聚集的外国人数量来看，移民劳动者的增加在缓解劳动力不足的同时，也会给社区治理提出更高的要求。由于文化差异、生活方式的差异以及对社区的认同度、归属感差异导致社区融入、社区教育、社区参与以及老龄化等问题。在中国，除了广东地区出现了外国人聚集地区之外，多数地区较少有外国人群体聚集生活的现状，而更多体现在城市吸纳农村劳动力，即农民工进城促使了"单位社区"或"棚户区"等城市边缘地区的混住化、异质化等问题的出现。

综上我们了解了产业地域社会中企业的发展好坏以及发展程度对社区盛衰具有影响。丰田市内生活的居民受丰田汽车公司发展的影响，具有较好的福利保障和生活水准，也通过对企业和地域社会具有较强的归属感，继而促进了社区治理参与。另一方面，在吸纳国外劳动力时期形成的混住化社区加大了社区治理难题，但是在完善的居民自治组织以及政府、企业、社会组织等多元主体的多样化支持下，实现了社区融入、社区教育等治理路径。

二、企业责任对于社区建设的影响

当前随着政府职能的转型和多元主体社会责任的加强，企业社会责任也成为重要的社会治理资源。对于产业地域来说，当地核心企业的社会责任成为城市建设或社区治理重要的资源。以丰田汽车公司的企业社会责任来讲，表现出第三章中阐述的发展路径。现在企业除了在全国范围内推广或参与企业社会责任活动之外，在丰田市内还开展了更为多元的公益活动。如志愿活动、文化娱乐活动以及辅助政府参与基础建设等。从企业社会责任的推广和参与社区建设的类型来看，表现出直接参与和间接参与两种类型。直接参与指的是企业相关部门，如企业团体或劳动部门会与当地自治区等居民组织取得联系，一同参与社区治理实践。间接参与指的是企业不会直接参与社区治理实践，而是在与政府或与行政组织建立协同关系的基础上开展活动，如丰田市舞蹈大会、花火大会等。

如第三章所示，随着丰田汽车公司志愿者中心的成立以及多样化志愿服务的开展，产生了良好的影响。企业员工与当地居民一同，组建多样化志愿者小组，如森林保护小组、防止家具倾倒小组、驾驶大型车友会等小组，不仅促进企业员工与居民之间的联结，也解决了社区问题。从访谈中也得知，当地居民对丰田汽车公司具有较高的认同度，继而更加愿意相信"丰田人"的志愿服务。由此，企业社会责任的推动以及多样化志愿服务有助于促进社区建设。

三、企业文化对于居民性格的影响

产业地域中生活的多数居民与当地核心企业具有重要关联，要么作为员工成为企业一分子，要么作为员工家属间接接触企业经营。现在在企业文化理论中，日本的企业文化成为特殊的一种类型得到学者们的关注。[①] 日本企业中的文化因素对塑造居民性格产生影响。学者总结出日本企业文化表现出两种类型。一是强调经营理念，强调通过优良的产品、周到的服务来回报和服务社会，从而赢得社会的好评，延续企业的生命。如丰田汽车公司提出的口号有"优良的产品、世界的丰田""车到山前必有路、有路必有丰田车"等。二是以人为本、重视团队精神的发挥。日本企业以"以人为本"为原则，取代"以物为本"或"以工作为核心"，强调尊重员工、相信员工、关心员工、发展员工，继而强调人的主动性。在企业内部，公司员工、同事之间形成良好的文化，有时将企业看作比家庭还重要的位置。不仅如此，企业终身雇佣制、年

[①] 韩文辉,吴威威. 国外企业文化理论主要流派述评[J]. 哈尔滨工业大学学报(社会科学版). 2000(4): 121-125.

工序列工资制以及围绕企业工会建立的制度对提升员工团队合作精神等方面发挥了重要的作用。①

如上述企业终身雇用制的实施，对员工的稳定生活提供了保障。居民进入企业工作后，会一辈子生活在企业周边的地域社会中，形成定住化趋势。从对D社区的调研中也了解到，很多第一代居民正是在企业发展过程中来到丰田市，并在此生活20多年之久，定住化促进了居民的社区融入和社区归属感。与此同时，年功序列制度等企业文化也对社区中的居民产生了一定的影响，如自治区的执行议员主要由年长者组成，年长者在社区中具有一定的威望。并且，如想成为自治区领导和核心成员，必须要围绕自治区的活动，积极参与其中才有机会一级一级地往上升。由此，如企业晋升一样，居民在社区中也需历经一步一步提升自己的名望，继而成为自治区核心成员，这与企业文化也具有重要关联。

综上，笔者就产业地域企业与社区之间的关系从企业的经营、企业社会责任和企业文化等三个层面论证了相关关系。除此之外，社区中还存在企业员工在社区中的个人层面的社会关系网络等因素，这也会成为产业地域独特的现象。由于精力有限，笔者暂不讨论这一变量。

第四节 本章小结

本章主要分析了三个问题。首先是结合丰田市社区协同治理特征总结出了产业地域社区协同治理所具有的内涵。笔者从治理主体、治理场域、治理目标、治理实践、影响因素、治理成效等六个层面进行了分析和总结。其次，结合丰田市的个案总结了社区协同治理机制建构问题，即回答了如何建构的、怎样建构的、什么样的等问题。从中了解到，丰田市社区协同治理机制的建构主要具有两个特点，一是围绕政府建构的多元主体协同关系，二是围绕社

---

① 陈适宜. 日本企业文化的特点及其借鉴意义[J]. 重庆科技学院学报(社会科学版). 2006(1)：86-88+91.

区形成的协同治理机制。在上述两个机制作用下,丰田市实现了基层社区的协同治理实践。最后,由于本书讨论的是产业地域社会中的社区治理问题,由此分析企业与社区之间的相关因素是研究不可分割的一部分。从企业经营好坏、企业社会责任和企业文化等三个层面进行分析,了解到产业地域中核心企业的运营好坏直接影响社区的盛衰,企业社会责任有助于社区治理的多样化,而企业文化则影响社区居民的性格,影响居民的社区治理参与。但是,笔者是以产业地域中企业发展较好的丰田市和典型社区为例开展的分析,而未能讨论衰退或陷入危机的企业对当地城市和社区所产生的影响。

第七章 结论与讨论

随着中国创新社会治理的深化,如何促进多元主体的社会治理参与,建成"共建、共治、共享"的社会治理体系成为当前重要的社会议题。在此过程中"协同治理"理论作为多元主体合作、协同的解释框架被广泛运用。社区作为国家治理的最基层,也作为居民自治的领域,成为多元主体共同作用的治理场域。但是在流动人口增多、阶层分化背景下,"分化的社区"和"社区的分化"问题凸显,了解不同社区的"社区性"和"地域性"特征成为善治的重要前提。与此同时,由于多元主体发育不健全、边界不清晰以及主体错位等导致了社区治理"碎片化",所以分析社区协同治理内涵、建构机制也具有重要现实意义。

正是基于上述背景,笔者以日本产业地域丰田市为个案展开社区协同治理研究,了解到丰田市的建设深受丰田汽车公司的影响,形成了典型的"企业城下町"。从实证研究中总结出,丰田市的社区协同治理主要体现在两方面,一是围绕政府建构的多元主体协同关系体系;二是围绕社区形成的协同治理机制。正是这两个要素的相互协调和深度合作,促成了社区协同治理的开展,成为"共同体"建构的核心。同时又认识到,由于丰田市属于产业地域,当地的核心企业对城市发展和社区建设具有重要影响,笔者将企业经营、企业社会责任和企业文化三个因素作为变量,通过研究了解到企业对于社区治理的影响。反思日本产业地域社会中基层社区协同治理研究,能够为中国同类社区研究或为社区协同治理实践提供现实路径。

第一节　日本产业地域社区协同治理总结

一、推进地方自治制度、培育多元治理主体

日本自明治时代伊始实施地方自治制度，为地方和基层社会的自治提供了制度基础。虽然二战之前，天皇手握权力，地方和基层社会成为天皇的附庸，但是在二战之后的改革过程中，进一步落实地方自治制度，各地方自治体的自治权利得到完善和能力得到提供。

二战之前的日本社会，基层社会中的居民自治组织，如町委会和各类老人会、妇人会等地缘型组织较为完备，实现了居民之间自助和互助。虽然二战期间这类组织一度成为政府的末梢，但是依然对社会整合、社区治理发挥了重要功能。在二战后的快速工业化、城市化过程中，城乡"过密—过疏"问题呈现、居民自治组织逐渐式微、社区共同性快速流失、社会原子化问题呈现的基础上基层矛盾激化引发了全国性的"住民运动"。在此背景下，各地方政府积极采取改革措施，改善社区硬件设施，将社区管理、经营职能转交给居民自治组织，形成了二者之间的协同关系。

与此同时，在20世纪90年代泡沫经济破灭的阴影以及阪神·淡路大地震等灾难暴发背景下，NPO、志愿者团体等社会组织成为弥补"政府失灵""市场失灵"的良剂，而得到重视，迎来了快速发展时期。虽然日本社会组织具有"四小"特点，即会员少、专业职员少、预算少、活动范围小而被认为是"没有话语权的群体"[1]，但是《特定非营利活动促进法》的提出与改进以及地方政府与社会组织之间协同关系的建构，基于社会组织合法性，对其社会治理参与提供足够的空间，在培育志愿者团体等层面发挥重要功能，促进了"旧公共性"向"新公共性"的转型。

---

[1] Robert Pekkanen. 日本における市民社会の二重構造——政策提言なきメンバー达[M]. [日]佐々田博，訳. 东京：木鐸社刊. 2008.

由此，在地方自治制度背景下，社区中多样化的居民自治组织和专业性社会组织的发展为社区协同治理提供了社会基础。但是，也要认识到不同地区或不同类型的社区中多样化组织的发展程度不同，治理实践也不相同。如本书的个案 D 社区是以居民自治组织为主开展的治理实践，而 B 社区则采取了居民自治组织与社会组织合作的治理实践。

二、地方政府积极参与、促进主体协同关系

在地方自治制度背景下，各地方自治体，即各地方政府的社区治理参与能力表现出不同特征，参与方式也各有千秋。从丰田市的个案中了解到，丰田市政府基于丰富的财政收入，以多种路径，如制度化路径、项目式嵌入、非正式参与以及受渔式支持等方式参与社区治理，不仅能够与自治区/町委会建立协同关系，也支持和培育多样化居民自治组织，促进了居民自治。另一方面，以中学校区为范围成立行政性质的"地域会议"组织，政府一方面通过这一组织收集社区问题，了解社区务须解决的困境，另一方面又能够通过这一组织提供多样化项目，保障了社区项目的合理性、有效性、在地性。而社区积极分子不仅在参与地域会议中得到地方公务员身份，更能够通过这一组织参与到社区治理实践，收集问题、讨论问题以及社区项目评估等多种工作，实现了社区参与。

丰田市政府的社区治理参与不仅体现在上述多种路径，还在于与多元主体建构的协同关系层面。政府与居民自治组织之间基于多种辅助金和项目建构紧密的协同关系，形成了政府支持下居民自治的社区治理路径。与此同时，政府也积极与当地社会组织、企业、高校等多元主体建构协同关系，推出政府制定题目和社会组织提案等方式，借助企业资金支持、高校智力创新等方式，引导多元社会主体参与地方建设。企业和大学等主体的参与拓宽了协同治理资金来源，也创造了社区治理的更多可能性。企业的社区参与保障了项目资金，也拉近了企业与政府、市民之间的距离。而大学的社区参与，不仅给政府提出政策建议，也通过 AI、机器人、大数据分析等技术创新的社区治理实践，为社区居民的需求和服务提供了更多的可能性。

三、居民自治组织完备、吸纳多元主体参与

无论从现有町委会研究还是从调研中的直观感受，完备的町委会/自治区组织以及高度的自治能力，给予我们更多的思考空间。日本是灾害多发地区，也是自然资源相对匮乏地区，自传统社会伊始，社区居民就形成抱团取暖的性格，积极参与居民自治组织并得到其保护。虽然这类组织在不同的年代具有行政末梢的性质，不同的时期对居民的统合能力也稍有不同，但是组织对居民的统合以及居民对组织的认同度从未发生重大变化。居民通过参与町委会的活动融入社区，町委会通过联络居民、组织居民开展多样化社区治理实践，形成社区问题居民发现、社区问题居民解决、社区问题居民改进的自治路径。所以，在丰田市内，虽然政府提供了多样化支持，并与多元主体建构了多样化的协同关系，但是对于社区协同治理层面来讲，居民自治组织的完备和自主、自立是实现多元主体协同参与的核心。

社区中町委会/自治区组织是社区的代表，是与其他多元主体产生关系的枢纽，是多元社会力量纵向联结、横向合作的中心。社区中町委会/自治区会与政府、社会组织、高校和企业等多元主体建构正式或非正式关系，吸纳多元社会力量参与社区治理。与此同时，社会力量想参与社区治理活动，在社区中开展社区治理实践时，如能得到居民自治组织的认可与支持，有助于嵌入社区，开展活动。

四、地缘业缘多重关系、企业社区双重建设

由于丰田市是典型的产业地域，且本书选取的个案又是受企业影响的社区，所以社区中的"地缘""业缘"关系重叠，社区社会资本较高。而当地社区建设深受企业发展的影响，在企业经营过程中形塑了独特的社区类型，社区治理实践也具有独特性。

从企业经营现状来看，丰田汽车公司发展较好，在日本甚至在全球的汽车公司中位列前茅，所以丰田市受其影响城市经济发展较好。从企业社会责任来看，丰田汽车公司较早提出企业社会责任，不仅在全国范围内开展多样化实践，对自己"老巢"丰田市提供更为多元的支持，每年开展着多种志愿活

动，营造了良好的城市环境。从企业文化视角来看，丰田汽车公司建设伊始就提出多样化口号，不仅有企业经营、努力工作等企业文化，也具有保护环境、企业与城市的良好关系建构等多种企业文化。在上述多种企业文化熏陶下，企业员工不仅会努力工作，使企业蒸蒸日上，也会积极参与社区活动，努力建设自己的家园。社区中的居民中"爱工作"与"爱社区"之间具有正相关，正因为对企业的高融入，促进了对社区的高融入。[①]

综上所述，丰田市作为典型的产业地域，不仅将企业与社区建设关系表现得淋漓尽致，也将社区协同治理体现得面面俱到。丰田市在多年时间里，正是以地域特性为基础，政府层面建构多元主体协同治理机制，又以多样化项目形式支持社会力量的社区治理参与，居民自治组织层面建构具有较高自主性、自治性的组织，在吸纳社会多元力量的同时，带动居民开展多样化社区治理实践，促进了社区问题的发现、讨论、解决和改进，继而建构温馨、舒适的"共同体"。

第二节　日本社区协同治理经验对中国的启示

一、日本社区协同治理经验对我们的启示

在梳理丰田市基层社区协同治理经验的同时，反思近年来中国各地区开展的社会治理实践，虽然形成了一些具有地方特色的经验：如长三角地区以党建引领、行政牵头、社会参与机制的探索，珠三角地区社区社工服务的嵌入和社区居委会行政职能的分离，以及来自各地典型社区的营造、街居改制等实践，为构建中国式基层社区的协同治理提供了可供参考的经验和可行的路径。但就基层社区治理的总体状况而言，仍然面临社区居委会行政化事务缠身、社区自治组织单一、居民自主的互动和常态自主管理的能力缺乏等问

---

① 丹边宣彦、郑南. 丰田地域"职缘社会"背景下职缘活动的展开—以丰田公司男性员工为中心[J]. 学习与探索. 2014(6)：23-31.

题。特别是近年来公共突发事件中呈现出的基层社区治理的问题，充分表明我们的基层社区建设任重而道远，协同治理机制的构建十分迫切。

在中国社会转型面向新时代的社会治理格局中，如何形成政社协同、共建共治的社会生态，这是一个系统的社会工程，并非一朝一夕可以形成。社会协同治理深受宏观的制度背景、中观的主体发育和微观的居民社区参与的影响。从宏观上，自党的十八届三中全会以来，国家先后提出"创新社会治理体制""激发社会组织活力"等政策目标，党的十九大进一步提出建立共建共治共享的社会治理新格局的社会目标。宏观制度环境上的优化，为新时期地方社会治理体系和治理能力的建设提供了制度基础。因此，本书仅从中观和微观层面来思考基层社区治理体系及协同机制的建设问题。

（一）地方政府主导下的基层社区治理要着眼于政策规划和制度设计，建立政社协同的长效机制，避免碎片化和形式化

如何制定中观层面的制度和规划十分重要。每一个城市，都有自己所处的优势和劣势，特别是从历史、文化、政治、经济等方面都会形成较大的社会差别。地方政府如何从地域社会基础出发制定切实可行的社会治理改革策略，需要加强顶层设计，建构多层级的（市、区、街道、社区）多元主体参与共建的社会协同治理的组织体系，明确政府组织和社会组织的角色和定位，并出台相关的制度规定，有计划、有步骤地推动并保障基层社会协同治理机制的有效运行。自上而下的制度建设、自下而上的互动实践是推动基层社区协同治理体系建设的重要保障。

近年来，对于许多地方来说，创新基层社区治理成了基层干部的口号，有的仅仅停留在抓典型、树标杆的阶段，市或区集中打造一两个典型社区，其展示性效果显而易见；有的街区也尝试通过购买社会组织服务和社区互动项目来提升社区治理效果。但往往这些碎片化、形式化的治理实践维持的时间短、成效转而即逝。因此，地方政府如何推动扎实的社区协同共建，增进居民的自主参与以及社区主体的互信合作是社区协同治理的关键。

因此，从长效机制入手，地方政府如何合理运用项目机制来统筹规划社区建设目标，塑造一种透明、适度竞争的公共服务外包环境，需要合理设计项目类型和项目评估、评审机制，增加项目发包、评审、评估过程中的公共讨论环节，避免项目"悬浮"于社区实际需求之上，确保公共资源的合理并有效地使用。基层社区治理项目资源的稳定预期和透明的资源供给，对于促进社会主体参与社区建设的主动性和规范性，营造基层社区治理的良好环境和公平机制大有裨益。

(二)激活并推动社区自治力量的生长，鼓励多元主体间的互动与合作

如果说，营造良好的制度环境和参与机制是基层社会治理的基础，而培育并扶持基层社区的自治力量，增加社会主体的自治能力则是协同治理的关键。基层社区自治主体主要包括：社区居委会、业主委员会、社区社会组织、社区服务机构等。一是理清社区居委会的行政工作边界，明确其社区服务职能，使其从大量的行政事务中解放出来，成为社区自治的主导力量。二是住宅小区的业主委员会及社区社会组织的培育，应纳入基层社区治理的制度框架，使其在公共产品配置、社会秩序调适中处于不可或缺的位置。社区自治主体只有在公共事务的参与和决策中才能形成自主意识，才能激发出社会的活力。基层社区治理的目标正是在于培育社区自治主体，形成社区治理网络和组织联动机制，促进政社协同，共同解决基层的社会矛盾和居民的社会需求。三是推动企事业单位、专业社会服务机构参与社区治理项目，形成多元主体的互动、交流、合作。

在疫情期间开展的社区抗击疫情阻击战中，社区的网络化治理凭借其已有的基础发挥出重要的作用。基层党政机关工作人员下沉到社区，与社区组织、驻区单位、物业公司联手进行排查、测试，建立起疫情防控的第一道防线，促成了社区多主体的合作和共识。但从各种媒体的报道中，由于居民的组织参与不足，社区居委会很难独立承担起如此繁重的防疫任务，呈现部分社区管理处于瘫痪状态。由抗击疫情展示出的政社协同实践及暴露出的问题，让我们进一步反思社区自治主体的培育和互动网络的意义。正如帕特南所说："社会资本的存量，如信任、规范和网络，往往具有自我增强性和可积累性，良性循环会产生社会均衡，形成高水准的社会合作、信任、互惠、公民参与和集体福利。它们成为公民共同体的本质特征。"[①]由此，引导社区自治组织的自主性、公益性、规范性，使其超越自利和互利的狭隘眼界，成为社区公共福祉的重要推进者，以及促使社区居民守望相助、维护和谐秩序这些都成为社区协同治理的重要议题。

面对中国新时代基层社会治理的课题，我们不仅需要理论上的深入研究，借鉴国外先进的理论与实践经验，提升社会治理的水平，还需要在治理实践中，转变治理方式，特别是地方政府在转变职能的同时，转变管理者姿态，以对等、合作、协商、公开透明等原则与社会主体建立"信任"关系，通过顶层设计和制度机制，建构起社会协同与公众参与的社会治理体系，共同应对现代社会面临的公共性难题。从人类社会现代化转型的历史进程来看，公共性生产的过程就是个体基于理性精神参与公共活动、维护公共利益和价值取向的过程。若无公共性的持续生产，任何社会都不太可能有实质性的社会协同与公众参与，社会活力也将面临"无源之水"之境地。[②]

二、丰田市个案对中国"单位社区"可能的启示

如文献综述中总结，中国当前有关单位制时期的产物"单位社区"的研究呈现两种研究脉络，一是从发展视角审视基层治理的"单位制"向"社区制"转型以及"单位人"向"社区人"转变问题，又从"问题视角"反思这类社区存在的问题、治理方式等内容；二是从"历史延续性"和"优势视角"反思"单位社区"具有的"单位管理逻辑""单位人再组织化""单位社区精英资本"等优势，继而为社区的"在地性"治理提供更多可能性。通过丰田市的个案分析，我们能够为"单位社区"治理提出如下借鉴意义。

(一)社区与驻区企业的协同关系建构

从丰田市的个案中了解到，社区与当地企业具有较强的协同关系。企业不仅具有专门的企业社会责任部门，也通过与政府、社区取得联系，直接或

[①] 罗伯特·D. 帕特南. 使民主运转起来[M]. 王列, 赖海榕, 译, 南昌：江西人民出版社. 2001：208.

[②] 李友梅, 肖瑛, 黄晓春. 当代中国社会建设的公共性困境及其超越[J]. 中国社会科学. 2012 (4)：125-139.

间接参与社区治理,促进了社区协同治理。从中国"单位社区"情况来看,"单位社区"是依附单位形成的生活空间。但是单位制解体过程中,社区成为单位的"弃子",导致了管理真空。单位制向社区制转型的问题,很多学者已有研究,笔者不进行分析。现在,除去已经倒闭或面临倒闭的企业之外,还有很多如长春一汽公司下的汽车厂社区等"单位社区"。针对这类"单位社区",我们可以完全借鉴丰田市的经验,即社区应积极与所属或以往所属的企业建立协同关系,从企业获得多样化支持。而当地企业也应积极提升企业社会责任,增加对下属社区的多样化支持。我们在调研中也了解到,在强调企业社会责任的现在,很多企业都愿意参与到社会治理或社区建设行动中,但是,一方面企业刚刚开始行动,还缺少参与路径,另一方面社区又没有这种经验,所以缺乏主体之间的协同。①

所以,笔者认为,"单位社区"可以从两种路径与所属企业或当地企业建构协同关系。一是社区原单位还在经营的,社区应与单位取得联系,建构协同关系;二是社区原单位已已消失的,社区应在全市广撒网,寻找愿意配对的企业,建构协同关系。笔者并不肯定企业的社区治理参与一定会对社区有益,但是能够肯定的是企业的社区治理参与能够为社区提供多样化的支持网络和资源,寻求社区治理更多可能性。

(二)建构党员的"双报到、双服务"制度

社区精英,或社区积极分子是联结居民、带动居民参与社区治理的重要促进力量。从丰田市的个案中同样了解到,很多社区积极分子通过组织化参与建构着共同体。由于典型社区中居民的地缘、业缘关系重合在一起,企业中的领导或有威望的人同样能够在社区中得到居民的尊重,也愿意跟随其参与社区活动。在"半熟人"特征的"单位社区"中,企业中具有较强社会资本的人,社区中同样拥有较强的社会资本,而这类人往往能够借助身边的资本,在多元主体之间跨界沟通,实现资本转换。②

---

① 笔者曾在长春市参与"汇吉社会组织服务中心"活动时遇到企业为了提供社会服务而寻求平台的事情。
② 田毅鹏、康雯嘉.单位社区精英的"资本"构成及其运作研究——以C是H社区为例[J].学习与探索.2017(11):36-44.

与此同时，笔者认为广大党员群体也可以作为单位与社区之间的桥梁。从 2020 年新冠肺炎疫情防控中的社区治理实践能够了解到，广大党员群体的社区参与能够提升居民的组织化参与，提供多样化志愿服务。中国共产党党员群体是有组织、有纪律、能吃苦、为人民服务的群体。从调研中了解到，很多社区中的积极分子都是由党员群体组成。但是，由于工作、生活的分化，很多党员群体的关系在单位的党支部，而与所生活的社区没有正式关系，大大弱化了党员群体的余热。有学者指出："将在职党员的权利、责任和义务从工作单位延伸到社区，'工作在单位，活动在社区，奉献双岗位'的在职党员'双报到、双服务'制度正在推广。"[①]借助于此，笔者认为，在"单位社区"，很多居民既是居民又是企业员工，党员群体亦如此。所以，可针对"党员"群体实行上述"双报到、双服务"制度，发挥党员群体的优良传统，继而实现社区善治。

(三)"单位人"的再组织化与"单位人—非单位人"的双重动员

从丰田市的典型社区的个案中了解到，居民能够组建多样化社区社会组织，承接社区项目、开展社区治理，发挥了重要功能。一方面这与丰田市政府多样化项目支持有关，另一方面也与熟人之间的再组织化有关。在"单位社区"具有丰富的"单位人"资源，通过"单位人"的再组织化，能够提升居民之间的联结，促进居民的再组织化，如退休职工、党员群体等"单位人"能够通过组建志愿者组织等发挥余热。另一方面，通过"单位人"联结"非单位人"，实现"动员—参与—动员—参与"的实践路径。[②] 所以，促进"单位人"的再组织化，促使"单位人—非单位人"的双重动员能够成为有益探索。

(四)推行"一区一品"，建成"网红打卡"地

从日本的社区营造经验可以了解到，无论发达地区还是偏远的山村，都

---

① 蔡禾. 从单位到社区：城市社会管理重心的转变[J]. 社会. 2018(6)：11-21.
② 芦恒，蔡重阳."单位人"再组织化：城市社区重建的治理创新—以长春市 C 社区为例[J]. 新视野. 2015(6)：39-45.

在推行"一町一品"或"一村一品"运动①②，通过建设独特的空间结构或通过美食、卡通人物、动物模型、舞蹈大会、花火大会等纷繁的项目，吸引大量外地游客，刺激着当地的旅游业。现在，国内短视频平台，如"抖音""快手"等短视频平台每天都如火如荼地进行各种直播、表演，拥有百万、千万关注量的视频主播的打卡地不断成为网红打卡地，吸引大量游客，刺激旅游经济。笔者曾在北京求学时了解到，北京"798艺术园区"就是在工业园区的基础上建成的，不仅将艺术与工业设施相结合形塑了更为多元的艺术文化，而且吸引了大量游客。

　　基于此，笔者认为多数"单位社区"所在地虽然硬件设施落后，又是老年人聚集的生活空间，多数社区也都成为"棚户区"改造的重点对象，但是，至今为止仍保留单位制时期的设备、景观的社区可以从发展的视角治理社区。如针对有基础条件的单位社区，进行简单装修，使其成为旅游景点，又召集社区居民，推出单位生活体验、取景、体验单位食堂（公筷为前提）文化等方式，刺激社区旅游业。与此同时，也可通过短视频平台等，进行宣传和美化，继而保障社区经济的可持续经营。

　　以上就是通过丰田市典型社区个案的经验而提出的，有关我国"单位社区"治理的启示。"单位社区"外部不仅有政府、企业等多种协同资源、内部也具有"单位人""党员"等多种"隐性"资源。"单位社区"的治理不能一味地要求改造、扶贫，也应该从实际出发，以内生优势获得新的发展。

第三节　有待研究的议题

　　本书以日本丰田市为个案对日本产业地域社区协同治理展开了多维度分析，并对社区协同治理的内涵以及协同治理效果等方面进行了总结。但是，

---

① 贺平. 作为区域公共产品的善治经验——对日本"一村一品"运动的案例研究[J]. 日本问题研究. 2015(4)：11-21.
② 周维宏. 日本农村振兴道路的转型实践——"一村一品"产业运动的发展逻辑考察[J]. 日本研究. 2019(4)：11-22.

第七章 结论与讨论

由于社区协同治理涉及多个主体和复杂内容。所以本书在下述几个层面存在不足,需要以后去补充和完善。

首先,政党如何影响社区治理。在第二章中对日本的政治制度以及选举制度进行了文献梳理和分析。但是由于笔者精力有限,没能够对社区中的选举问题进行调查和分析。进而没有能够明确社区协同治理中政党、政治家后援会以及选举制度对社区治理的影响。从丰田市地域社会研究中了解到,丰田汽车公司在壮大发展时曾将公司出身的议员引荐到地方议员和国会议员队列中,继而为自身的发展提供了政治保障。从其他地区的文献中也得知,选举制度以及政治家后援会等因素对居民的政治参与以及社区治理具有重要影响。因此,未来可对社区中的政治家选举以及政治家对社区治理的影响因素进行分析。

其次,空间结构视角下的社区研究以及"在场"与"缺场"治理研究。针对居民的社区参与,除了本书所述社区社会资本之外还有一种基于空间视角的研究。在中国,如贺霞旭所述:1.就社会空间结构类型而言,社区中本地人越多,街邻关系越好,社区内组织的社区活动以及居民的社会组织参与都能促进街邻关系。2.就物理空间结构而言,设置门禁等方式会消极影响街邻关系;而社区内休闲、娱乐空间不足,则无法促进街邻关系。3.就生态空间而言,社区环境越差,街邻关系越差;而绿化覆盖率越大,则社区生态环境越好,越能够促进居民的街邻关系。[①] 基于此,能够了解到社区空间结构类型对居民关系具有重要影响,从这一视角出发又能够进一步了解居民社区参与的影响因素。但是,由于笔者精力有限,未能从这一视角展开分析。

不仅如此,社区内除了上述社会空间结构、物理空间结构和生态空间结构等空间结构之外,还有互联网等虚拟空间,学者称其为"缺场"空间。"缺场空间是信息流动的空间,其表现形式是语言交流、信息传递和符号展示;其包含内容是意义追求、价值要求和社会认同;其运行方式是不确定性的无边界流动;其权力关系已经突破传统社会的权力结构,话语权力、信息权力和民间认同在网络活动中已经壮大为强大的社会力量,发挥了影响社会行动和

---

① 贺霞旭.空间结构类型与街邻关系:城市社区整合的空间视角[J].社会.2019(2):85-106.

社会秩序的重大权力效应。"[1]基于此，刘少杰教授又结合中国网络社会发展的背景，提出了与现今社区"网格化"社区治理相异的"网络化"社区治理背景、要求与方式等。[2] 在调研中笔者只简单涉及有无采取网络化治理问题，而没有能够深入调研和分析。未来可以从上述多元视角进一步展开研究。

---

[1] 刘少杰. 网络社会的结构变迁与演化趋势[M]. 北京：中国人民大学出版社. 2019：60.
[2] 刘少杰. 网络社会的结构变迁与演化趋势[M]. 北京：中国人民大学出版社. 2019：295-336.

参考文献

国内专著：

[1] [美]埃莉诺·奥斯特罗姆. 公共事务的治理之道：集体行动制度的演进[M]. 余逊达，陈旭东，译. 上海：上海三联书店. 2000.

[2] [波]鲍曼. 共同体[M]. 欧阳景根，译. 南京：江苏人民出版社，2003.

[3] 费孝通. 乡土中国生育制度[M]. 北京：北京大学出版社，1998.

[4] 范逢春. 农村公共服务多元主体协同治理机制研究[M]. 北京：人民出版社，2014.

[5] [德]斐迪南·滕尼斯. 共同体与社会：纯粹社会学的基本概念[M]. 林荣远译. 北京：商务印书馆，1999.

[6] 方然. "社会资本"的中国本土化定量测量研究[M]. 北京：社会科学文献出版社，2014.

[7] 郭冬梅. 日本近代地方自治制度的形成[M]. 北京：商务印书馆，2008.

[8] 何艳玲. 都市街区中的国家与社会：乐街调查[M]. 北京：社会科学文献出版社，2007.

[9] 刘少杰. 网络社会的结构变迁与演化趋势[M]. 北京：中国人民大学出版社，2019.

[10] 林尚立. 日本政党政治[M]. 上海：上海人民出版社，2018.

[11] 鲁义. 日本地方自治制度[M]. 长春：吉林大学出版社，1993.

[12] [美]莱斯特·M.萨拉蒙. 公共服务中的伙伴：现代福利国家中政府与非营利组织的关系[M]. 田凯，译. 北京：商务印书馆，2008.

[13] [美]罗伯特·D.帕特南. 使民主运转起来—现代意大利的公民传统[M]. 王列，赖海榕，译. 北京：中国人民大学出版社，2015.

[14] [美]林南. 社会资本：关于社会结构与行动的理论[M]. 张磊，译. 上海：上海人民出版社，2005.

[15]宋成有.新编日本近代史[M].北京：北京大学出版社，2006.

[16][日]石原信雄.日本新地方财政调整制度概论[M].米彦军，译.社会科学文献出版社，2016.

[17]田毅鹏，漆思.单位社会总介：东北老工业基地"典型单位制"背景下的社区建设[M].北京：社会科学文献出版社，2005.

[18]田毅鹏，吕方.单位共同体的变迁与城市社区重建[M].北京：中央编译出版社，2014.

[19][德]乌尔里希·贝克.风险社会：新的现代性之路[M].张文杰、何博文，译.南京：译林出版社，2018.

[20]汪锦军.走向合作治理：政府与非营利组织合作的条件、模式和路径[M].杭州：浙江大学出版社，2012.

[21]王有强，叶岚，吴国庆.协同治理：杭州"上城经验"[M].北京：清华大学出版社，2015.

[22]王振锁，徐万胜.日本近现代政治史[M].北京：世界知识出版社，2010.

[23]吴廷璆.日本史[M].天津：南开大学出版社，2004.

[24]夏建中、特里·N.克拉克等.社区社会组织发展模式研究——中国与全球经验分析[M].北京：中国社会出版社，2011.

[25]俞可平.治理与善治[M].北京：社会科学文献出版社，2000.

[26]燕继荣.投资社会资本：政治发展的一种新维度[M].北京：北京大学出版社，2005.

[27][日]礒崎初仁，金井利之，伊藤正次.日本地方自治[M].张青松，译.北京：社会科学文献出版社，2010.

[28][美]詹姆斯·N.罗西瑙.没有政府的治理[M].张胜军，等译.南昌：江西人民出版社，2001.

[29][美]詹姆斯·科尔曼.社会理论的基础[M].邓方，译.北京：社会科学文献出版社，1999.

[30]朱晓琦.日本政治文化与选举制度：以政治家后援会为中心的研究[M].北京：社会科学文献出版社，2018.

国外专著：

[1]奥田道大.都市コミュニティーの理论[M].东京：东京大学出版会.1983.

[2]长谷川公一.NPOと新しい公共性[M]//佐々木毅、金泰昌.公共哲学7中间集团が开

く公共性. 东京：东京大学出版会. 2002.

[3]村泽和里多，山尾貴则，村泽真保吕. ポストモラトリアム時代の若者たち社会的排除を超えて[M]. 京都：世界思想社. 2012.

[4]丹辺宣彦，岡村徹也，山口博史. 丰田とトヨタ：产业グローバル化先进地域の现在[M]. 东京：东信堂. 2014.

[5]丹辺宣彦，新城優子. 女性たちの社会活動参加：性別役割分業とライフステージをめぐって[M]//丹辺宣彦，岡村徹也，山口博史. 丰田とトヨタ：产业グローバル化先进地域の现在. 东京：东信堂. 2014.

[6]丹辺宣彦，鄭南. 自動車産業就業者の地域生活[M]//丹辺宣彦，岡村徹也，山口博史. 丰田とトヨタ：产业グローバル化先进地域の现在. 东京：东信堂. 2014.

[7]东京大学高龄社会総合研究机构. 长寿时代の人生设计と社会创造[M]. 东京：东京大学出版会. 2018.

[8]都丸泰助，窪田暁子，远藤宏一. トヨタと地域社会：现代企业都市生活论[M]. 东京：大月书店. 1987.

[9]飯田哲也，浜岡政好. 公共性と市民[M]. 东京：学文社. 2017.

[10]福冈政行. 日本の選挙[M]. 东京：早稻田大学出版部. 2001.

[11]関清秀. 基礎社会学[M]. 大阪：川島書房. 1976.

[12]岡村徹也. トヨタ自動車の地域戦略と組織再編：地域社会との接点としての社会貢献活動[M]//丹辺宣彦，岡村徹也，山口博史. 丰田とトヨタ：产业グローバル化先进地域の现在. 东京：东信堂. 2014.

[13]岡村徹也. トヨタ自動車のボランティア活動：トヨタボランティアセンターの活動とその担い手をめぐって[M]//丹辺宣彦，岡村徹也，山口博史. 丰田とトヨタ：产业グローバル化先进地域の现在. 东京：东信堂. 2014.

[14]谷口功，丹辺宣彦. 丰田市のコミュニティ施策の展開：制度化される市民活動[M]//丹辺宣彦，岡村徹也，山口博史. 丰田とトヨタ：产业グローバル化先进地域の现在. 东京：东信堂. 2014.

[15]高桥英博. 共同の战后史とゆくえ：地域生活圏自治への道しるべ[M]. 东京：御茶の水书房刊. 2010.

[16]菊池美代志. 町委会の机能[M]//仓沢进、秋元律郎. 町委会と地域集団. 京都：ミネルヴァ书房. 1990.

[17][美]MacIver. R. M. コミュニティ[M]. [日]中久郎，他訳. 京都：ミネルヴァ书

房．1975.

[18] [美]MacIver. R. M. コミュニティ—社会学的研究：社会生活的性质と基本法則に関する一試論[M]．[日]中久郎，訳．京都：ミネルヴァ書房．2009.

[19] 蓬見音彦．地域社会の概念[M]//森岡清美，他．新社会学辞典．東京：有斐閣．1994.

[20] 浅井卯一．トヨタ企業集団の高蓄积と地域的配置，トヨタと地域社会[M]．東京：大月書店．1987.

[21] [美]Robert Pekkanen．日本における市民社会の二重构造：政策提言なきメンバー达[M]．[日]佐々田博，訳．東京：木鐸社刊．2008.

[22] 人見剛，須藤陽子．地方自治法[M]．東京：北樹出版．2010.

[23] 渋谷敦司．都市とフェシニズム運動女性の視点からの都市再生[M]//吉原直樹、岩崎信彦．都市论のフロンティア．有斐閣．1986.

[24] 矢沢澄子，国広陽子，天童睦子．都市環境と子育て：少子化・ジェンダー・シティズンシップ[M]．勁草書房．2003.

[25] 室井力．住民参加のシステム改革：自治と民主主義のリニューアル[M]．東京：日本评论社．2003.

[26] 山本英治．地域生活と住民運動[M]//蓮見音彦、奥田道大．地域社会论：住民生活と地域组织．東京：有斐閣．1980.

[27] 松野弘．地域社会形成の思想と论理：参加、協動、自治[M]．京都：ミネルヴァ書房．2004.

[28] 松原治郎，似田貝香門．住民运动の论理：运动の展開過程、课题と展望[M]．東京：学陽書房．1976.

[29] 田中重好．地域から生まれる公共性：公共性と共同性の交点[M]．京都：ミネルヴァ書房．2010.

[30] 田中重好．町委会の歴史と分析視角[M]//倉沢進，秋元律郎．町委会と地域集団．京都：ミネルヴァ書房．1990.

[31] 新藤宗幸．都市の行政システム[M]//岩波講座．都市の再生を考える6 都市のシステムと経営．東京：岩波書店．2005.

[32] 有賀喜左衛門．同族と親族[M]1947，有賀喜左衛門著作集第二版．東京：未来社．2001.

[33] 远藤宏一．トヨタ企業集団の「地域独占」の諸相[M]//トヨタと地域社会．東京：大

月书店，1987.

[34]岩崎信彦，上田唯一，広原盛明等. 町委会の研究[M]. 东京：御茶の水書房. 1989.

[35]中田実. コミュニティーと地域の共同管理[M]//仓沢进，秋元律郎. 町委会と地域集団. 京都：ミネルヴァ書房. 1990.

[36]中田実. 新版地域分权时代の町委会・自治会[M]. 东京：自治体研究社. 2018.

[37]職業・生活研究会. 企业社会と人间：トヨタの労动、生活、地域[M]. 京都：法律文化社. 1994.

[38]中村吉治. 村落构造の史的分析：岩手県煙山村[M]. 东京：日本评论社. 1956.

[39]中野実. 地方利益的表达・媒介和公共决策[M]//中野実. 日本型政策决定的变化. 东洋经济新报社. 1986.

[40]A. Green and A. Matthias. Non-Governmental Organizations and Health in Developing Countries[M]. London：Springer，1997.

[41]K. Emerson and T. Nabatchi. Collaborative Governance Regimes[M]，Washington：Georgetown University Press，2015.

[42]H. W. Odum and H. E. Moore. American Regionalism[M]，New York：Henry Holt & Co.，1938. Jensen and Merrill，Regionalism in America[M]，Wisconsin：The University of Wisconsin Press，1952.

[43]A. M. Thomson. Collaboration：Meaning and measurement[D]. Indiana University，2001.

学位论文：

[1]陈伟东. 城市社区自治研究[D]. 武汉：华中师范大学. 2003.

[2]柯尊清. 当代中国城市基层社会治理研究：基于政府管理的分析[D]. 昆明：云南大学. 2016.

[3]刘光容. 政府协同治理：机制、实施与效率分析[D]. 武汉：华中师范大学. 2008.

[4]Thomson Ann M. Collaboration：Meaning and Measurement[D]Ph. D. diss.，Indiana University-Bloomington，2001.

国内期刊文献：

[1]边燕杰. 城市居民社会资本的来源及作用：网络观点与调查[J]. 中国社会科学. 2004(3)：136-146.

[2]崔月琴,袁泉.社会管理的组织化路径:社区民间组织的"均衡化"发展[J].社会科学战线.2011(10):178-185.

[3]崔月琴,沙艳.社会组织的发育路径及其治理结构转型[J].福建论坛·人文社会科学版.2015(10):126-133.

[4]崔月琴,王嘉渊、袁泉.社会治理创新背景下社会组织的资源困局[J].学术研究.2015(11):43-50.

[5]崔月琴,胡那苏图.日本地域社会治理及社区志愿者组织发展的启示:以名古屋市"南生协"的社区参与为例[J].福建论坛·人文社会科学版.2019(12):82-90.

[6]崔月琴,胡那苏图.建构基层社区"协同治理"机制的启示:基于日本丰田市社会调研的分析.学习与探索.2020(6):24-35.

[7]蔡禾.从统治到治理:中国城市化过程中的大城市社会管理[J].公共行政评论.2012(6):1-18.

[8]蔡禾,贺霞旭.城市社区异质性与社区凝聚力:以社区邻里关系为研究对象[J].中山大学学报(社会科学版).2014,54(2):133-151.

[9]蔡禾.从单位到社区:城市社会管理重心的转变[J].社会.2018(6):11-21.

[10]陈伟东,李雪萍.社区治理与公民社会的发育[J].华中师范大学学报(人文社会科学版).2003,42(1):27-33.

[11]陈伟东,李雪萍.社区行政化:不经济的社会重组机制[J].中州学刊.2005(2):78-82.

[12]陈伟东,郭风英.多重制度继体整合:单位改制社区利益关系重构[J].求索.2011(1):54-56.

[13]陈伟东,吴岚波.行动科学视域下社区治理的行动逻辑生成路径研究[J].吉首大学学报(社会科学版).2018,39(1):41-48.

[14]曹海军.党建引领下的社区治理和服务创新[J].政治学研究.2018(1):95-98.

[15]陈捷,卢春龙.共通性社会资本与特定性社会资本:社会资本与中国的城市基层治理[J].社会学研究.2009(6):87-104.

[16]陈适宜.日本企业文化的特点及其借鉴意义[J].重庆科技学院学报(社会科学版).2006(1):86-88+91.

[17]陈伯海.东亚文化与文化东亚[J].上海社会科学院学术季刊.1997(1):131-137.

[18]陈雪莲.从街居制到社区制:城市基层治理模式的转变:以"北京市鲁谷街道社区管理体制改革"为个案[J].华东经济管理.2009(8):92-98.

[19][日]丹边宣彦，郑南. 丰田地域"职缘社会"背景下职缘活动的展开：以丰田公司男性员工为中心[J]. 学习与探索. 2014(6)：23-31.

[20]费孝通. 对上海社区建设的一点思考—在"组织与体制：上海社区发展理论研讨会"上的讲话[J]. 社会学研究. 2002(4)：1-6.

[21]冯玲，王名. 治理理论与中国城市社区建设[J]. 理论与改革. 2003(3)：25-27.

[22]桂勇. 邻里政治：城市基层的权力操作策略与国家—社会的粘连模式[J]. 社会. 2007(7)：102-126.

[23]桂勇，黄荣贵. 城市社区：共同体还是"互不相关的邻里"[J]. 华中师范大学学报（人文社会科学版）. 2006(6)：36-42.

[24]桂勇，黄荣贵. 社区社会资本测量：一项基于经验数据的研究[J]. 社会学研究. 2008(3)：122-142.

[25]葛天任，许亚敏、杨川. 战后日本基层社区治理经验及其对中国的启示[J]. 地方治理研究. 2018(2)：53-65.

[26]郭风英、陈伟东. 单位社区改制进程中社区治理结构的变迁[J]. 河南师范大学学报. 2011(1)：44-48.

[27]郭风英. 单位社区的终结和社区治理的转型：以湖北省 X 市 L 集团三个社区为个案[J]. 湖北社会科学. 2017(11)：59-62.

[28]胡澎. 近现代中日妇女社会地位的变化[J]. 当代亚太. 1999(1)：53-57.

[29]胡澎. 日本"社区营造"论：从"市民参与"到"市民主体"[J]. 日本学刊. 2013(3)：119-134.

[30]胡澎. 日本非营利组织参与社会治理的路径与实践[J]. 日本学刊. 2015(3)：140-158.

[31]胡荣. 社会资本与中国农村居民的地域性自主参与：影响村民在村级选举中参与的各因素分析[J]. 社会学研究. 2006(2)：61-85.

[32]黄荣贵，桂勇. 集体性社会资本对社区参与的影响：基于多层次数据的分析[J]. 社会. 2011(6)：1-21.

[33]何艳玲，蔡禾. 中国城市基层自治组织的"内卷化"及其成因[J]. 中山大学学报（社会科学版）. 2005，45(5)：104-109.

[34]黄晓星. 社区运动的"社区性"：对现行社区运动理论的回应与补充[J]. 社会学研究. 2011(1)：41-62.

[35]郝彦辉，刘威. 制度变迁与社区公共物品生产：从"单位制"到"社区制"[J]. 城市发展研究. 2006(5)：64-70.

[36] 贺霞旭. 空间结构类型与街邻关系：城市社区整合的空间视角[J]. 社会. 2019(2)：85-106.

[37] 韩铁英. 日本町委会的组织和功能浅析[J]. 日本学刊. 2002(1)：46-62.

[38] 何水. 协同治理及其在中国的实现：基于社会资本理论的分析[J]. 西南大学学报(社会科学版). 2008(3)：102-106.

[39] 何水. 从政府危机管理走向危机协同治理：兼论中国危机治理范式革新[J]. 江南社会学院学报. 2008(2)：23-26.

[40] 韩文辉，吴威威. 国外企业文化理论主要流派述评[J]. 哈尔滨工业大学学报(社会科学版). 2000(4)：121-125.

[41] 贺平. 作为区域公共产品的善治经验：对日本"一村一品"运动的案例研究[J]. 日本问题研究. 2015(4)：11-21.

[42] 胡那苏图. 我国社区治理"碎片化"整合机制探析[J]. 行政与法. 2020(3)：82-90.

[43] 姬兆亮，戴永翔，胡伟. 政府协同治理：中国区域协调发展协同治理的实现路径[J]. 西北大学学报(哲学社会科学版). 2013(2)：122-126.

[44] 康晓强. 社区社会组织与社区治理结构转型[J]. 北京工业大学学报(社会科学版). 2012，12(3)：22-25.

[45] 李汉林. 中国单位现象与城市社区的整合机制[J]. 社会学研究. 1993(5)：23-32.

[46] 李友梅. 社区治理：公民社会的微观基础[J]. 社会. 2007(2)：159-169.

[47] 李友梅，肖瑛，黄晓春. 当代中国社会建设的公共性困境及其超越[J]. 中国社会科学. 2012(4)：125-139.

[48] 李明伍. 公共性的一般类型及其若干传统模型[J]. 社会学研究. 1997(4)：108-116.

[49] 李强，葛天任. 社区的碎片化：Y市社区建设与城市社会治理的实证研究[J]. 学术界. 2013(12)：40-50.

[50] 林磊. 我国社区治理研究范式的演进与转换—基于近十年来相关文献的回顾与评述[J]. 学习与实践. 2017(7)：80-87.

[51] 卢学辉. 日本社区治理的模式、理念与结构：以混合型模式为中心的分析[J]. 日本研究. 2015(2)：52-61.

[52] 卢学辉. 中国城市社区自治：政府主导的基础社会整合模式：基于国家自主性的视角[J]. 社会主义研究. 2015(3)：74-82.

[53] 吕方. 从街居制到社区制：变革过程及其深层意涵[J]. 福建论坛·人文社会科学版. 2010(11)：185-188.

[54]刘岩,刘威. 从"公民参与"到"群众参与":转型期城市社区参与的范式转换与实践逻辑[J]. 浙江社会科学. 2008(1):86-92.

[55]刘春荣. 国家介入与邻里社会资本的生成[J]. 社会学研究. 2007(2):60-79.

[56]李辉,任晓春. 善治视野下的协同治理研究[J]. 科学与管理. 2010(6):55-58.

[57]兰亚春. 居民关系网络脱域对城市社区结构的制约[J]. 吉林大学社会科学学报. 2013(3):122-128.

[58]芦恒. 东北城市棚户区形成与公共性危机:以长春市"东安屯棚户区"形成为例[J]. 华东理工大学学报(社会科学版). 2013(3):12-19+84.

[59]芦恒. 东北老工业基地城市棚户区的类型与社区建设[J]. 吉林大学社会科学学报. 2013(5):168-174.

[60]芦恒,蔡重阳. "单位人"再组织化:城市社区重建的治理创新:以长春市C社区为例[J]. 新视野. 2015(6):39-45.

[61]芦恒. 后单位社会的"历史延续性"与基层社会的"优势治理":基于东北棚户区改造后的思考[J]. 山东社会科学. 2016(6):51-56.

[62]芦恒. 以内生优势化解外部矛盾:"社区抗逆力"与衰落单位社区重建[J]. 社会科学. 2017(6):71-80.

[63]芦恒. 时间性与适应性:城市棚户区治理中的"单位管理逻辑"与社区抗逆力[J]. 广东社会科学. 2019(5):180-188.

[64]蓝煜昕. 社区韧性:基层治理体系与能力现代化的新命题[J]. 中国非营利评论. 第25卷. 2020:25-28.

[65]潘小娟. 社区行政化问题探究[J]. 国家行政学院学报. 2007(1):33-36.

[66]潘若卫. 日本城市中的地域集团:町委会的沿革[J]. 社会学研究. 1989(1):60-67.

[67]秦晖. "大共同体本位"与传统中国社会(上)[J]. 社会学研究. 1998(5):12-21.

[68]秦晖. "大共同体本位"与传统中国社会(中)[J]. 社会学研究. 1999(3):48-56.

[69]任泽涛,严国萍. 协同治理的社会基础及其实现机制:一项多案例研究[J]. 上海行政学院学报. 2013,14(5):71-80.

[70]任志安,林国荣. 大共同体?小共同体?:评秦晖的"从大共同体本位走向市民社会"[J]. 社会学研究. 2000(2):76-85.

[71]孙立平. 社区、社会资本与社区发育[J]. 学海. 2001(4):93-96.

[72]孙萍. 中国社区治理的发展路径:党政主导下的多元共治[J]. 政治学研究. 2018(1):107-110.

[73]石发勇.业主委员会、准派系政治与基层治理：以一个上海街区为例[J].社会学研究. 2010(3)：136-158.

[74]孙炳耀.社区异质化：一个单位大院的变迁及其启示[J].南京社会科学.2012(9)：49-54.

[75]史伯年."全球性结社革命"及其启示[J].中国青年政治学院学报.2006(3)：55-60.

[76]田毅鹏.东亚"新公共性"的构建及其限制：以中日两国为中心[J].吉林大学社会科学学报.2005，45(11)：65-72.

[77]田毅鹏，吕方.单位社会的终结及其社会风险[J].吉林大学社会科学学报.2009(6)：17-23.

[78]田毅鹏.老年群体与都市公共性建构[J].福建论坛·人文社会科学版.2011(10)：191-196.

[79]田毅鹏.地域社会学：何以可能？何以可为？：以战后日本城乡"过密—过疏"问题研究为中心[J].社会学研究.2012(5)：184-203.

[80]田毅鹏，齐苗苗.城乡接合部非定居性移民的"社区感"与"故乡情结"[J].天津社会科学.2013(2)：53-58.

[81]田毅鹏，齐苗苗.城乡接合部"社会样态"的再探讨[J].山东社会科学.2014(6)：30-35.

[82]田毅鹏.地域衰退的发生及其治理之道：一种发展社会学视域的考察[J].江海学刊.2017(1)：88-95.

[83]田毅鹏，王丽丽.单位的"隐形在场"与基层社会治理：以"后单位社会"为背景[J].中国特色社会主义研究.2017(2)：87-92.

[84]田毅鹏，康雯嘉.单位社区精英的"资本"构成及其运作研究：以C是H社区为例[J].学习与探索.2017(11)：36-44.

[85]田毅鹏，苗延义."吸纳"与"生产"：基层多元共治的实践逻辑[J].南通大学学报·社会科学版.2020(1)：82-88.

[86]田晓虹.从日本"町委会"的走向看国家与社会关系演变的东亚路径[J].社会科学.2004(3)：64-72.

[87]田玉麒.破与立：协同治理机制的整合与重构：评Collaborative Governance Regimes[J].公共管理评论.2019，31(2)：131-143.

[88]田培杰.协同治理概念考辨[J].上海大学学报(社会科学版).2014，31(1)：124-140.

[89]田凯.国外非营利组织理论评述[J].学会.2004(10)：6-11.

[90]涂晓芳,汪双凤.社会资本视域下的社区居民参与研究[J].政治学研究.2008(3):17-21.

[91]王思斌.体制改革中的城市社区建设的理论分析[J].北京大学学报(哲学社会科学版).2000,37(5):5-14.

[92]王思斌.社会治理结构的进化与社会工作的服务型治理[J].北京大学学报(哲学社会科学版).2014,51(6):30-37.

[93]王思斌.社会工作参与社会治理的特点及其贡献:对服务型治理的再理解[J].理论探索.2015(1):49-57.

[94]魏娜.我国城市社区治理模式:发展演变与制度创新[J].中国人民大学学报.2003(1):135-140.

[95]王颖.公民社会是现代公民的成长空间[J].首都师范大学学报(社会科学版).2005(6):102-106.

[96]王汉生,吴莹.基层社会中"看得见"与"看不见"的国家:发生在一个商品房小区中的几个"故事"[J].社会学研究.2011(1):63-96.

[97]王永益.社区公共精神与社区和谐善治:基于社会资本的视角[J].学海.2013(4):101-106.

[98]王立波.日本家庭主妇阶层的形成[J].社会.2004(10):48-51.

[99]王文彬.社会资本视野中的社区建设:关系、参与和动力[J].吉林大学社会科学学报.2013,53(5):162-167.

[100]王美琴.城市居住空间分异格局下单位制社区的走向[J].苏州大学学报(哲学社会科学版).2011(6):6-9.

[101]夏建中.从街居制到社区制:我国城市社区30年的变迁[J].黑龙江社会科学.2008(5):14-19.

[102]肖林."'社区'研究"与"社区研究":近年来我国城市社区研究评述[J].社会学研究.2011(4):185-208.

[103]向德平.社区组织行政化:表现、原因及对策分析[J].学海.2006(3):24-30.

[104]徐勇.论城市社区建设中的社区居民自治[J].华中师范大学学报(人文社会科学版).2001,40(3):5-13.

[105]夏志强.公共危机治理多元主体的功能耦合机制探析[J].中国行政管理.2009(5):122-125.

[106]熊光清,熊健坤.多中心协同治理模式:一种具备操作性的治理方案[J].中国人民

大学学报. 2018(3)：145-152.

[107]徐梅. 战后70年日本经济发展轨迹与思考[J]. 日本学刊. 2015(6)：49-73.

[108]杨团. 推进社区公共服务的经验研究：导入新制度因素的两种方式[J]. 管理世界. 2001(4)：24-35.

[109]杨敏. 作为国家治理单元的社区：对城市社区建设运动过程中居民社区参与和社区认知的个案研究[J]. 社会学研究. 2007(4)：137-164.

[110]杨敏. 中国社会转型过程中社区意涵之探讨[J]. 武汉大学学报(哲学社会科学版). 2006(6)：878-882.

[111]杨爱平, 余雁鸿. 选择性应对：社区居委会行动逻辑的组织分析：以G市L社区为例[J]. 社会学研究. 2012(4)：105-126.

[112]俞祖成. 战后日本社区政策的逻辑起点：基于政策文本的分析[J]. 社会科学. 2019(1)：35-43.

[113]杨清华. 协同治理与公民参与的逻辑同构与实现理路[J]. 北京工业大学学报(社会科学版). 2011(2)：46-50.

[114]杨华峰. 协同治理的行动者结构及其动力机制[J]. 学海. 2014(5)：35-39.

[115]郁建兴, 任泽涛. 当代中国社会建设中的协同治理：一个分析框架[J]. 学术月刊. 2012, 44(8)：23-31.

[116]虞维华. 从"志愿失灵"到危机：萨拉蒙非营利组织研究梳议[J]. 行政论坛. 2006(2)：91-95.

[117]郑杭生, 黄家亮. 当前我国社会管理和社区治理的新趋势[J]. 甘肃社会科学. 2012(6)：1-8.

[118]张文宏. 社会资本：理论争辩与经验研究[J]. 社会学研究. 2003(4)：23-35.

[119]朱建刚, 陈安娜. 嵌入中的专业社会工作与街区权力关系：对一个政府购买服务项目的个案分析[J]. 社会学研究. 2013(1)：43-64.

[120]周维宏. 日本农村振兴道路的转型实践—"一村一品"产业运动的发展逻辑考察[J]. 日本研究. 2019(4)：11-22.

[121]张贤明, 田玉麒. 论协同治理的内涵、价值及发展趋势[J]. 湖北社会科学. 2016(1)：30-37.

[122]郑巧, 肖文涛. 协同治理：服务型政府的治理逻辑[J]. 中国行政管理. 2008(7)：48-53.

[123]郑南. 丰田公司的发展与地域社会：以先行研究为基础[J]. 现代日本经济. 2013(6)：

76-85.

[124]张立荣,冷向明.协同治理与我国公共危机管理模式创新:基于协同理论的视角[J].华中师范大学学报(人文社会科学版).2008,47(2):11-19.

[125][日]中田实.日本的居民自治组织"町委会"的特点与研究的意义[J].张萍译,社会学研究.1997(4):24-31.

[126]张红霞.不同居住区居民社区参与的差异性比较:对上海两个社区居民参与情况的调查[J].社会.2004(5):54-56.

[127]张宝峰."单位型社区"居民政治参与的微观机制:对Z社区的个案研究[J].晋阳学刊.2006(4):42-47.

[128]张纯,柴彦威.中国城市单位社区的残留现象及其影响因素[J].国际城市规划.2009(5):15-19.

[129]张季风.日本财政困境解析[J].日本学刊.2016(2):60-90.

[130]周庆智.论中国社区治理:从权威式治理到参与式治理的转型[J].学习与探索.2016(6):38-159.

国外期刊文献:

[1]村本浩一,藤井さやか,有田智一,大村谦二郎.企业城下町における企业所有の土地・建物ストックの再编に关する研究:日立市を事例として[J].(社)日本都市计画学会・都市计画论文集.NO:42-3.2007(10):727-732.

[2]初田香成.企业城下町の都市计画:野田・仓敷・日立の企业战略[J].筑波大学出版会.2009(7):198-205.

[3]今田裕雄.企业城下町と地域振兴の课题[J].都市问题.1986(2):53-67.

[4][荷]Hanna Jongepier.NPO先进国から见た日本[J].松下政经塾报.2000(8).

[5]河野泰明,大村谦二郎,有田智一,藤井さやか.企业城下町の中核企业による市街地形成と公共的役割の变化に关する研究:山口县宇部市を事例として[J].(社)日本都市计画学会・都市计画论文集.NO:44-3.2009(10):847-852.

[6]宫入兴一.企业都市の概念と构造的特征(1)[J].经营と经济.1991(2):27-66.

[7]松山礼华.若者の地域参加に向けた组织构造に关する一考察千叶县柏市のまちづくり团体を事例に[J].地域社会学会年报.2016(28).

[8]似田贝香门.地域问题と住民运动[J].现代と思想.1975(19).

[9]外炉保大介.延冈市における企业城下町的体质の变容:地方自治体の产业政策の転

· 207 ·

机を事例として[J]. 経済地理学年報. 2007，53(3)：265-281.

[10]外枦保大介. 企业城下町における产学官连携と主体间关系の変容：山口県余部市を事例として[J]. 地理学评论. 82-1. 2009：26-45.

[11]外枦保大介. 企业城下町の进化过程に関する経済地理学的研究[J]. 経済地理学年報. 2009，55(4)：143-144.

[12]小野茂夫. 企业城下町の都市计画と住宅开発史：軽工业と重工业との比较から[J]. 都市住宅学 68 号. 2010：61-66.

[13]西原纯. 都市システムにおける企业城下町の动向[J]. 地理科学. 1993(3)：169-174.

[14]远藤晃. 住民运动と劳动运动[J]. 都市问题. 1972：63(3).

[15]中田実. 地域社会とNPO[J]. コミュニティ政策研究. 2001(3)：5-13.

[16]中西典子.「地域」の复权とその主体—生活・公共性と地域形成をめぐって. 地域社会学会年報 12 集[J]. 东京：ハーベスト社. 2000.

[17]J. M. Bryson，C. C. Barbara，and M. M. Stone. The Design and Implementation of Cross - Sector Collaborations：Propositions from the Literature[J]. Public administration review，2006(66).

[18]A. L. Bertrand. Regional Sociology as a Special Discipline[J]. Social Forces，1952(2).

[19]C. Ansell and G. Alison. Collaborative Governance in Theory and Practice[J]. Journal of public administration research and theory，2008(4).

[20]F. Fukuyama. Social Capital，Civil Society and Development[J]. Third world quarterly，2001(1).

报告与网络文献：

[1]全国哲学社会科学工作办公室. 2020 年度国家社会科学基金项目申报公告[EB/OL]. 2019-12-20.

[2]中国共产党十九届四中全会报告.《中共中央关于坚持和完善中国特色社会主义制度，推进国家治理体系和治理能力现代化若干重大问题的决定》[R]. 2019-10-31.

[3]中共中央办公厅、国务院办公厅. 关于转发《民政部关于在全国推进城市社区建设的意见》的通知(中办发〔2000〕23 号)[EB/OL]. 2000.

[4]中国产业信息网，水世界订阅号. 日本垃圾分类的发展历史分析[N/OL]. 2019-7-24.

[5]名古屋大学社会学研究室. 外国人集住地区的コミュニティ形成と国际化：保见团地の现在[R]. 2016.

[6]名古屋大学社会学研究室.产业都市丰田市のコミュニティ形成[R].2015.

[7]名古屋大学文学部社会学研究室.产业都市のコミュニティ形成2：开発期ニュータウン东山地区の过程・现在・未来[R].2016.

[8]中根多惠、中村麻理、丹辺宣彦.自治区活動とまちづくり：第二世代の「ふるさとづくり」の可能性と課題,名古屋大学文学部社会学研究室.変貌する丰田—グローバル化と社会の変化に直面するクルマのまち[R].2018.

[9]丰田市.丰田市の人口[R].平成29年版(2017年).

[10]丰田市经济战略部国际社区营造推进课.丰田市外国人统计数据[R].2019.

[11]丰田市の工业.平成29年工业统计调查结果报告书[R].2017.

[12]丰田市地域支援课.地区コミュニティ会议运营の手引[Z].2018.

[13]西三河统计研究协议会.西三河的统计[R].2018.

[14]平成30年(2018年)爱知县工业统计调查结果[R].2019年6月公开.

[15]トヨタ自動車株式会社.知っているようで、知らないトヨタ[Z].2019.

[16]日本内阁府.https：//www.npo-homepage.go.jp/about/toukei-info/ninshou-seni.

[17]丰田市政府.http：//www.city.toyota.aichi.jp/shisei/machizukuri/shimin/1005240.html.

[18]企業等との连携.https：//www.city.toyota.aichi.jp/shisei/machizukuri/kyoudou/1005277.html.

[19]大学高专授研究提案 https：//www.city.toyota.aichi.jp/shisei/machizukuri/kyoudou/1018792.html.

[20]大学等との连携.https：//www.city.toyota.aichi.jp/shisei/machizukuri/kyoudou/1005280.html.

[21]丰田共动条例.https：//www.city.toyota.aichi.jp/shisei/machizukuri/kyoudou/index.html.

附 录

附录一：丰田市市役所地域振兴课访谈提纲

1. 现在有哪些社区治理政策？
2. 注重哪些领域的社区问题？
3. 有什么协同治理策略？
4. 社区营造资金支持在财政支出中的比例？
5. 社区治理项目中"地域预算提案项目"和"Wakuwaku项目"的资金比例？
6. 资金渠道有哪些？
7. 社区治理项目的评估方式有哪些？
8. 项目评估中参与人员有哪些人？
9. 项目评估中注重什么内容？
10. 针对市民活动有何激励政策？
11. 现今社区治理课题有哪些？
12. 社区治理项目运行中的课题有哪些？
13. 居民的社区参与中有何课题？
14. 针对未来的可预知课题，有何改进策略？

附录二：丰田市D社区区长访谈提纲

1. 您是哪里人？在本社区居住多长时间？工作情况？
2. 您怎样成为区长的？区长的工作都有哪些？成为区长需要什么资历？
3. 您认为自治区对于社区有何作用？自治区的工作内容都有哪些？在日常工作中是否受到行政部门的干预和影响？
4. 社区治理中居民的参与情况如何？自治区与居民之间的关系如何？如何做宣传工作和带动居民？对居民有什么期待？
5. 现在社区治理主要方式有哪些？有什么独特的经验？存在什么课题？
6. 您认为社区活动，如"祭"等活动有什么意义？
7. 自治区与政府的关系如何？您认为社区治理与政府有什么关系？您希望政府为社区治理做哪些工作？
8. 社区中有无NPO的参与？您认为自治区与NPO有什么关系？
9. 自治区与企业、高校有无联系？参与方式有哪些？

附录三：丰田市D社区议员及居民访谈提纲

1. 您是哪里人？在本社区居住多长时间？
2. 您是怎样成为议员的？议员的工作都有哪些？成为议员需要什么资历？（议员）
3. 您在社区中的社会关系如何？您在社区中是否与其他居民共同参与活动？参与方式？参与频率？参与内容？
4. 您以及家人与自治区/町委会的关系如何？是否参与自治区活动？参与社区治理/营造活动的频率？参与方式？关注的问题？是否满意？
5. 您认为社区活动有什么功能？有什么不足？
6. 您认为社区中存在什么问题？您认为怎样解决？
7. 您是否参与社区之外的社会组织活动？为什么？

8. 您认为政府与社区治理有无关系？对政府有什么期待？

附录四：丰田市 B 社区区长及议员访谈提纲

1. 您是哪里人？在本社区居住多长时间？工作情况如何？
2. 您怎样成为区长/议员的？区长/议员的工作内容都有哪些？成为区长/议员需要什么资历？
3. 您认为自治区对于社区有何作用？自治区的工作内容都有哪些？在日常工作中是否受到行政部门的干预和影响？
4. 社区治理中居民的参与情况如何？自治区与居民之间的关系如何？如何做宣传工作和带动居民？对居民有什么期待？
5. 现在社区治理主要方式有哪些？有什么独特的经验？存在什么课题？
6. 您认为外国人的增多给社区带来什么课题？针对社区融入发生过什么问题？怎样解决的？
7. 您认为社区活动对社区融入有什么作用？
8. 在外国人的社区融入和社区教育等问题中，政府是如何参与的？自治区与政府的关系如何？您认为社区治理与政府有什么关系？您希望政府为社区治理做哪些工作？
9. 在外国人的社区融入和社区教育等问题中，NPO 是如何参与的？您认为自治区与 NPO 有什么关系？您认为社区治理与 NPO 有什么关系？您希望 NPO 为社区治理做哪些工作？
10. 自治区与企业、高校有无联系？参与方式有哪些？